인공지능 메이커 길라잡이

대장장이 스마트 보드

entry

#코딩 #소프트웨어교육 #SW교육 #엔트리 #인공지능 #메이커 #AI

공저 하주원·김은협·정기민·김현아·한규정

현우사

 **머리말**

"소프트웨어"는 세상을 움직이는 **"힘"**이다.

인공지능(AI), 빅데이터(Big Data), 사물인터넷(IoT) 등 ICT 기술의 발전은 세상을 빠른 속도로 변화시키고 있습니다. 우리 생활 전반을 움직이고 가치 창출의 핵심으로 떠오른 소프트웨어 활용은 일부 제한된 사람들에게만 해당하는 말이 아닙니다. 세상의 많은 부분이 컴퓨터를 통해 처리되고 있으며 그 영역이 점점 다양화되고 있기 때문입니다.

초·중등 교육과정에 소프트웨어(SW)교육이 필수화되었다는 점 역시 이를 입증해주는 대목입니다. 지금은 소프트웨어(SW)교육의 필요성을 논하는 단계를 넘어 무엇을, 어떻게 학습해야 하는지에 대한 생각을 나눌 시기입니다. **"컴퓨팅 사고력"**과 **"문제해결력"** 신장은 새롭게 도래되는 문제들을 이해하고 해결해 나가는 힘을 기를 수 있는 기반이 될 것입니다.

"목적"에 맞는 **"재미"**가 있어야 **"컴퓨팅 사고력"**도 키워진다!

'말을 물가로 데리고 갈 수 있지만 물을 마시게 할 수 없다.'라는 격언이 있습니다. 의지가 있어야 깨우칠 수 있다는 뜻으로 학습자의 노력을 강조하고 있지만 교사의 입장에서는 조금 다른 시각으로 접근하고 싶습니다. 과연 교육 활동 중 학습자가 학습 의지를 끌어올릴 수 있는 동력을 제공받아 본 경험이 있는지에 대한 물음에서 출발해 보아야 한다는 것입니다.

수업 현장에서 학생들이 눈을 반짝이며 집중하는 순간을 꼽으라 하면 조작 활동이 함께 이루어진 수업이 많습니다. 자신의 생각을 실제로 구현해보고 표현해 본다는 것은 학습의욕을 증진시키는 중요한 요소가 될 수 있다는 뜻으로 해석 가능합니다. 피지컬컴퓨팅은 소프트웨어(SW)교육에 이러한 동력으로 작용합니다. 오늘날 많은 소프트웨어 교육 자료가 쏟아져 나오는 상황이지만 오개념을 생성하지 않고 학습자의 수준에 맞게 능동적으로 조작해 볼 수 있는 교구를 꼽으라하면 망설이게 됩니다. 호기심을 끄는 것에는 성공하지만 사용자 수준에 맞지 않는 교구는 사용 매뉴얼을 익히는 것이지 컴퓨팅 사고력을 길러주기에는 역부족이기 때문입니다. 또는 주객이 전도되어 코딩보다는 물리적 조립에 더 큰 시간을 투자해야 하는 것들로 교육의 주목적에 맞지 않아 좋은 학습자료라 말하기는 어려울 경우도 있습니다. **"목적에 맞는 재미"**란 코딩에 주력하면서 자신의 아이디어를 눈으로 볼 수 있게 조작할 수 있어야 한다는 것으로 요약할 수 있습니다.

소프트웨어(SW)교육에 입문하는 학습자부터 소프트웨어(SW)교육을 연구하고 자료를 생산하는 개발자에 이르기까지 폭넓은 수요자의 문제 해결력을 기르는 도구로 활용될 수 있다는 것이 대장장이보드의 가장 큰 장점으로 꼽을 수 있습니다.

컴퓨팅 사고력은 교구 다루는 방법을 익혀 길러지는 것이 아니라 **자신의 생각을 구현하기 위해 문제를 분해하고 알고리즘을 짜며 문제 상황을 헤쳐 나갈 때 길러지는 것**입니다. 그런 경험에 대한 동력을 제공받은 적이 없다면 학습자의 의지를 탓할 수 없는 문제이지요!

저자는 소프트웨어(SW) 선도학교 4년의 운영 경험을 통해 위 격언을 이렇게 바꾸어 보고 싶습니다.

"말에게 신나게 달릴 기회를 먼저 줘라. 그때 물은 말이 알아서 마시는 법이다."

"**대장장이보드**로 컴퓨팅 사고력에 날개를 달아
SW · AI교육에 **매료되는 기회**를 가져 보길 바랍니다."

저자 하주원

"인생에 정답은 없다는 말이 있듯이 이 책을 쓰면서 코딩에도 정답은 없다는 것을 몸소 깨달았습니다. 이 책을 보는 독자분들도 각자 **개성이 담긴 상상력을 발휘**해보는 시간을 가져보길 바랍니다."

저자 김은협

"시대에 따라 학습의 패러다임이 변화되고 있습니다.
진정한 배움이란 지식의 입력이 아니라
지식을 기반으로 새로운 아이디어를 만들어 내는 데에 있습니다.
메이커 교육은 학습이 단순히 수업에 그치지 않고
학습자가 실생활 문제를 해결해 봄으로써 배운 지식을 활용하며
학습자의 미래핵심역량을 키워줄 수 있습니다.
**메이커교육을 통해 실생활과 학습이 연결되고
창의성을 발휘할 수 있는 경험을 통해 성장**하길 바랍니다."

저자 정기민

"대장장이보드를 처음 접하는 학생과 선생님들께 이 책이 실질적으로 도움이
되었으면 하는 바람으로 집필에 참여했습니다.
대장장이보드를 통해 **실제 삶에서 일어나는 다양한 문제들을
마주하고 해결해보고자 도전하는 시간**이 되길 바랍니다."

저자 김현아

인공지능 코딩 교육은 학생 스스로 생각하고 실패 경험,
또 수정하는 과정에서 그 목표가 성공적으로 달성됩니다. 본서의 주제인
대장장이보드를 통한 인공지능 메이커교육은 학습자의 학습 동기 유발과 몰입,
그리고 **문제해결능력 신장**에 도움이 될 것입니다.

저자 한규정

목차

Chapter 1 준비

lesson 01 엔트리와 만나기 · 2
- 엔트리 시작하기 · 3
- '작품 만들기' 코딩 환경 살펴보기 · 4
- 작품 저장 및 공유하기 · 9

lesson 02 알고 보면 더 매력 넘치는 블록 코딩 · 11
- 블록 코딩 체험하기 · 12
- 오브젝트 이해하기 · 13
- 블록 코딩하기 · 14

lesson 03 이래서 핵인싸, 대장장이보드 · 15
- 대장장이보드의 구조 · 16
- 엔트리와 대장장이보드 연결하기 · 20

Chapter 2 메이커, AI 실력 키우기!

lesson 04 지진감지 시스템 · 24
- 생각 열기 · 25
- 프로그램 도전하기 · 26
- 메이커 더하기 · 33
- 인공지능 더하기 · 34
- 생각 정리하기 · 39

lesson 05 점핑! 장애물 피하기 · 42
- 생각 열기 · 43
- 프로그램 도전하기 · 44
- 메이커 더하기 · 48
- 인공지능 더하기 · 49
- 생각 정리하기 · 52

lesson 06　**밝기 감지 스마트 하우스**　　**54**
생각 열기 ···································· 55
프로그램 도전하기 ························ 56
메이커 더하기 ······························ 63
인공지능 더하기 ··························· 64
생각 정리하기 ······························ 66

lesson 07　**교통안전 신호등**　　**68**
생각 열기 ···································· 69
프로그램 도전하기 ························ 70
메이커 더하기 ······························ 74
인공지능 더하기 ··························· 75
생각 정리하기 ······························ 79

lesson 08　**신나는 무대공연 연출!**　　**81**
생각 열기 ···································· 82
프로그램 도전하기 ························ 83
메이커 더하기 ······························ 90
인공지능 더하기 ··························· 91
생각 정리하기 ······························ 93

lesson 09　**날씨 감지 빨래 건조대**　　**96**
생각 열기 ···································· 97
프로그램 도전하기 ························ 98
메이커 더하기 ···························· 103
인공지능 더하기 ························· 104
생각 정리하기 ···························· 107

lesson 10　**박쥐를 잡아라!**　　**110**
생각 열기 ·································· 111
프로그램 도전하기 ······················ 112
메이커 더하기 ···························· 119
인공지능 더하기 ························· 120
생각 정리하기 ···························· 124

lesson 11 팡팡! 꿀벌 물감 터트리기　　127
생각 열기 ································· 128
프로그램 도전하기 ····················· 129
메이커 더하기 ·························· 137
인공지능 더하기 ······················· 138
생각 정리하기 ·························· 141

lesson 12 거미 vs 잠자리 대결　　145
생각 열기 ································· 146
프로그램 도전하기 ····················· 147
메이커 더하기 ·························· 156
인공지능 더하기 ······················· 157
생각 정리하기 ·························· 160

Chapter 3 자유자재 AI 코딩!

• 읽기자료 • **AI 넌 누구냐?**
AI 알기 쉽게 이해하자!　　166

lesson 13 안전제일 스마트 자동차　　170
생각 열기 ································· 171
프로그램 도전하기 ····················· 172
메이커 더하기 ·························· 182
생각 정리하기 ·························· 183

lesson 14 물이 필요해!　　187
생각 열기 ································· 188
프로그램 도전하기 ····················· 189
메이커 더하기 ·························· 194
생각 정리하기 ·························· 195

lesson 15 얼굴인식 스캐너　　　　　　　　　　198
생각 열기 ································· 199
프로그램 도전하기 ······················· 200
메이커 더하기 ···························· 207
생각 정리하기 ···························· 208

lesson 16 화재감지 원격 제어장치 만들기　　211
생각 열기 ································· 212
프로그램 도전하기 ······················· 213
메이커 더하기 ···························· 225
생각 정리하기 ···························· 226

lesson 17 내가 만든 재난 알리미　　　　　　229
생각 열기 ································· 230
프로그램 도전하기(장면1) ················ 232
프로그램 도전하기(장면2) ················ 236
메이커 더하기 ···························· 241
생각 정리하기 ···························· 242

lesson 18 따라하며 익히는 빅데이터 활용　　245
생각 열기 ································· 246
프로그램 도전하기(장면1) ················ 248
프로그램 도전하기(장면2) ················ 254
메이커 더하기 ···························· 261
생각 정리하기 ···························· 262

lesson 19 숨어있는 엔트리봇을 잡아라!　　　267
생각 열기 ································· 268
프로그램 도전하기 ······················· 269
메이커 더하기 ···························· 275
생각 정리하기 ···························· 276

lesson 20   내가 만드는 빅데이터!   **280**
     생각 열기 ··································· 281
     프로그램 도전하기 ····················· 282
     메이커 더하기 ··························· 289
     생각 정리하기 ··························· 290

lesson 21   주문을 받아주는 챗봇 만들기   **294**
     생각 열기 ··································· 295
     프로그램 도전하기 ····················· 297
     메이커 더하기 ··························· 305
     생각 정리하기 ··························· 306

lesson 22   도전! AI 텍스트 모델학습 프로그램 만들기   **310**
     생각 열기 ··································· 311
     프로그램 도전하기 ····················· 312
     메이커 더하기 ··························· 324
     생각 정리하기 ··························· 325

• 부 록 •   앱인벤터와 대장장이보드의 만남   **329**
     앱인벤터 시작하기 ····················· 330
     앱인벤터로 음성인식 명령하는
     앱 만들기 ································· 338
     앱인벤터로 작성한 앱 설치 및 작동 ······ 340

※ 본 저작물은 엔트리 오픈소스 이미지를 CF-BY 2.0 라이선스에 따라 재구성하여 사용하였습니다.

CHAPTER 1

준비

LESSON 01 엔트리와 만나기
LESSON 02 알고 보면 더 매력 넘치는 블록 코딩
LESSON 03 이래서 핵인싸, 대장장이보드

엔트리와 만나기

🔍 **학습주제** 엔트리 사이트에 접속하여 코딩 작업 환경을 확인해보자.

 소개

　엔트리는 소프트웨어 교육을 위한 온라인 교육 플랫폼이다. 교육용 프로그래밍 언어(EPL)의 종류는 매우 다양하지만 현재 모든 초등학교 실과 검정교과서에는 엔트리를 교육 도구로 채택하고 있다. 엔트리는 소스코드뿐만 아니라 교육자료를 CC라이센스를 적용하여 공개하고 있으며 다양한 학습자를 위한 수준별 학습 콘텐츠를 개발하여 배포한다. 1강에서는 엔트리 사이트에 접속하여 엔트리에서 제공하는 콘텐츠를 살펴보고 코딩 작업 환경을 익혀보자.

사이트 접속하기

　구글에서 '엔트리'를 검색하거나 'playentry.org'로 접속한다(엔트리는 크롬 브라우저에 최적화되어 있으므로 크롬 사용을 권장한다).

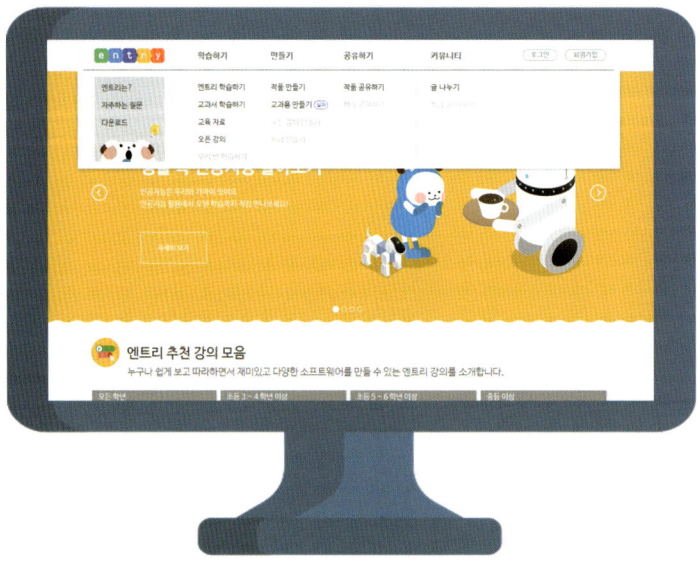

엔트리 사이트 홈 화면

엔트리 시작하기

① 회원 가입하기

우측 상단의 '회원가입'을 눌러 회원으로 가입한다. 14세 미만의 학생도 부모의 동의 없이 간단한 절차를 통해 회원으로 가입할 수 있다. '교사'로 가입하면 학급을 개설하여 운영할 수도 있다 (아래 화면에서 주황색 글자의 메뉴는 '교사'로 가입한 경우에만 활성화된다).

entry	학습하기	만들기	공유하기	커뮤니티	
엔트리는?	엔트리 학습하기	작품 만들기	작품 공유하기	글 나누기	마이 페이지
자주하는 질문	교과서 학습하기	교과용 만들기 (실과)	학급 공유하기	학급 글 나누기	내 정보 수정
다운로드	교육 자료	오픈 강의 만들기			나의 학급
	오픈 강의	학급 만들기			
	우리 반 학습하기				

② 엔트리 메뉴 살펴보기

학습하기
〈학습하기〉에서는 게임을 하듯 미션을 해결하며 소프트웨어의 원리를 배울 수 있는 학습 콘텐츠를 제공한다. 또한 엔트리를 활용한 다양한 교육자료를 수준별로 제공하고 있어 무료로 이용할 수 있다.

만들기
〈만들기〉에서는 블록 형태의 프로그래밍 언어를 사용하여 프로그래밍을 처음 하는 사람들도 쉽게 자신만의 창작물을 만들 수 있다. 또한 블록 코딩과 텍스트 코딩의 중간다리 역할을 하는 '엔트리파이선' 모드에서는 텍스트 언어의 구조와 문법을 자연스럽게 익힐 수 있다.

공유하기
〈공유하기〉에서는 엔트리에서 제작한 작품을 다른 사람들과 공유할 수 있다. 다른 작품의 소스코드를 살펴볼 수 있고, 이를 발전시켜 자신만의 작품을 만들 수 있다. 협업도 가능하여 여러 명이 함께 작품을 만들 수도 있다.

학급기능
〈학급기능〉은 교사가 학급별로 학생들을 관리할 수 있는 기능이다. 개설한 학급 내에서 학습하고 작품을 공유할 수 있으며 과제를 만들고 학생들의 결과물을 확인할 수 있다. 교사는 강의 기능을 활용하여 학생들의 수준에 맞는 학습 환경을 제공하여 수업을 진행할 수도 있다.

★ '작품 만들기' 코딩 환경 살펴보기

엔트리 메인 화면에서 '만들기' 메뉴의 '작품 만들기'를 클릭한다. 온라인 엔트리 사이트에서 '작품 만들기' 페이지의 화면은 아래와 같이 크게 네 부분으로 구성된다.

1 실행 화면

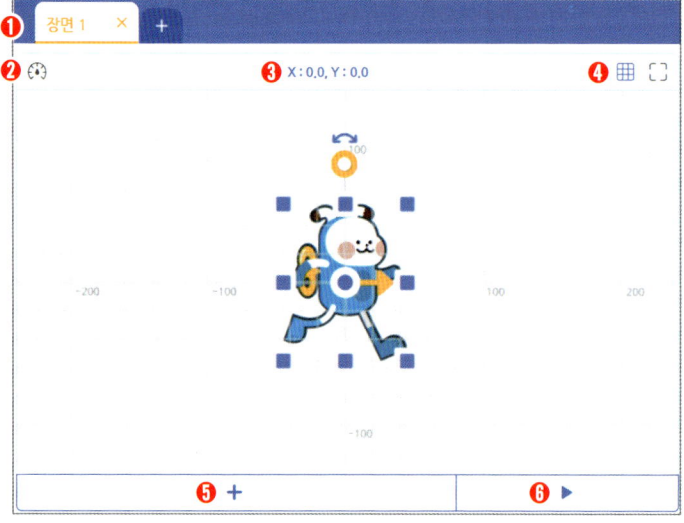

4 CHAPTER 1 준비

2 오브젝트 목록

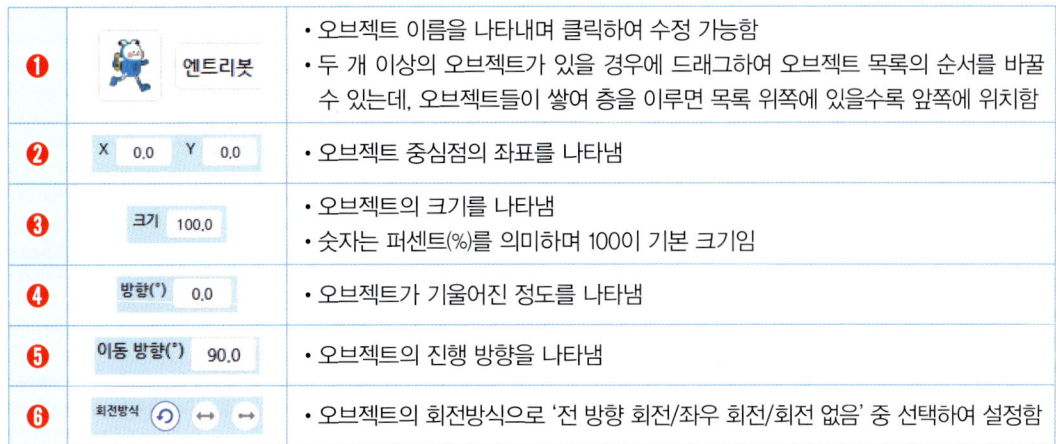

LESSON 01 엔트리와 만나기 5

3 블록 꾸러미

블록 꾸러미는 다섯 가지의 탭(블록, 모양, 소리, 속성, 테이블)으로 이루어져 있다.

블록 탭
• 다양한 명령어가 쓰인 블록들이 있는 탭으로 블록의 성질에 따라 14가지의 카테고리로 구분되어 있음

자주 사용되는 명령 블록		
시작	`시작하기 버튼을 클릭했을 때`	• 시작하기 버튼을 클릭하면 아래에 연결된 블록들을 실행함
	`오브젝트를 클릭했을 때`	• 해당 오브젝트를 클릭했을 때 아래에 연결된 블록들을 실행함
	`대상 없음▼ 신호를 받았을 때`	• 선택한 신호를 받으면 아래에 연결된 블록들을 실행함
흐름	`2 초 기다리기`	• 입력한 시간만큼 기다린 후 다음 블록을 실행함
	`10 번 반복하기`	• 입력한 횟수만큼 감싸고 있는 블록들을 반복 실행함
	`만일 참 (이)라면 / 아니면`	• 만일 판단이 참이면 첫 번째 감싸고 있는 블록들을 실행하고, 거짓이면 두 번째 감싸고 있는 블록들을 실행함
움직임	`이동 방향으로 10 만큼 움직이기`	• 입력한 값만큼 오브젝트의 이동방향 화살표가 가리키는 방향으로 움직임
	`x 좌표를 10 만큼 바꾸기`	• 오브젝트의 x좌표를 입력한 값만큼 바꿈
	`x: 10 위치로 이동하기`	• 오브젝트가 입력한 x좌표로 이동함(오브젝트의 중심점이 기준)
	`방향을 90° 만큼 회전하기`	• 오브젝트의 방향을 입력한 각도만큼 시계방향으로 회전함 (오브젝트의 중심점을 기준으로 회전)
	`이동 방향을 90° 만큼 회전하기`	• 오브젝트의 이동 방향을 입력한 각도만큼 시계방향으로 회전함 (오브젝트의 중심점을 기준으로 회전)
	`방향을 90° (으)로 정하기`	• 오브젝트의 방향을 입력한 각도로 정함
	`이동 방향을 90° (으)로 정하기`	• 오브젝트의 이동 방향을 입력한 각도로 정함

자주 사용되는 명령 블록		
생김새	안녕! 을(를) 4 초 동안 말하기	• 오브젝트가 입력한 내용을 입력한 시간 동안 말풍선으로 말한 후 다음 블록이 실행됨
	엔트리봇_걷기1 모양으로 바꾸기	• 오브젝트를 선택한 모양으로 바꿈
	크기를 10 만큼 바꾸기	• 오브젝트의 크기를 입력한 값만큼 바꿈
	크기를 100 (으)로 정하기	• 오브젝트의 크기를 입력한 값으로 정함
붓	도장 찍기	• 오브젝트의 모양을 도장처럼 실행화면 위에 찍음
	그리기 시작하기	• 오브젝트가 이동하는 경로를 따라 선을 그리기 시작함 (오브젝트의 중심점이 기준)
	붓의 색을 (으)로 정하기	• 오브젝트가 그리는 선의 색을 선택한 색으로 정함
소리	소리 강아지 짖는 소리 재생하기	• 해당 오브젝트가 선택한 소리를 재생하는 동시에 다음 블록을 실행함
	소리 크기를 10 % 만큼 바꾸기	• 작품에서 재생되는 모든 소리의 크기를 입력한 값만큼 바꿈
판단	마우스를 클릭했는가?	• 마우스를 클릭한 경우 '참'으로 판단함
	10 > 10	• 왼쪽에 위치한 값이 오른쪽에 위치한 값보다 크면 '참'으로 판단함
	참 그리고 참	• 두 판단이 모두 참인 경우 '참'으로 판단함
계산	10 + 10	• 입력한 두 수를 더한 값
	0 부터 10 사이의 무작위 수	• 입력한 두 수 사이에서 선택된 무작위 수 값
	현재 연도	• 현재 연도에 대한 값
자료	안녕! 을(를) 묻고 대답 기다리기	• 해당 오브젝트가 입력한 문자를 말풍선으로 묻고, 대답을 입력으로 받음(이 블록이 실행되면 실행화면에 '대답창'이 생성됨)
	변수 에 10 만큼 더하기	• 선택한 변수에 입력한 값을 더함
	10 항목을 리스트 에 추가하기	• 입력한 값을 선택한 리스트의 마지막 항목에 추가함
함수	함수 정의하기 함수	• 자주 쓰는 코드를 이 블록 아래에 조립하여 함수로 만듦

자주 사용되는 명령 블록	
데이터분석	• [데이터 화면 열기]를 클릭하여 데이터를 가져오면 테이블이 추가되어 활용할 수 있음
인공지능	• AI 블록(번역 · 비디오 감지 · 오디오 감지 · 읽어주기)을 불러와 활용할 수 있음 • 로그인 상태일 때 [모델 학습하기]를 클릭하여 새로운 인공지능 모델을 학습시킬 수 있음
확장	• 확장 블록(날씨 · 생활안전 국민행동요령 · 자연재난 국민행동요령 · 행사)을 불러와 활용할 수 있음
하드웨어	• 엔트리와 연결할 수 있는 하드웨어를 연결하고 하드웨어 장치를 제어할 수 있는 블록을 불러와 활용할 수 있음

모양 탭
• 한 오브젝트 안에서 바뀔 수 있는 모양들을 추가하거나 삭제할 수 있음 • 오른쪽에 생성되는 그림판 창을 이용하여 오브젝트를 수정함
소리 탭
• '소리 추가하기'를 클릭하여 오브젝트가 내는 소리를 추가할 수 있음
속성 탭
• 변수, 신호, 리스트, 함수를 추가할 수 있음
테이블 탭
• '테이블 추가하기'를 클릭하여 예시 테이블을 선택할 수 있음 • 데이터 파일을 업로드 하거나 테이블을 직접 입력하여 저장하면 작품 안에서 자료로 활용할 수 있음

블록 조립소

블록 꾸러미에서 명령어 블록을 드래그 앤 드롭하여 블록 조립소에 가져올 수 있다. 가져온 블록들은 블록 앞머리 부분의 요철을 맞추어 조립한다.

조립된 블록을 마우스 우클릭하면 '코드 복사 · 삭제 · 나의 보관함에 추가 · 이미지로 저장 · 메모 추가' 등의 기능을 사용할 수 있다.

작품 저장 및 공유하기

1 작품 저장

왼쪽 상단의 ⓔⓝⓣⓡⓨ [   ] 엔트리 로고 옆을 클릭하여 커서가 깜빡이면 작품의 이름을 지정할 수 있다. 작품은 오른쪽 상단의 '작품 저장' 🖫 아이콘을 클릭해 저장한다. 기존의 작품에 이름을 바꾸어 '저장하기'를 선택하면 다른 작품으로 저장되는 것이 아니라 이름만 바뀐 채 기존의 작품에 덮어 씌어 저장되므로 주의가 필요하다. 다른 작품으로 저장하려면 '복사본으로 저장하기'를 클릭해야 한다. 로그인이 된 상태라면 내 계정에 저장하여 온라인 상태에서 조회가 가능하지만, 그렇지 않은 상태라면 내 컴퓨터에 저장만 가능하다.

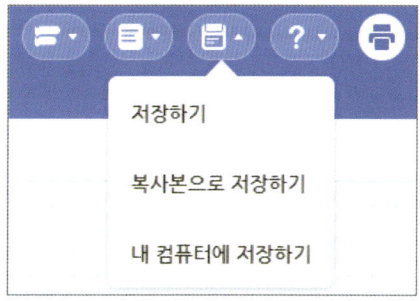

2 공유하기

엔트리 홈화면 메뉴의 [마이페이지]를 클릭하면 그동안 저장한 작품들을 조회할 수 있다. 작품 아래의 🔗 모양을 클릭하면 작품 공유에 따른 엔트리 저작권 정책에 전체 동의 후 공유 공간을(나만보기/전체공유/학급공유) 설정하여 작품 공유가 가능하다.

공유된 작품의 하단에서 [수정] 메뉴를 클릭하면 작품에 대한 소개 글을 작성하여 저장할 수 있다. 코드 보기 버튼을 클릭하면 공유된 모든 작품의 코드를 볼 수 있으며 작품을 수정하거나 발전시켜 나아갈 수 있다. 다른 사람의 작품을 감상하고 댓글을 쓰거나 '좋아요', '관심 작품' 등의 피드백으로 다양한 의견을 제시하여 보자.

WEEKLY CODING STUDY PLAN

1 2 3 4 5 6 7 8 9 10 11 12	MON	TUE	WED
THU	FRI	SAT	SUN

LESSON 02 알고 보면 더 매력 넘치는 블록 코딩

 **학습주제** 엔트리에서 오브젝트의 특징을 알고 간단한 블록 코딩을 체험해보자.

블록 코딩이란?

코딩을 처음 접하는 입문자들이 코딩에 대한 이미지를 떠올리면 대부분 자바나 파이썬과 같은 텍스트 형태의 프로그래밍 언어를 생각하기 쉽다. 이러한 프로그래밍 언어의 경우 대부분 구문이 복잡하고 오류에도 민감하여 문법을 익히는 데 많은 시간과 노력이 필요하다.

블록 코딩이란 컴퓨터 언어를 함축한 블록 형태의 코드를 조립하여 코드를 작성하는 코딩 방식이다. 명령어가 쓰인 블록을 마우스로 끌어와서 코딩하기 때문에 프로그래밍 언어를 배우지 않아도 쉽게 이해하고 활용할 수 있다. 블록 코딩은 기존의 텍스트 형식의 프로그래밍 언어를 익혀 사용할 때 보다 훨씬 직관적으로 코드를 작성할 수 있어 교육용 코딩 학습 도구로 적합하다.

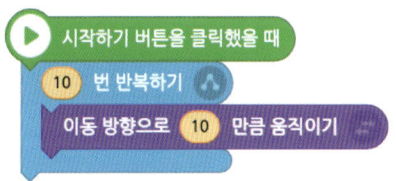
엔트리(블록형 코딩)

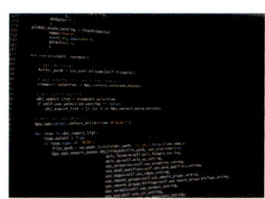
파이썬(텍스트 코딩)

현재 개발되어 사용되는 블록 코딩 방식의 교육용 프로그래밍 언어는 매우 다양하다. 미국 MIT에서 만든 시각적 교육용 프로그래밍 언어인 '스크래치'와 구글에서 개발한 '블록클리' 등이 대표적이며 국내에서는 2013년 한국어 기반으로 개발된 '엔트리'가 교육용 코딩 도구로 널리 이용되고 있다.

스크래치

블록클리

엔트리

블록 코딩 체험하기

엔트리에서는 블록 코딩을 처음 학습하는 입문자를 위해 다양한 학습용 체험 콘텐츠를 제공한다. 엔트리 홈 화면의 [학습하기]-[엔트리 학습하기] 메뉴를 클릭하여 접속해보자.

가장 위쪽의 'STEP1.엔트리봇 학교 가는 길'과 'STEP2.엔트리봇 움직이기' 콘텐츠는 엔트리를 처음 시작하는 사람들이 엔트리 사용법을 익히는 데 적합하다. 단계별로 주어지는 목표를 달성하기 위해 몇 가지 블록이 블록 꾸러미에 제시되며, 게임을 하듯 주어진 미션을 해결하며 소프트웨어의 기초 개념을 익힐 수 있다.

[엔트리 학습하기] 페이지의 가장 아래쪽에 위치한 [주제별 학습과정]의 [미션 해결하기]를 클릭하면 프로그래밍의 기본 구조를 익힐 수 있는 다양한 테마의 콘텐츠를 만나볼 수 있다. 몇 개의 콘텐츠만 체험해보아도 블록을 끌어와 조립하여 코드를 작성하는 기초 과정을 어렵지 않게 학습할 수 있다.

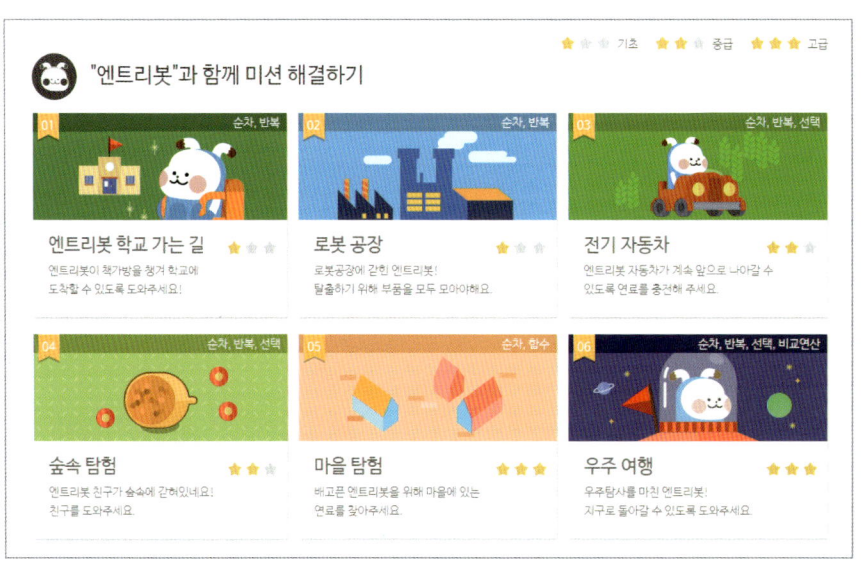

오브젝트 이해하기

체험이 끝났다면 본격적인 작품을 만들어보자. 엔트리에서 작품을 만들려면 '오브젝트'에 대한 이해가 반드시 선행되어야 한다. 엔트리 홈화면의 [작품만들기]를 클릭하여 코딩 작업 환경 페이지를 열어보자. 실행 화면에는 '엔트리봇'이라는 이름의 오브젝트가 기본으로 추가되어 있다.

오브젝트란?

오브젝트란 명령어를 통해 움직일 수 있는 모든 캐릭터, 사물, 글상자, 배경 등을 말한다.

방향점	오브젝트의 방향을 바꿔 기울어진 정도를 조절할 수 있음
크기조절점	오브젝트 크기를 조절할 수 있음
중심점	오브젝트 좌표의 기준이 되며 회전할 때 중심점을 기준으로 회전함(오브젝트의 위치를 이동할 때에는 '중심점'을 옮기지 않도록 주의가 필요함)
이동방향 화살표	화살표를 돌려 이동방향을 조절할 수 있음

🖉 잠깐!

블록 조립소에 기본으로 제공된 코드를 확인하고 시작하기 버튼을 클릭해보자. 엔트리봇이 10만큼씩 10번 이동했으므로 총 100만큼 이동한 것을 확인할 수 있다. 이번엔 오브젝트의 방향점과 이동 방향 화살표를 바꾸어 보고 엔트리봇 움직임의 변화를 살펴보자.

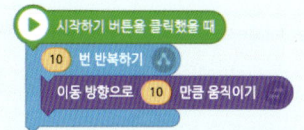

 방향점을 바꾸면 오브젝트 전체가 기울어지면서 이동방향 화살표도 동시에 기울어져 오브젝트의 진행 방향이 바뀐다.

 방향점은 그대로 두고 이동방향 화살표만 조절하면 오브젝트는 기울어지지 않은 채로 이동방향 화살표가 가리키는 방향으로 진행한다.

블록 코딩하기

1 블록 조립하기

　오브젝트가 두 개 이상일 경우, 코딩하고자 하는 오브젝트를 오브젝트 목록창에서 클릭한다. 블록 꾸러미의 블록 탭에서 사용하고자 하는 블록의 카테고리를 선택한다. 스크롤을 아래로 내리면 카테고리에 속한 모든 블록을 볼 수 있다. 찾은 블록을 클릭한 상태로 드래그하여 블록 조립소에 끌고 온다. 원하는 위치에 블록을 위치시키고 클릭을 해제한다. 블록이 조립된 후에 이동시킬 때는 가장 위의 블록을 기준으로 아래 블록들이 함께 움직인다.

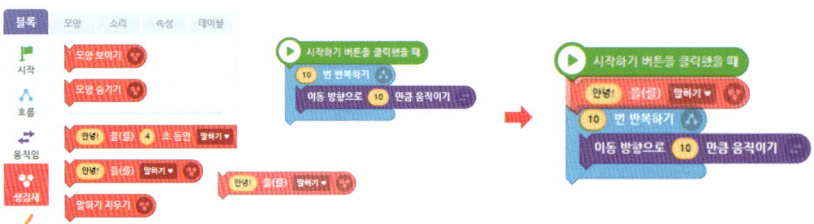

2 블록 복제·삭제하기

　만들어진 블록을 마우스 우클릭하면 블록을 복사하거나 삭제할 수 있는 메뉴가 나타난다.

코드 복사 & 붙여넣기
　복사하고자 하는 코드의 가장 위쪽 블록을 마우스 우클릭하고 '코드 복사 & 붙여넣기'를 선택하면 한 오브젝트 안에 같은 코드가 즉시 생성된다.

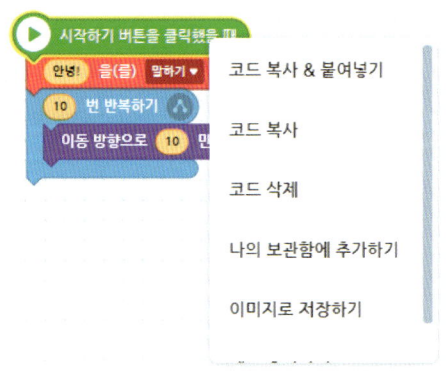

코드 복사
　다른 오브젝트에 코드를 복사하고 싶을 때 사용하며, 다른 오브젝트를 클릭 후 블록 조립소에서 마우스 우클릭하여 '붙여넣기'를 선택하면 같은 코드가 생성된다.

코드 삭제
　불필요한 코드를 한 개씩 삭제한다. 해당 코드를 클릭하고 키보드의 'Delete'키를 누르거나 블록 조립소 오른쪽 하단의 휴지통 아이콘에 블록을 끌어다가 버려도 코드는 삭제된다.

LESSON 03 이래서 핵인싸, 대장장이보드

🔍 **학습주제** 대장장이보드의 특징을 살펴보고 엔트리에 연결하여 작동시켜보자.

 대장장이보드 소개

　대장장이보드는 피지컬 컴퓨팅을 처음 시작하는 학생들이 부딪힐 수 있는 기술적 문제를 줄이고 코딩학습에 주력할 수 있도록 고안된 교육용 실습 보드이다. 아두이노를 처음 접하는 학습자들은 코딩에 앞서 저항, 센서, 점퍼선 등을 연결하는 과정에서 난항을 겪는다. 대장장이보드는 코딩 전에 겪게 되는 연결 상의 어려움을 해소하기 위해 아두이노에 별도의 저항을 연결하지 않고 센서를 꽂아 사용할 수 있도록 모듈로 제작했다. 이로 인해 충분한 코딩학습 시간을 확보한다는 장점을 가지고 있다.

　대장장이보드는 아두이노 우노(Uno)가 내장되어 있기 때문에 대장장이보드 전용 센서 블록 외에도 아두이노 등에 연결 가능한 디지털·아날로그 센서 및 저항 등을 바로 연결하여 사용 가능하다는 점에서 경제적이다. 구입 시에 제공되는 기본 센서 키트 외에도 필요한 아두이노 부품(블루투스, 초음파센서, LED 등)을 일부 구입하면 아두이노 키트 전체를 구입하지 않고도 다양한 결과물을 구현할 수 있다.

　대장장이보드는 다양한 언어를 지원한다는 점에서 활용도가 높다. 엔트리, 스크래치, 아두이노 스케치, 앱인벤터 등 아두이노를 활용할 수 있는 모든 언어를 지원하므로 사용자는 이용하고자 하는 작업 환경에서 코딩할 수 있다.

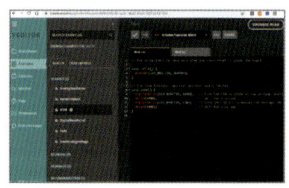

　대장장이보드를 살펴보면 보드 곳곳에 홈과 돌출 부분을 찾아볼 수 있는데 이 부분은 플라스틱 조립 블록을 연결하여 사용할 수 있도록 디자인 한 것이다. 조립 블록은 스마트버전 대장장이보드 구입 시 키트에 함께 제공되며 별도로 추가 구매도 가능하다. 대장장이보드에 블록을 자유롭게 조립해보며 '집', '풍차', '신호등' 등 다양한 창작물을 제작하는 메이커가 되어보자.

대장장이보드의 구조

현재(2020.08.) 대장장이보드는 빅버전과 스마트버전으로 출시되어 있다. 보드의 구성이나 크기 면에서 조금씩 차이가 있지만 기본적으로 제공되는 것은 메인보드, 센서 블록 키트, 케이블로 동일하다.

 메인보드

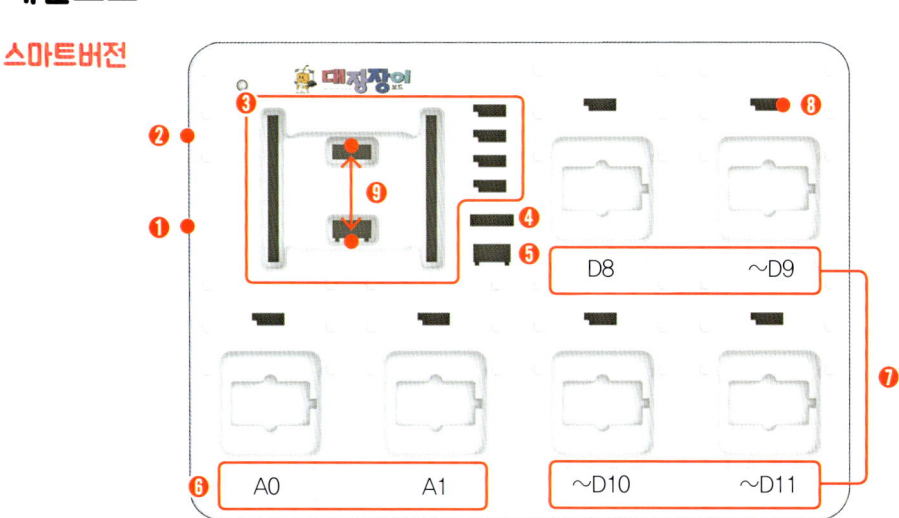

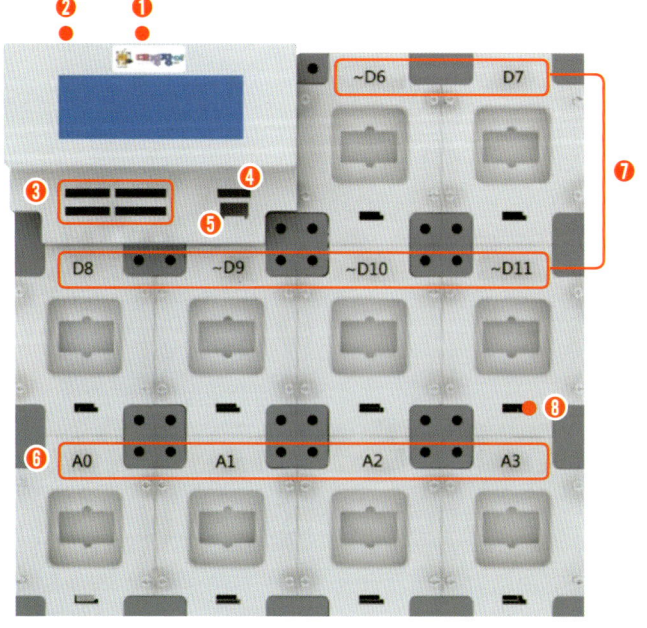

❶	USB 포트	• 컴퓨터와 연결하는 USB 케이블을 연결하는 곳
❷	전원 포트	• 전원이 부족할 경우 외부전원을 연결하는 곳 • 9V(1A) 정도의 어댑터 또는 건전지를 이용하여 전원을 공급 함
❸	확장 포트	• 키트구성 센서 외 별도 구입한 아두이노 센서를 연결할 수 있는 확장 포트
❹	블루투스 전용 포트	• 대장장이보드와 송·수신할 수 있는 블루투스를 연결하는 포트
❺	초음파센서 전용 포트	• 초음파센서를 연결하는 포트
❻	포트번호 A0~A3	• 아두이노 아날로그 0~3번 포트를 의미하며 아날로그 입력 모듈을 연결하는 곳 • 숫자는 핀번호를, A는 아날로그(Analog)의 약자이며 본 책에서는 앞으로 'A0핀'과 같이 표기 함
❼	포트번호 D6~D11	• 아두이노 디지털 6~11번 포트를 의미하는 것으로 디지털 입출력 모듈을 연결하여 '1', '0'값을 입력 또는 출력 • 숫자는 핀번호를, D는 디지털(Digital)의 약자이며 본 책에서는 앞으로 'D8핀'과 같이 표기 함
❽	입출력 센서 연결 부분	• 핀 연결이 어려운 아두이노의 단점을 보완하여 데이터 입출력 핀, 5V, GND를 한번에 구성하여 연결의 용이함을 극대화 함
❾	LED, LCD 모니터 연결 부분	• LED와 LCD 모니터를 연결할 수 있는 부분으로 스마트버전 키트에 포함되어 있는 OLED를 연결할 수 있음(빅버전에는 메인보드에 LCD가 내장되어 있음)

2 센서 블록

대장장이보드는 사용 시 구분이 용이하도록 종류에 따라 센서 블록의 색이 다르게 제작되어 있다.

※ 마이크, OLED, 호환 블록 키트는 스마트 버전에만 포함되어 있음

입력 모듈	디지털	버튼 (Switch)	기울기센서 (Tilt sensor)	자석센서 (Reed sensor)	
	아날로그	빛센서 (CdS sensor)	온도센서1 (N.T.C.T)	온도센서2 (LM35)	가변저항 (Volume)
		적외선센서 (IR sensor)	마이크 (MIC)	초음파센서 (Ultrasonic)	수위센서 (Water sensor)

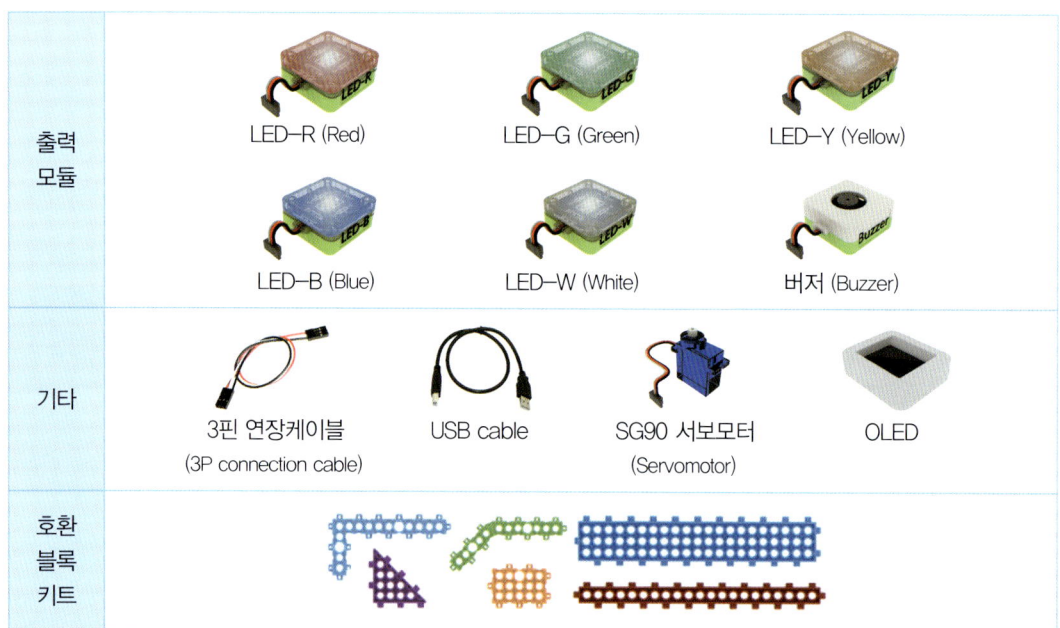

출력 모듈	LED-R (Red)	LED-G (Green)	LED-Y (Yellow)
	LED-B (Blue)	LED-W (White)	버저 (Buzzer)
기타	3핀 연장케이블 (3P connection cable)	USB cable	SG90 서보모터 (Servomotor)	OLED
호환 블록 키트				

호환 블록 사용법

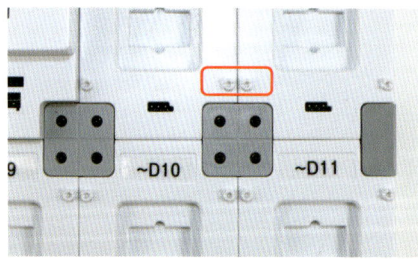

1. 대장장이보드의 돌출된 부분을 플라스틱 블록 구멍과 연결한다.

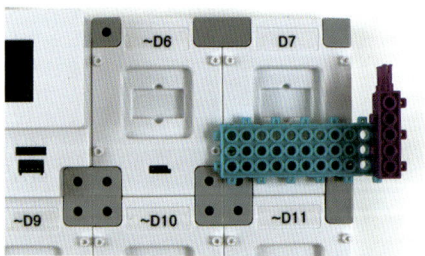

2. 여러 가지 모양의 블록을 구멍에 맞춰 조립한다.

3. 센서 뒷면에도 플라스틱 블록에 맞도록 돌출된 부분이 있다.

4. 대장장이보드 위에 플라스틱 블록과 센서로 원하는 작품을 완성한다.

호환 블록 사용 예시

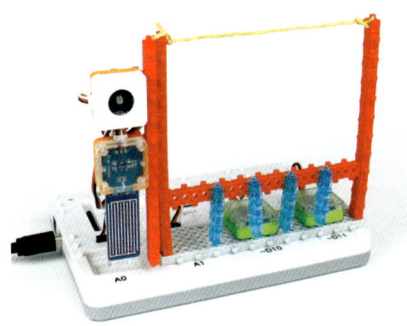
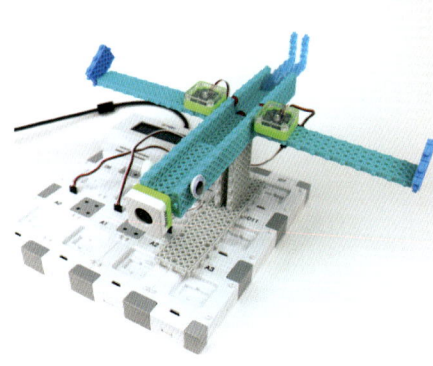
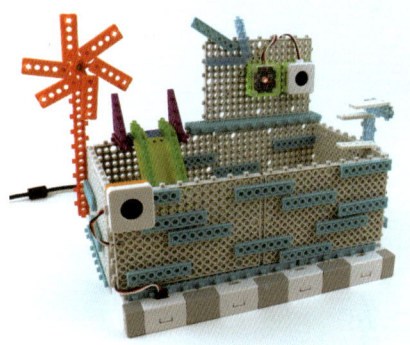

★ 엔트리와 대장장이보드 연결하기

1. 엔트리에 접속하여 [만들기]-'작품 만들기' 화면을 실행한다.
2. USB 케이블을 이용하여 대장장이보드와 PC를 연결한다.
3. 블록꾸러미의 '하드웨어' 카테고리에서 '연결 프로그램 다운로드'를 클릭한 후 엔트리 하드웨어 프로그램을 설치한다. 하드웨어 프로그램 설치가 완료되면 '연결 프로그램 열기'를 클릭한다.

4. '엔트리 하드웨어'가 열리면 엔트리와 연결할 수 있는 다양한 하드웨어 장치들이 보인다. '대장장이보드'를 검색하거나 스크롤을 아래로 내려 대장장이보드를 선택한다.

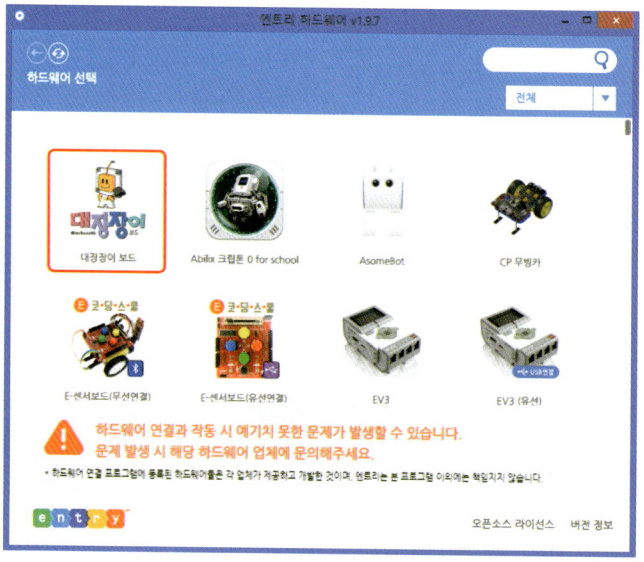

5. 드라이버 설치를 클릭하여 '대장장이보드 드라이버'를 설치한다. 드라이버가 설치 완료되면 펌웨어를 설치한다(펌웨어는 최초 1회만 설치하면 됨). '하드웨어와 연결되었습니다' 메시지가 뜨면 하드웨어 연결프로그램 창은 닫지 않고 최소화한다.

6. 정상적으로 연결되면 아래와 같이 하드웨어 장치를 제어할 수 있는 블록들이 생성된 것을 확인할 수 있다. 혹시 아래 블록들이 보이지 않는다면 하드웨어 연결하기 버튼을 한 번 더 클릭하여 연결과정을 반복 실행한다.

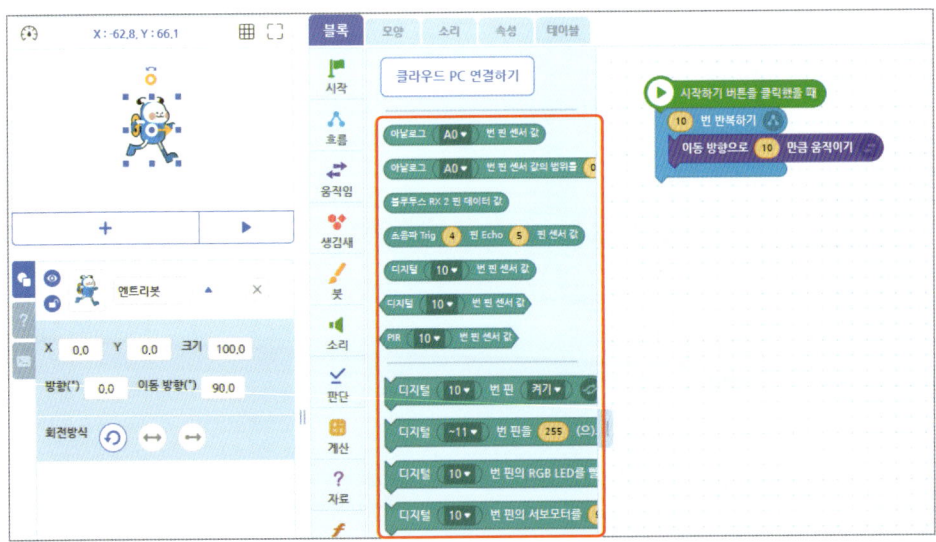

CHAPTER 2

메이커, AI 실력 키우기!

LESSON 04 지진감지 시스템
LESSON 05 점핑! 장애물 피하기
LESSON 06 밝기 감지 스마트 하우스
LESSON 07 교통안전 신호등
LESSON 08 신나는 무대공연 연출!
LESSON 09 날씨 감지 빨래 건조대
LESSON 10 박쥐를 잡아라
LESSON 11 팡팡! 꿀벌 물감 터트리기
LESSON 12 거미 VS 잠자리 대결

지진감지 시스템

🔍 **학습주제** 기울기센서(Tilt)를 이용해 지진감지 시스템을 만들어보자.

 문제 상황

  중국의 한 작은 도시에 강진이 발생했다는 소식이 뉴스 속보로 전해졌다. 한 지질학 박사가 개발한 지진발생 경보시스템이 인명 피해를 줄였다는 소식이 전해지면서 지진감지 시스템에 대한 관심이 높아졌다. 기울기센서를 이용해 땅의 흔들림이 감지되면 경보음을 울려 알려주는 프로그램을 만들어보자.

 소스 코드 http://naver.me/55vZA4Rr

생각 열기

1 알고 보자! 피지컬 부품의 세계 : 틸트(Tilt)

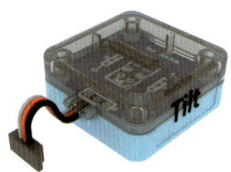

- 기울기센서라고 부르지만 기울기 정도는 측정할 수 없다.
- 스위치와 비슷한 역할을 하는 센서로 기울어짐(1값), 기울어지지 않음(0값)으로만 출력된다.
- 물체의 쓰러짐 여부를 판단하는 센서로 2개를 사용하면 여러 방향으로 쓰러짐을 측정할 수 있다.

2 대장장이보드 준비

대장장이보드의 종류와 상관없이 D8핀에 기울기센서(Tilt), D9핀에 버저(BUZZER)를 연결한다.

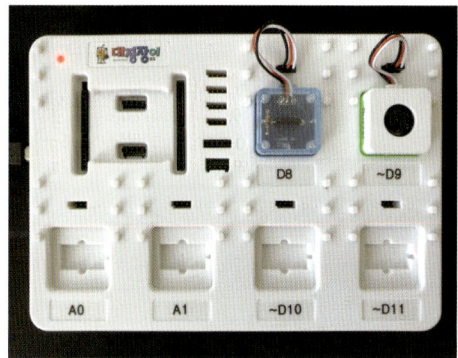
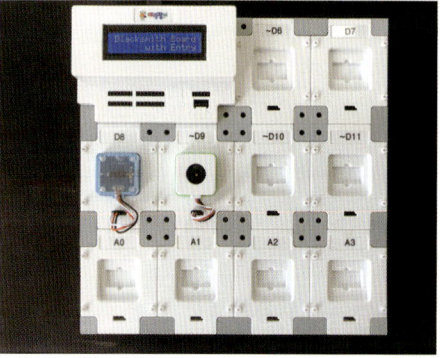

대장장이보드(스마트버전)　　　　　　　　대장장이보드(빅버전)

3 알고리즘 확인

1. 앵커가 현지를 연결해 지진 상황을 알아본다.
2. 장면 1에서 장면 2로 전환된다.
3. 기울기가 감지되지 않는다(센서값이 0이다).
4. "지진감지 시스템 덕분에 인명 피해가 크지 않았어!"라고 말하고 변화가 없다.
5. 기울기센서(Tilt)를 기울인다(센서값이 1이다).
6. 중국배경이 흔들리고 괴짜박사가 "으악, 지진이다!"라고 말한다.
7. 대장장이보드 D9핀에 연결된 버저(BUZZER)에서 경고음이 울린다.

프로그램 도전하기

배경과 오브젝트 준비

⚙️ ① 배경 준비하기

다른 상황을 연출하기 위해 2개의 장면을 사용하려고 한다. 장면 1은 '뉴스 세트장', 장면 2는 지진이 자주 발생하는 '중국'처럼 꾸며보도록 하자. 장면 1 옆에 장면 추가하기(+)를 눌러 장면을 하나 더 추가해 보자.

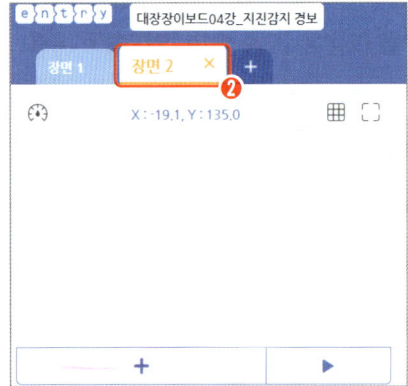

장면을 추가하면 시작 블록 카테고리에 장면 2 시작하기가 추가된 것을 볼 수 있다. 장면 2를 시작하기 위해 필요한 블록이다.

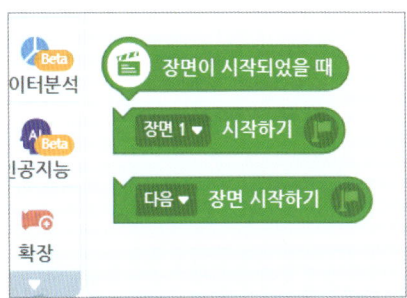 

2 오브젝트 준비하기

장면 1에는 '중국', '얼굴(남),' '글상자' 오브젝트를 추가한다.

'중국'은 배경 오브젝트이다. 일반 오브젝트처럼 크기를 조정하고 위치를 옮기기 위해서는 잠금을 풀어주어야 한다. 잠금을 풀면 크기, 방향 조절이 가능한 점이 나타난다. '중국' 오브젝트의 가로와 세로를 같은 비율로 줄이기 위해 사각형의 모서리 위치에 있는 점을 클릭하여 크기를 조절한다.

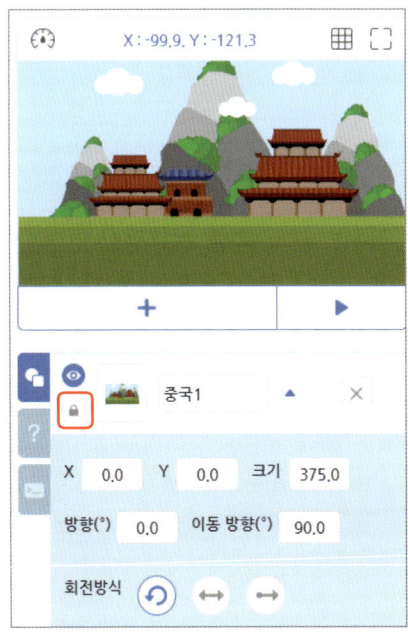 

'글상자'는 오브젝트 추가하기 버튼을 클릭한 후 상단에 [글상자]탭을 클릭하여 작성할 수 있다. 이곳에서 글자와 관련한 글꼴, 진하기, 밑줄, 기울여 쓰기, 글자색, 글상자 배경색 등을 바꿀 수 있다.

[뉴스 속보 "중국 강도 8.5 강진 발생"]이라고 쓴 후 뉴스 자막과 어울리는 글꼴을 선택하고 글자색은 흰색, 글상자 배경은 검은색으로 바꾼 후 적용하기를 누른다.

'중국' 오브젝트는 다른 오브젝트와 비교하여 적절한 크기로 줄인 후 '얼굴(남)' 왼쪽 상단으로 옮긴다. '글상자'도 '중국' 오브젝트 크기에 맞춰 줄여 자막 효과가 나도록 위치를 조정한다.

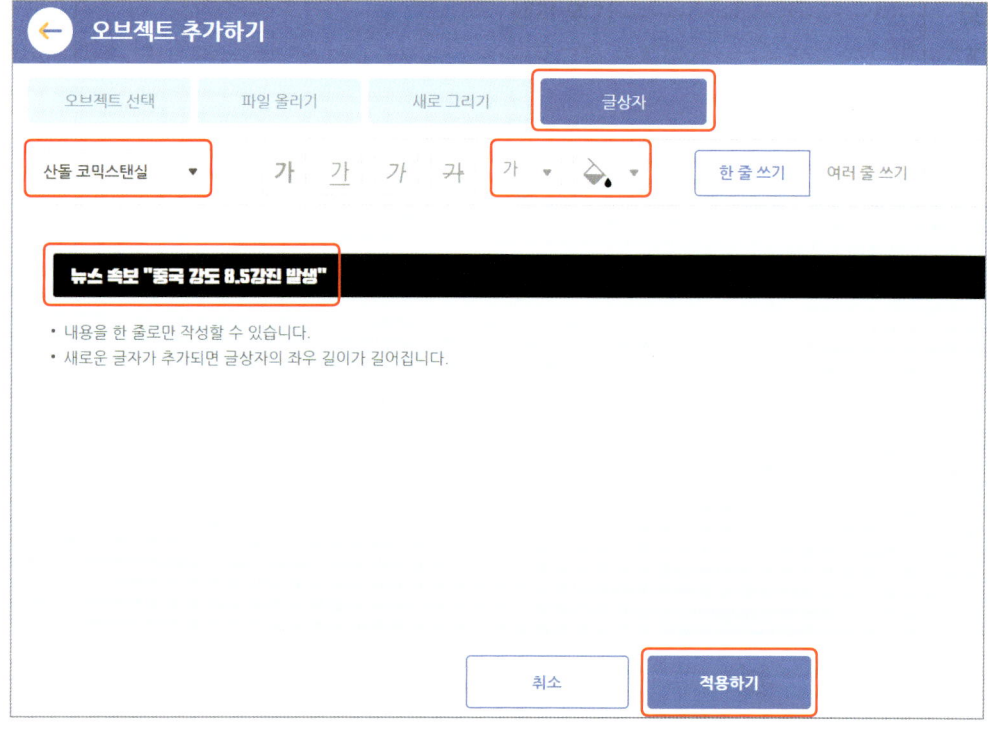

오브젝트를 추가하면 레이어 방식으로 쌓이게 된다. 다시 말해 37쪽 왼쪽 그림과 같이 '얼굴(남)' 오브젝트가 '뉴스 세트장' 오브젝트 아래쪽에 있을 경우 보이지 않는다. 큰 오브젝트 아래쪽에 위치하기 때문이다. 이처럼 층층이 쌓이는 레이어 방식이므로 오브젝트 배치에도 유의해야 한다. 자막으로 사용할 '글상자' 오브젝트가 '중국' 오브젝트 위에 놓여야 하는 이유도 이와 같다. 37쪽 오른쪽 그림과 같이 '글상자', '중국', '얼굴(남)', '뉴스 세트장' 순으로 오브젝트가 놓여야 가려지는 오브젝트 없이 화면을 구성할 수 있다.

장면 2에는 '괴짜박사', '중국건물(2)', '중국건물(3)' 오브젝트를 추가한다.

3 코딩하기

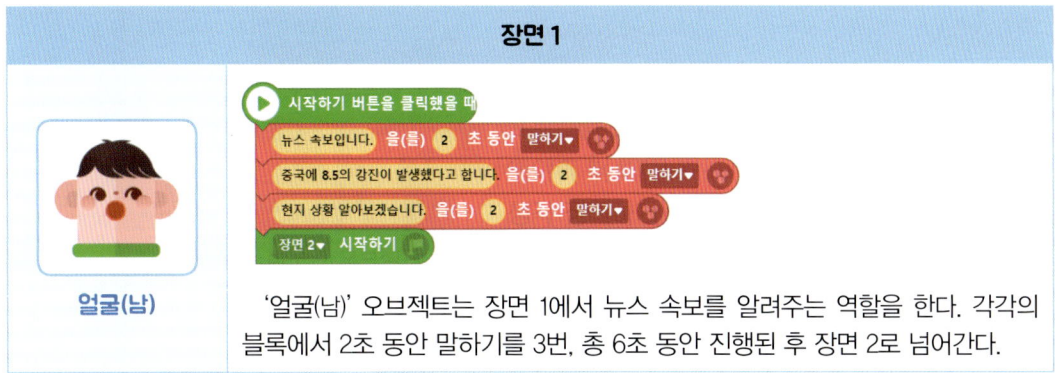

'얼굴(남)' 오브젝트는 장면 1에서 뉴스 속보를 알려주는 역할을 한다. 각각의 블록에서 2초 동안 말하기를 3번, 총 6초 동안 진행된 후 장면 2로 넘어간다.

장면 2

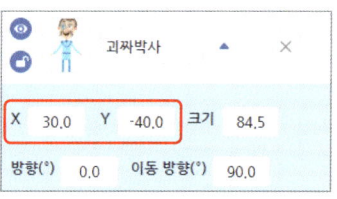

D8핀에는 틸트센서가 연결되어 있다. 틸트센서를 기울이면 '괴짜박사' 오브젝트가 0.1초 간격으로 x좌표는 25부터 35 사이의 무작위, y좌표는 −45부터 −35 사이의 무작위로 이동하게 된다.

괴짜박사

이것은 '괴짜박사' 오브젝트가 x좌표가 30, y좌표가 −40이기 때문에 그 위치에서 −5~+5 범위 내에서 움직임을 표현하려는 의도이다. 이처럼 오브젝트의 움직임을 표현하고자 할 때는 최종 좌표를 확인하고 무작위 수를 입력해야 움직임이 어색하지 않다. 다음 모양으로 바꾸기 블록으로 '괴짜박사' 오브젝트의 몸 흔들림을 연속적으로 표현했다. 오브젝트를 선택할 때 이러한 오브젝트 모양을 고려해 선택하는 것이 좋다.

모양을 확인하는 방법은 해당 오브젝트를 선택한 후 [모양]탭을 누르면 어떤 모양을 이용할 수 있는지 알 수 있다. '괴짜박사' 오브젝트의 경우 4가지 모양이 있어서 다음 모양으로 바꾸기 블록을 사용했을 때 몸이 흔들리는 것을 표현할 수 있다. 틸트센서를 기울이면 몸이 흔들리고 "으악, 지진이다!"라고 말한다. D9핀에 연결한 버저에서 '삑!'하는 경고음을 울려 대피를 알린다.

틸트센서를 기울이지 않으면 흔들림이 멈추고 "지진감지 시스템 덕분에 인명피해가 크지 않았어!"라는 말과 함께 경고음이 꺼진다. 경고음 외에 LED로 경고등을 표시해 줄 수 있으므로 직접 연결하여 코드를 작성해 보길 바란다. 코딩을 하면서 중요한 부분은 센서는 언제 작동하게 될지 알 수 없으므로 '계속 반복하기' 블록으로 항상 센서값의 변화를 감지해야 한다는 점이다. 이것은 어떤 센서를 사용하든 잊지 말아야 할 부분이다.

중국건물(2)

D8핀에 연결한 틸트센서를 기울이면 전류가 통해 '중국건물(2)' 오브젝트가 0.2초 간격으로 x좌표는 -140부터 -125사이를 무작위로, y좌표는 -37부터 -27 사이를 무작위로 이동하게 된다. 건물의 흔들림이 10번 반복한 후에 방향을 330도, 300도, 270도로 변하면서 왼쪽으로 건물이 넘어지게 표현했다. 각도 사이에 0.2부터 1사이의 무작위 수로 기다리게 한 것은 건물이 순식간에 넘어지는 것을 방지하고 어느 정도의 시간을 유지했다가 넘어지도록 한 것이다. 무작위 수이기 때문에 건물이 0.2초의 짧은 시간을 유지했다가 넘어질 수도 있고 1초로 조금 더 길게 유지했다가 넘어질 수도 있다.

'중국건물(2)' 오브젝트는 10번 반복하기 대신 계속 반복하기 블록을 사용할 경우 건물이 흔들리기만 반복하고 넘어지지 않는다. 자신이 원하는 표현을 하기 위해서는 횟수 반복하기 블록과 계속 반복하기 블록의 차이점도 알아둘 필요가 있다.

중국건물(3)

D8핀에 연결한 틸트센서를 기울이면 '중국건물(3)' 오브젝트가 0.2초 간격으로 x좌표는 163부터 169사이를 무작위로, y좌표는 –73부터 –65사이를 무작위로 이동한다. 옮긴 오브젝트의 최종 위치를 눈으로 확인한 후 무작위 수를 입력해야 오브젝트의 흔들림을 자연스럽게 표현할 수 있다. '중국건물(3)' 오브젝트는 흔들림만 표현하기 때문에 횟수 반복하기 블록 대신 계속 반복하기 블록을 사용해도 된다.

중국

D8에 연결한 틸트센서가 기울어지면 '중국' 오브젝트가 0.1초 간격으로 x좌표와 y좌표가 –5부터 5사이의 무작위 수로 이동한다. 이것은 지진의 흔들림을 표현한 것으로 시간과 무작위 수를 달리하여 흔들림 정도를 조절할 수 있다.

메이커 더하기

1 블록 만들기

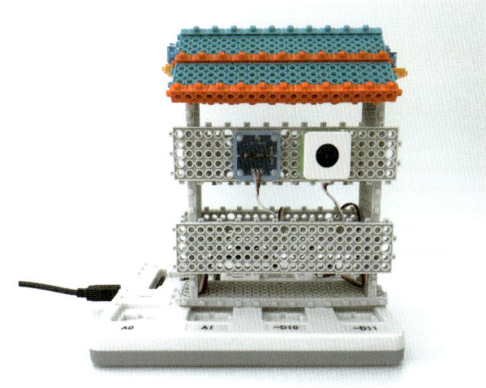
대장장이보드(스마트버전)

대장장이보드(빅버전)

2 작동은 이렇게!

　대장장이보드를 들고 좌우로 기울여보자. 엔트리 장면2의 모습이 바뀌는 것을 살펴보고 대장장이보드 D8핀에 연결한 버저가 어떤 경우에 작동하는지 확인해본다.

인공지능 더하기

인공지능 활용하기

자연재해 사진으로 모델학습을 시킨 후 재해 종류를 분류하도록 프로그래밍 해보자.

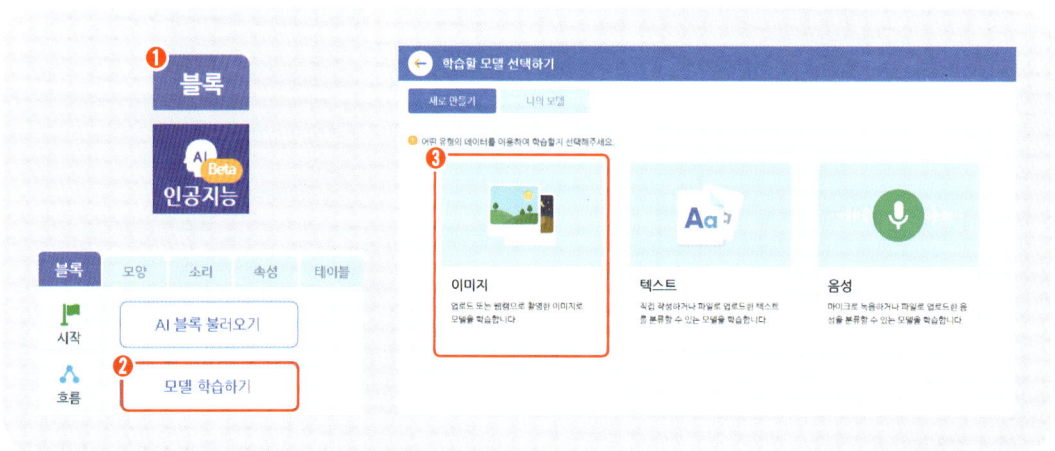

 인공지능 모델학습은 말 그대로 컴퓨터에게 이미지, 텍스트, 음성 등 다양한 형태의 데이터를 학습시켜 이를 바탕으로 데이터를 분류하게 하는 것을 말한다.
 이번 강의에서는 이미지 학습을 통해 자연재해를 분류하는 프로그램을 만들어 보고자 한다. 우선 ❶ 인공지능 블록 카테고리에서 ❷ 모델 학습하기 ❸ 이미지를 선택하면 다음 그림과 같이 모델 학습을 시킬 수 있다. 모델학습은 로그인 상태에서만 사용할 수 있다.

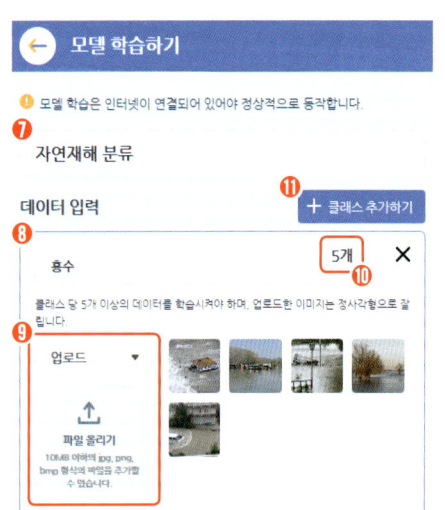

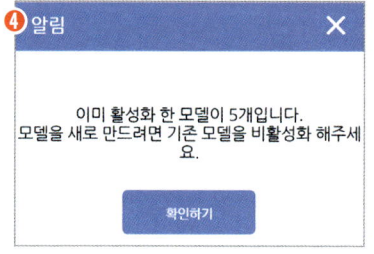

제목을 입력하고 저장하면 학습해 둔 모델을 불러와 사용할 수 있다. 엔트리는 학습모델을 최대 5개까지 활성화할 수 있다. 활성화 한 모델이 이미 5개가 있다면 새로운 모델을 만들 수 없기 때문에 위와 같이 ❹ 알림 창으로 안내를 받게 된다.

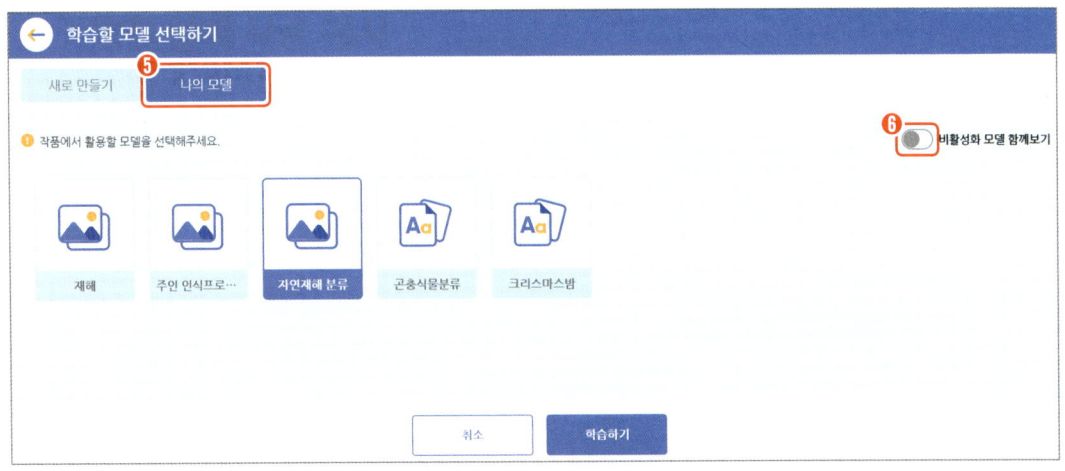

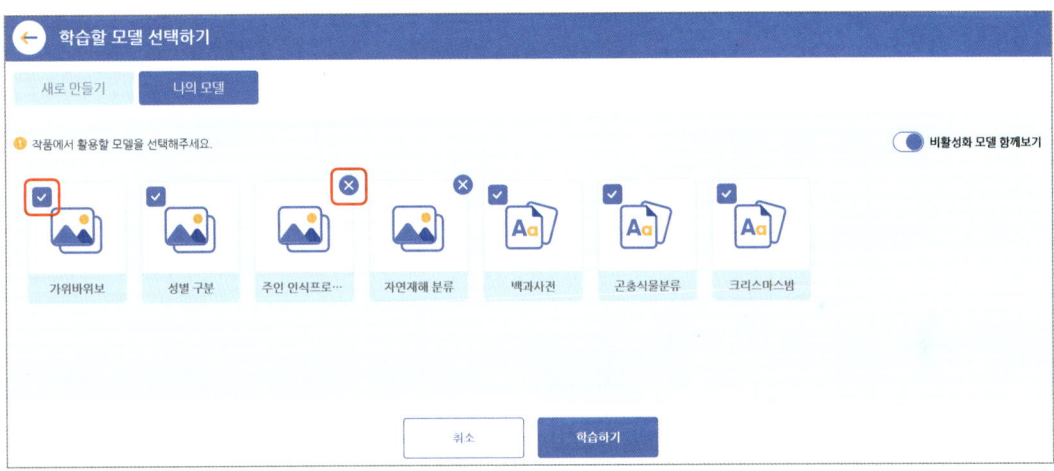

비활성화 방법은 ❺ [나의모델]탭을 선택, 오른쪽 상단에 ❻ '비활성화 모델 함께보기'를 클릭하여 활성화 모델을 삭제 또는 5개 미만으로 활성화시킨 후 [새로 만들기]탭으로 돌아와 ❸ 이미지를 선택한다(처음 모델학습하기를 할 경우 5~6의 경우는 해당하지 않는다). ❼ '자연재해 분류'라고 제목을 정해보기로 하자. 첫 번째 데이터 그룹을 ❽ 홍수라고 입력하고 관련 사진을 ❾ 업로드한다. 이미지 모델학습의 경우는 이미지 업로드 또는 촬영 두 가지로 가능하다. ❿ 사진이 몇 장 업로드 되었는지를 보여주는 것이고 데이터가 많을수록 정확도는 높아지지만 학습 시간이 더 오래 걸린다. ⓫ 클래스 추가하기를 눌러 분류하고자 하는 종류만큼 생성한 후 업로드 또는 촬영을 통해 학습시킨다. 이번 강의에서는 홍수, 가뭄, 폭설, 지진 4개의 클래스를 만들어 볼 것이다.

홍수와 같은 방법으로 가뭄, 폭설, 지진 사진을 업로드해 학습을 시킨다. 업로드가 완료된 후 ⑫ 모델 학습하기 버튼을 눌렀을 때 ⑬ '학습을 완료했습니다.'라는 문구가 뜨면 ⑭ 추가하기 버튼을 누르면 모델 학습 이용 준비가 끝난 것이다.

모델 학습하기 준비를 끝내고 블록으로 돌아오면 관련 블록이 생성된다(단, 모델 학습하기 블록은 온라인 엔트리에서만 실행가능하며, 로그인 상태에서 가능하다).

학습한 모델로 '이미지 인식하기' 블록은 업로드 또는 촬영으로 분석할 데이터를 입력할 수 있고 컴퓨터는 학습한 결과를 기반으로 데이터를 분석하게 된다. 인식한 결과를 가지고 무엇을 할지에 따라 다양한 프로그램을 만들 수 있다. 이번 강의에서는 인식한 결과로 '홍수', '가뭄', '폭설', '지진'과 관련된 배경이 뜨도록 하고 말하기 블록을 통해 어떤 자연재해인지 글로 표현하고자 한다.

2 오브젝트 준비하기

이해를 돕기 위해 최소한의 오브젝트를 사용한다. '중국', '얼굴(남)' 오브젝트를 추가한다.

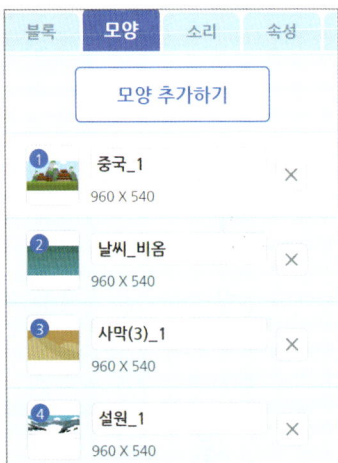

'중국' 오브젝트 [모양]탭을 클릭하여 3가지 모양을 더 추가해 보자. '날씨_비옴', '사막(3)_1', '설원_1'을 추가한다.

3 코딩하기

시작하기 버튼을 클릭했을 때 배경은 숨겨진 상태로 데이터 입력창에 분석하려는 재해 사진을 업로드하면 학습한 모델을 토대로 인식한 결과를 배경으로 보여준다.

'얼굴(남)'에는 인식결과에 해당하는 자연재해를 말하기를 통해 알려주도록 코딩한다.

모델학습의 경우 많은 데이터를 통해 정확도를 높일 수 있다. 더 많은 데이터를 수집한 후 분류할 수 있는 주제를 선택하여 직접 해보면 더 쉽게 이해할 수 있을 것이다.

4 프로그램 실행하기

시작하기 버튼을 클릭하면 데이터 입력 창이 뜬다. 파일 올리기를 클릭하여 분석하고자 하는 데이터를 입력한 후 추가하기 버튼을 클릭한다. 배경과 말하기를 통해 인식 결과를 확인할 수 있다.

소스 코드 http://naver.me/FsF2iPOt

생각 정리하기

더 나아가기

'물조리개'로 식물에 물을 주면 꽃을 피우는 프로그램을 만들어보자. 대장장이보드의 틸트센서로 '물조리개'의 기울기를 표현하여 물을 주는 모습을 표현할 수 있고, '식물의 한살이' 오브젝트로 식물의 성장을 표현할 수 있다. LED와 버저 출력장치를 추가해서 식물 성장 변화를 알려주는 프로그램을 만들어 볼 수 있을 것이다.

'물조리개' 오브젝트

'식물의 한살이' 오브젝트

문제해결을 위한 알고리즘 설계

2 정리하고 평가하기

프로그램은 잘 실행되었는가?		
사용한 센서 이름을 적어봅시다.	핀 번호	센서 이름
이번 수업에서 알게 된 점을 정리해 봅시다.		

3 완성된 코드

얼굴(남)

시작하기 버튼을 클릭했을 때
뉴스 속보입니다. 을(를) 2 초 동안 말하기▼
중국에 8.5의 강진이 발생했다고 합니다. 을(를) 2 초 동안 말하기▼
현지 상황 알아보겠습니다. 을(를) 2 초 동안 말하기▼
장면 2▼ 시작하기

괴짜박사

장면이 시작되었을 때
계속 반복하기
　만일 디지털 8▼ 번 핀 센서 값 (이)라면
　　0.1 초 동안 x: 25 부터 35 사이의 무작위 수 y: -45 부터 -35 사이의 무작위 수 위치로 이동하기
　　다음▼ 모양으로 바꾸기
　　으악, 지진이다! 을(를) 말하기▼
　　디지털 9▼ 번 핀 켜기
　아니면
　　지진감지 시스템 덕분에 인명 피해가 크지 않았어! 을(를) 말하기▼
　　디지털 9▼ 번 핀 끄기

중국건물(2)

- 장면이 시작되었을 때
  - 계속 반복하기
    - 만일 `디지털 8번 핀 센서 값` (이)라면
      - 10 번 반복하기
        - 0.2 초 동안 x: -140 부터 -125 사이의 무작위 수 y: -37 부터 -27 사이의 무작위 수 위치로 이동하기
      - 방향을 330° (으)로 정하기
      - 0.2 부터 1 사이의 무작위 수 초 기다리기
      - 방향을 300° (으)로 정하기
      - 0.2 부터 1 사이의 무작위 수 초 기다리기
      - 방향을 270° (으)로 정하기
      - 0.2 부터 1 사이의 무작위 수 초 기다리기
    - 아니면
      - 방향을 0° (으)로 정하기

중국건물(3)

- 장면이 시작되었을 때
  - 계속 반복하기
    - 만일 `디지털 8번 핀 센서 값` (이)라면
      - 10 번 반복하기
        - 0.2 초 동안 x: 163 부터 169 사이의 무작위 수 y: -73 부터 -65 사이의 무작위 수 위치로 이동하기

중국

- 장면이 시작되었을 때
  - 계속 반복하기
    - 만일 `디지털 8번 핀 센서 값` (이)라면
      - 0.1 초 동안 x: -5 부터 5 사이의 무작위 수 y: -5 부터 5 사이의 무작위 수 위치로 이동하기

LESSON 04 지진감지 시스템

점핑! 장애물 피하기

 학습주제   스위치센서(Switch)를 이용하여 장애물 피하기 프로그램을 만들어보자.

 문제 상황

평화로운 숲속에 산책을 나온 병아리가 큰 곰을 만났다. 곰은 작은 병아리를 발견하지 못해 속도를 줄이지 않고 병아리를 향해 달려온다. 병아리가 커다란 곰 발에 밟히지 않도록 스위치를 눌러 뛰어넘게 프로그램을 만들어보자.

 소스 코드   http://naver.me/xdno6AHW

생각 열기

① 알고 보자! 피지컬 부품의 세계 : 버저(Buzzer)

- 버저는 내부에 Piezo(피에조) 센서가 들어 있어 전류가 흐르면 피에조가 진동하면서 소리를 만들어 낸다.
- 진동 주파수를 조절하면 간단한 멜로디를 만들어 낼 수 있다.
- 스피커만큼 정확하거나 좋은 소리는 아니며 주로 Beep음을 내는 용도로 많이 쓰인다.

② 대장장이보드 준비

대장장이보드의 종류와 상관없이 D10핀에 버저(Buzzer), D11핀에 스위치(Switch)를 연결한다.

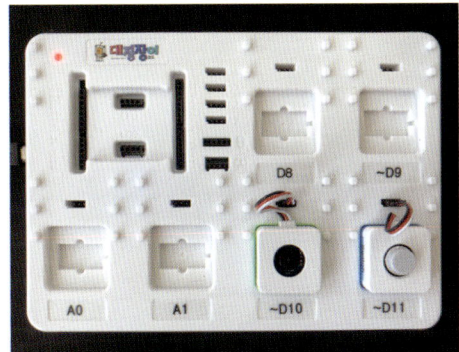
대장장이보드(스마트버전)

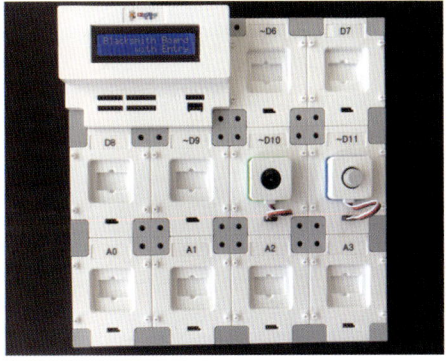
대장장이보드(빅버전)

③ 알고리즘 확인

1. 숲속 배경이 오른쪽에서 왼쪽으로 움직인다.
2. 병아리가 오른쪽을 보고 제자리에서 움직인다.
3. 곰이 병아리를 향해 달려온다.
4. 스위치센서(Switch)를 누르면 병아리가 위로 뛰어오른다.
5. 곰이 병아리에 닿으면 버저(Buzzer)가 울린다.

프로그램 도전하기

배경과 오브젝트 준비

1 배경 준비하기

우선 배경을 추가하여 평화로운 숲속처럼 꾸며보도록 한다. 오브젝트 추가하기에서 '숲속'을 검색하여 '숲속(2)'를 불러온다. 배경 스크롤 효과를 표현하기 위해서 '숲속(2)'를 한 번 더 불러오거나 오브젝트 목록에서 '숲속(2)'을 선택한 후 오른쪽 마우스를 클릭하여 복제하여 사용해도 된다.

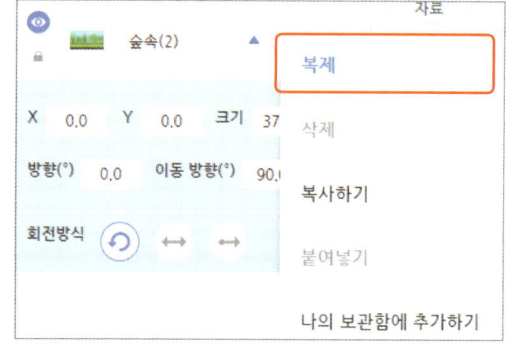

두 배경이 붙어서 스크롤 되면 '병아리' 오브젝트가 움직이지 않더라도 걷는 듯한 효과를 줄 수 있다.

❷ 오브젝트 준비하기

'병아리', '곰(1)' 오브젝트를 추가한다.

'병아리' 오브젝트는 3개의 모양이 있다. 병아리가 걷는 모양을 연출하기 위해서는 '병아리_1'과 '병아리_2'만 있으면 된다. 병아리_3 모양은 ⊠를 눌러 삭제한다.

❸ 코딩하기

　시작하기 버튼을 클릭했을 때 왼쪽을 보고 있던 '병아리'를 오른쪽을 향하게 하도록 좌우 모양 뒤집기 블록을 사용한다. 걸어가는 느낌이 들도록 0.2초 간격으로 다음 모양을 바꾸기를 하는데 [모양]탭에서 '병아리_3'은 삭제하고 진행한다. 계속 반복하기 블록을 사용하여 모양은 바뀌지만 실제로 움직이는 코드는 없기 때문에 '병아리' 오브젝트가 앞으로 나가지는 않는다. 배경이 오른쪽에서 왼쪽으로 움직이기 때문에 병아리가 움직이는 느낌이 날 뿐이다. '병아리_1'모양에서 '병아리_2'모양으로 바뀌는 속도를 제어하기 위해 0.2초 기다리기 블록을 사용했는데 오브젝트가 바뀌는 속도가 너무 빠르다면 기다리기 시간을 늘려 조정하면 될 것이다.

걷는 '병아리' 오브젝트를 점프하게 하기 위해서는 계속 반복하기 블록으로 스위치센서를 눌렀는지 감지해야 한다. 스위치센서를 누르면 센서값은 1이 되고, 누르지 않으면 센서값은 0이다. 센서값=1이면 '병아리' 오브젝트는 위로 뛰어오른다. 위로 뛰어오른다는 것은 화면상의 y좌표 값(150)이 증가하고, 0.7초 후 다시 제자리(-150)로 돌아오게 한다. y좌표를 150만큼 바꾼다는 것은 y좌표가 150이 되는 것이 아니다. y가 좌표가 현재 -75라면 스위치를 눌렀을 때 +75가 된다는 의미이다. '~만큼 바꾸기' 블록과 '~로 정하기' 블록의 차이점을 구분할 필요가 있다. '병아리' 오브젝트가 공중에 머무르는 시간을 조절하고 싶다면 0.7초 기다리기 시간을 수정하면 된다.

코딩에서 놓치지 말아야 할 부분은 센서는 언제 누르게 될지 알 수 없으므로 '계속 반복하기'를 이용하여 항상 센서값의 변화를 감시해야 한다는 점이다. 이것은 어떤 센서를 사용하든 잊지 말아야 할 부분이다.

곰(1)

'곰(1)' 오브젝트를 추가하면 오른쪽을 바라보고 있다. '좌우 모양 뒤집기' 블록을 사용하여 왼쪽을 바라보는 모양으로 만든다. '곰(1)' 오브젝트가 '병아리' 오브젝트를 향해 왼쪽으로 이동하도록 x좌표를 -15만큼 바꾸도록 한다. x좌표만 바꾸면 오브젝트가 떠다니는 느낌이 든다. '곰(1)' 오브젝트의 움직임을 표현하기 위해

x좌표를 -15만큼 바꾸면서 다음 모양으로 바꾸기 블록을 사용하면 뛰는 모양이 연출되면서 왼쪽으로 이동한다. 0.1초 기다리기는 바뀐 모양을 일정 시간 유지하도록 한다.

'곰(1)' 오브젝트가 x좌표를 -15만큼 바꾸기 블록으로 계속 왼쪽으로 이동하다 보면 언젠가는 왼쪽 화면 밖으로 나가게 된다. '곰(1)' 오브젝트의 x좌표가 -260보다 작아지면 x좌표 260인 위치로 이동해 화면 오른쪽에서 다시 나타나게 한다. '곰(1)' 오브젝트가 '병아리' 오브젝트에 닿으면 '곰(1)' 오브젝트가 사라지도록 '모양 숨기기' 블록을 사용한다. '곰(1)' 오브젝트는 보이지 않지만 x좌표가 -260이 될 때까지 화면 왼쪽으로 이동한다. 이후 x좌표가 260으로 이동하면 다시 오브젝트가 보이도록 '모양 보이기' 블록을 사용한다. '곰(1)' 오브젝트가 '병아리' 오브젝트에 닿으면 D10핀의 버저가 '삑~'하고 울린다.

숲속(2)

'숲속(2)'와 '숲속(2)1'은 시작 위치만 다르고 코드는 동일하다.

'숲속(2)'는 오른쪽에서 왼쪽으로 서서히 이동하여 왼쪽 화면 밖으로 사라져 x좌표가 -479보다 작아지면 화면 오른쪽 시작점인 479로 이동하여 다시 왼쪽으로 이동할 준비를 한다. 엔트리 화면은 x좌표가 -240에서 240으로 480크기로 구성되어 있다. 일반적으로 중심점이 -480까지 이동하면 다시 480으로 돌아오도록 코드를 구성하면 자연스럽게 스크롤 된다. '숲속(2)' 오브젝트의 경우 작게 만들어져 이동좌표 절대값을 1씩 줄여 스크롤 되도록 했다.

숲속(2)1

'숲속(2)1'은 시작위치의 x좌표가 479이다. 즉 화면 오른쪽에 배치하여 왼쪽으로 이동할 준비를 하는 것이다. '숲속(2)'를 뒤따라 '숲속(2)1'도 왼쪽으로 서서히 이동하고 왼쪽 화면 밖으로 사라져 x좌표가 -479보다 작아지면 화면 오른쪽으로 이동하여 다시 왼쪽으로 이동할 준비를 한다.

이를 x좌표 이동이 아닌 y좌표 이동으로 수정하면 위에서 아래로 움직이는 배경을 만들 수 있다. 아래위로 움직이는 우주를 배경으로 멋진 우주여행 프로젝트를 만들 수도 있을 것이다.

메이커 더하기

1 블록 만들기

블록을 조립하여 나만의 '점핑! 장애물 피하기' 게임기를 만들어 보자.

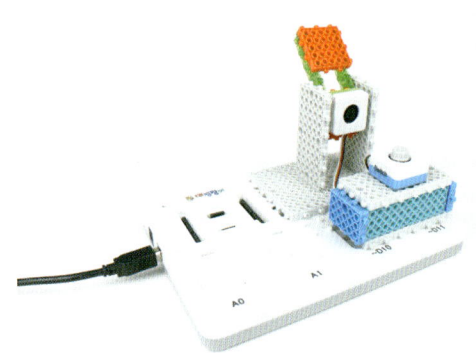

대장장이보드(스마트버전)

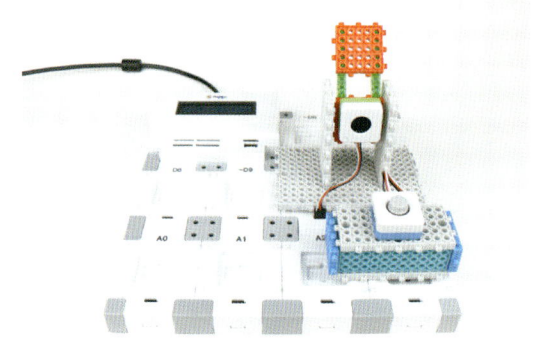

대장장이보드(빅버전)

2 작동은 이렇게!

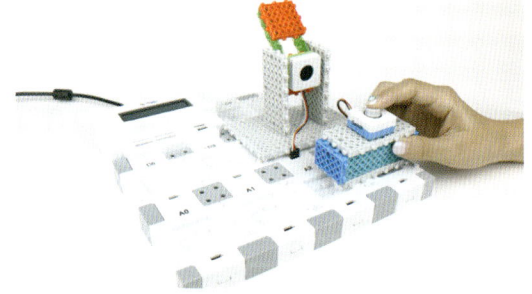

대장장이보드 D11핀에 연결한 스위치센서를 눌러 '병아리' 오브젝트의 변화를 살펴본다.

인공지능 더하기

1 인공지능 활용하기

인공지능 얼굴인식 기능으로 오브젝트의 움직임을 제어해 보자.

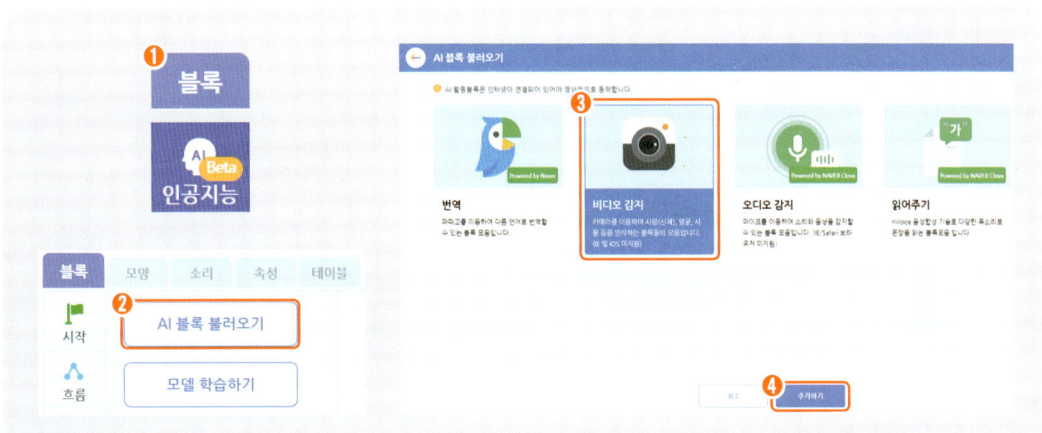

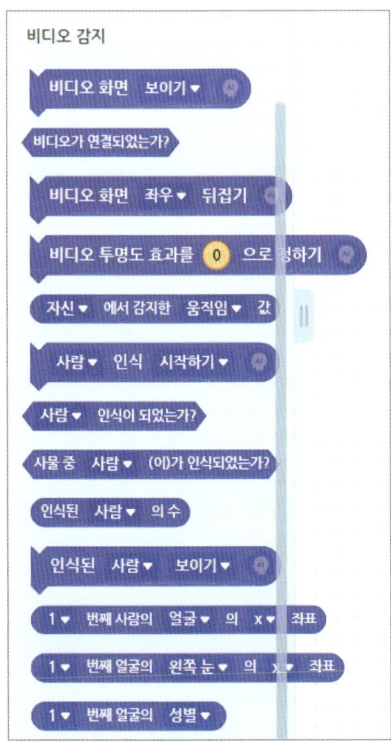

인공지능 블록 카테고리에서 'AI블록 불러오기'를 클릭한 후 비디오 감지를 추가하면 다음과 같은 블록이 생성된다. 이 블록들은 카메라가 내장되어 있는 컴퓨터나 웹캠을 추가 설치했을 경우 사용할 수 있다. 비디오 감지 블록들을 통해 사람, 얼굴, 사물을 인식하는 기능을 사용할 수 있게 되며 기본적으로 엔트리에는 사람의 성별, 나이, 감정 등을 구분할 수 있는 데이터가 갖춰져 있다.

이번 강의에서 다가오는 곰을 피하기 위해 스위치센서를 눌러 병아리를 점프시켜 보았다. 인공지능 더하기에서 스위치를 사용하지 않고 감정을 파악해 병아리를 점프시켜 보려고 한다.

② 오브젝트 준비하기

이해를 돕기 위해 최소한의 오브젝트를 사용한다. '병아리', '곰(1)' 오브젝트를 추가한다.

'병아리' 오브젝트 모양탭을 클릭하여 앞으로 걷는 모양을 연출하는데 불필요한 '병아리_3'모양은 삭제한다.

③ 코딩하기

우선 '얼굴 인식 시작하기' 블록을 가지고 온다. '인식된 얼굴 보이기' 블록은 컴퓨터가 얼굴을 인식했을 때 붉은 선으로 인식된 얼굴을 보여준다. '인식된 얼굴 보이기' 블록은 빼도 작동하는 것에 지장을 주지는 않는다. 병아리가 곰을 향해 바라보고 움직이도록 좌우 모양 뒤집기 블록을 사용한다. '병아리' 오브젝트가 '곰(1)' 오브젝트에 닿을 경우 "조심하세요!"라고 2초 동안 말하고 곰이 가까이 왔을 때 '놀람' 표정을 지으면 '병아리' 오브젝트는 위로 180만큼 뛰어 올랐다가 2초를 유지하고 다시 제자리로 돌아온다.

여기에서 포인트는 '놀람' 표정이다. 사람이 놀랄 경우 눈을 동그랗게 뜨고 입술 모양이 '오'를 발음할 때처럼 변한다. 엔트리에는 기본적으로 '놀람' 데이터를 설정해두고 이를 이용할 수 있도록 했다. '놀람' 외에도 '행복', '무표정', '슬픔', '화남' 등의 정보를 가지고 있다.

곰(1)

'곰(1)' 오브젝트를 추가하면 오른쪽을 보고 있는데 '병아리' 오브젝트를 바라보고 이동하도록 좌우 모양 뒤집기 블록을 사용한다. x좌표를 −5만큼을 바꾸어 왼쪽으로 이동하다가 '곰(1)' 오브젝트의 x좌표가 −250보다 작아져 왼쪽 화면 밖으로 나가게 되면 x좌표가 250인 위치로 이동한다.

4 프로그램 실행하기

시작하기 버튼을 클릭하면 '병아리' 오브젝트는 오른쪽으로, '곰(1)' 오브젝트는 왼쪽으로 움직인다. '병아리' 오브젝트가 '곰(1)' 오브젝트에 닿지 않도록 하기 위해서는 위로 뛰어 오를 수 밖에 없다. 놀란 표정으로 '곰(1)' 오브젝트에 닿지 않도록 '병아리' 오브젝트를 컨트롤 해보자.

소스 코드 http://naver.me/5DhO0Ige

생각 정리하기

더 나아가기

　우주를 항해하는 멋진 우주선 조종사가 되어 빠른 속도로 다가오는 소행성을 좌우로 피하는 프로그램을 만들어 보자. 대장장이보드의 스위치센서 2개를 사용하여 왼쪽과 오른쪽으로 이동하게 할 수도 있으며, 키보드의 왼쪽 화살표 키와 오른쪽 화살표 키를 이용하여 만들어 볼 수도 있다. LED와 버저를 사용하면 더욱 멋진 우주여행 프로젝트를 만들어 볼 수 있을 것이다.

　참고로 엔트리의 [왼쪽 화살표▼ 키를 눌렀을 때] [오른쪽 화살표▼ 키를 눌렀을 때] [x 좌표를 10 만큼 바꾸기] 블록을 활용할 수 있다.

문제해결을 위한 알고리즘 설계

---

② 정리하고 평가하기

프로그램은 잘 실행되었는가?		
사용한 센서 이름을 적어봅시다.	핀 번호	센서 이름
이번 수업에서 알게 된 점을 정리해 봅시다.		

3 완성된 코드

스프라이트	코드
병아리	**[시작하기 버튼을 클릭했을 때]** 좌우 모양 뒤집기 / 계속 반복하기 { 다음▼ 모양으로 바꾸기 / 0.2 초 기다리기 } **[시작하기 버튼을 클릭했을 때]** 계속 반복하기 { 만일 <디지털 11▼ 번 핀 센서 값>(이)라면 { y 좌표를 150 만큼 바꾸기 / 0.7 초 기다리기 / y 좌표를 -150 만큼 바꾸기 } }
곰(1)	**[시작하기 버튼을 클릭했을 때]** 좌우 모양 뒤집기 / 계속 반복하기 { 만일 <곰(1)의 x좌푯값▼ < -260>(이)라면 { 모양 보이기 / x: 260 위치로 이동하기 } 아니면 { x 좌표를 -15 만큼 바꾸기 / 다음▼ 모양으로 바꾸기 / 0.1 초 기다리기 } / 만일 <병아리▼ 에 닿았는가?>(이)라면 { 모양 숨기기 / 디지털 10▼ 번 핀 켜기 / 0.5 초 기다리기 / 디지털 10▼ 번 핀 끄기 } }
숲속(2)	**[시작하기 버튼을 클릭했을 때]** 계속 반복하기 { x 좌표를 -1 만큼 바꾸기 / 만일 <숲속(2)의 x좌푯값▼ < -479>(이)라면 { x: 479 위치로 이동하기 } }
숲속(2)1	**[시작하기 버튼을 클릭했을 때]** x: 479 위치로 이동하기 / 계속 반복하기 { x 좌표를 -1 만큼 바꾸기 / 만일 <숲속(2)1의 x좌푯값▼ < -479>(이)라면 { x: 479 위치로 이동하기 } }

LESSON 05 점핑! 장애물 피하기

LESSON 06 밝기 감지 스마트 하우스

🔍 **학습주제** 빛센서(CdS)를 이용하여 실내조명을 자동으로 조절하는 스마트 하우스를 만들어 보자.

⚙️ 문제 상황

 어두워지면 누군가가 스위치를 켠 것처럼 공원 가로등에 불이 켜지는 것을 본 적이 있는가? 공원 관리원이 전원을 켠 것이 아니라 일정 밝기보다 어두워지면 자동으로 불이 켜지도록 설정이 되어 있어 가능한 것이다. 이번 강의에서는 빛센서(CdS)의 원리를 이해하고 창문 밖에서 들어오는 태양의 밝기를 감지하여 실내등과 TV의 밝기를 알아서 조절하는 스마트 하우스를 만들어 보자.

</> **소스 코드** http://naver.me/G7S6CBSf

생각 열기

① 알고 보자! 피지컬 부품의 세계 : 빛센서(CdS)

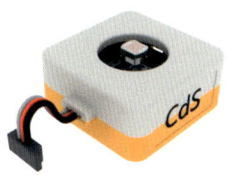

- 빛센서(CdS)는 밝아지면 센서 내부의 저항이 낮아지고 어두우면 저항이 높아지는 원리를 이용한 센서다.
- 빛의 밝기를 측정하는 용도로 사용되는 조도(Lux)값을 측정하는 용도보다는 단순히 밝다/어둡다 정도를 측정하는 경우에 쓰인다.

② 대장장이보드 준비

대장장이보드의 종류와 상관없이 D11핀에 LED-Y, A0핀에 빛센서(CdS)를 연결한다.

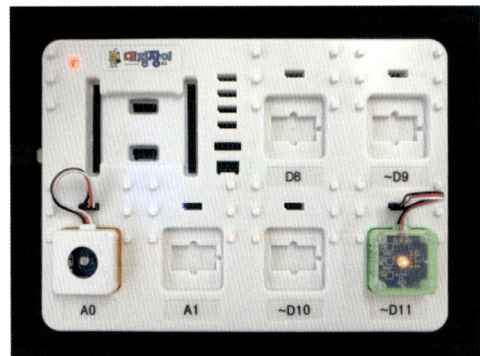
대장장이보드(스마트버전)

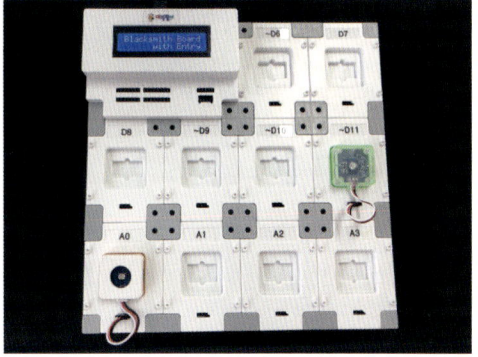
대장장이보드(빅버전)

③ 알고리즘 확인

1. 빛센서(CdS) 값이 700이상이다.
2. 전등과 TV가 꺼진다.
3. 빛센서(CdS) 값이 700보다는 작고 300보다는 크다.
4. 창문 밖이 저녁노을 배경이고 TV화면이 어둡게 켜진다.
5. 빛센서(CdS) 값이 300보다 작다.
6. 창문 밖이 별이 뜬 밤 배경이고 전등과 TV화면이 밝게 켜진다.

프로그램 도전하기

배경과 오브젝트 준비

1 배경 준비하기

이번 강의에서는 배경을 3개를 불러올 것이다. 하나는 앞선 강의에서처럼 배경으로 쓸 것이고 나머지 두 개는 잠금 기호(열쇠)를 풀어서 배경이 아닌 일반 오브젝트로 사용할 것이다. 우선 실제 배경으로 사용하기 위해 '거실(4)' 오브젝트를 불러오자. 나머지 두 개는 창밖으로 보이는 풍경으로 '별 헤는 밤'과 '천국' 오브젝트를 사용할 것이다.

실제 배경인 '거실(4)' 오브젝트는 [모양]탭에서 확인할 수 있듯이 1가지 모양만 가지고 있다. 이번 강의에서 빛센서 값으로 낮, 저녁, 밤 3가지 밝기를 표현하기 위해 모양을 추가해 보도록 하자.

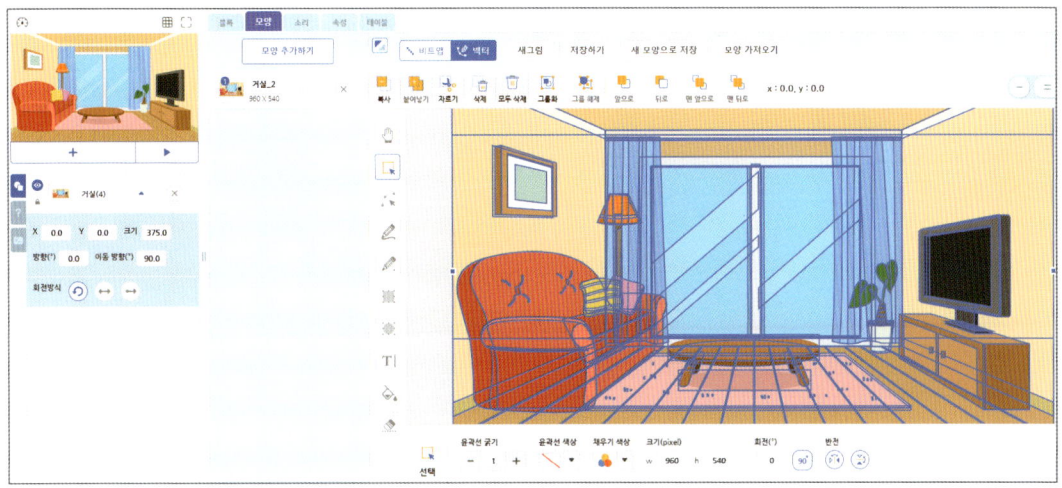

'거실(4)' 오브젝트 모양을 보면 건축도면을 그리듯 선으로 표현되어 있다. 이 선이 각 면의 분할을 확실히 해주어 색상 채우기가 유리하다.

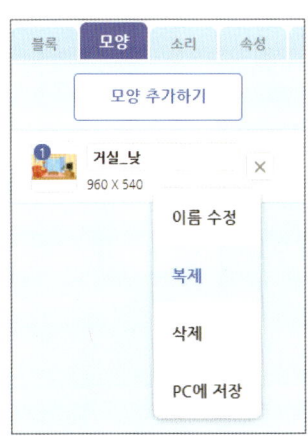 

'거실_2' 모양을 '거실_낮'으로 이름을 바꾸고 오른쪽 마우스를 클릭하여 복제를 한다.

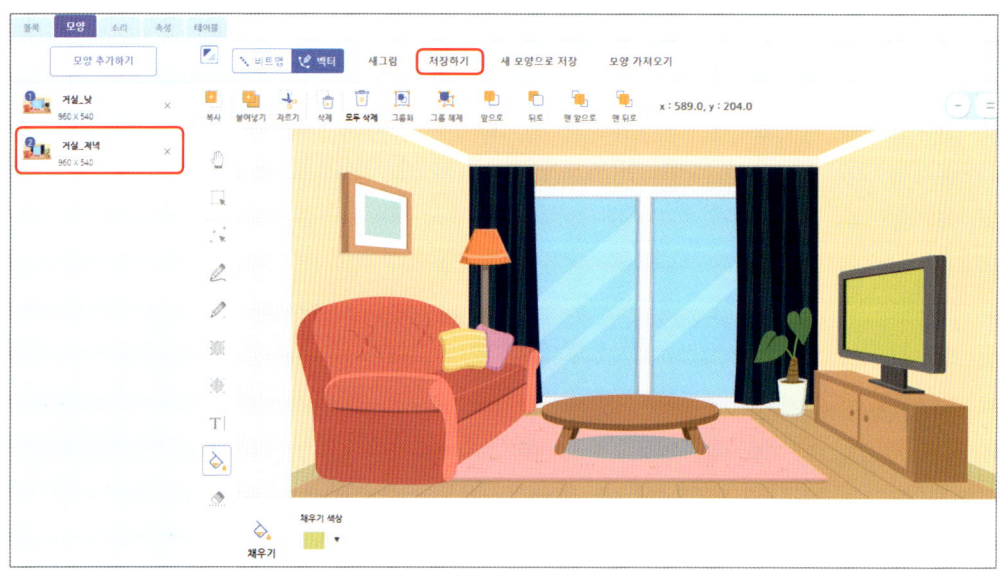

복제본에서 채우기를 선택하여 TV 화면을 노란색으로 바꾼 후 '거실_저녁'으로 이름을 바꾼 후 저장한다.

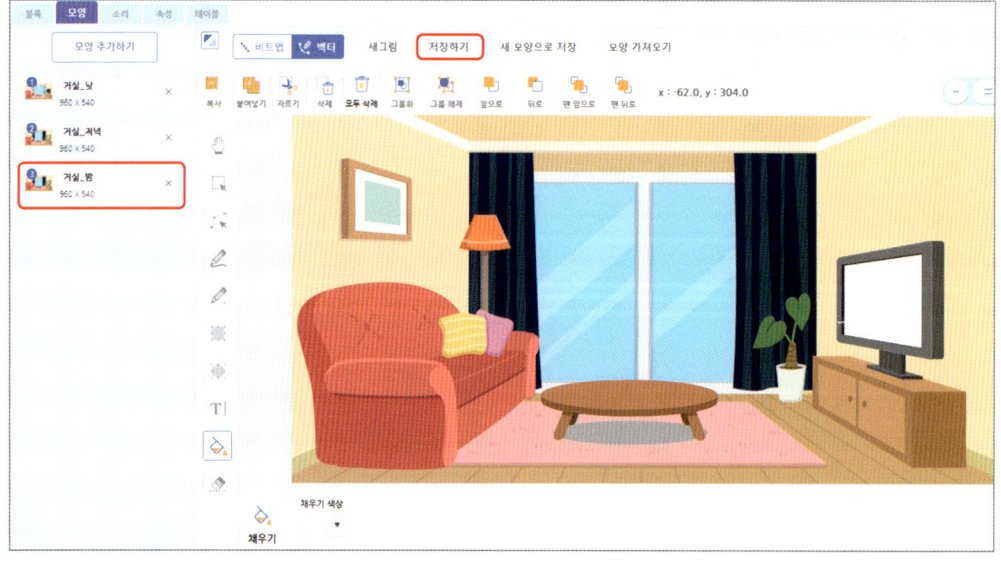

같은 방법으로 '거실_저녁' 모양을 선택한 상태에서 오른쪽 마우스를 눌러 복제한 후 TV화면을 흰색으로 채운 후 '거실_밤'으로 이름을 바꾼 후 저장한다. 교재에서는 TV화면 외에도 커튼과 테이블 그림자를 진하게 표현했지만 학습자는 TV화면만 바꾸어도 된다.

'천국'과 '별 헤는 밤' 오브젝트의 크기를 줄이기 위해서는 일단 잠금 기호(열쇠)를 풀어야 한다. 열쇠 모양을 클릭하여 잠금을 풀면 다음 그림 같이 된다.

배경 잠금을 해제한 후에는 오브젝트를 이동하거나 크기를 줄일 수 있다. 액자에 사진을 넣듯 '거실(4)' 배경 위로 '별 헤는 밤', '천국' 오브젝트 크기를 줄여 위치를 옮겨준다.

2 오브젝트 준비하기

'글상자', '전등(1)', '천국', '별 헤는 밤' 오브젝트를 추가한다.

글상자는 밝기 값을 수치로 보여 주기 위해 사용하는 것으로 글상자 대신 말하기 블록을 사용해도 된다. 오브젝트 추가하기를 클릭한 후 글상자 탭을 클릭하여 '밝기'라고 입력한다. 입력 후 적용하기를 클릭하면 글상자 오브젝트가 생성된다. 글꼴, 글자색, 글자 배경색은 원하는 대로 설정한다.

3 코딩하기

글상자	(블록 코드: 시작하기 버튼을 클릭했을 때 / 계속 반복하기 / 밝기: 과(와) 아날로그 A0▼ 번 핀 센서 값 를 합치기 라고 글쓰기)

'글상자' 오브젝트를 만든 후 계산 블록 카테고리에서 '~와 ~를 합치기' 블록을 가져온 후 '밝기:'과 '아날로그 A0핀 센서값'을 합친다. 글상자 카테고리에서 '~라고 글쓰기' 블록에 합치기 블록을 넣은 후 센서값을 계속 확인할 수 있도록 계속 반복하기 블록 안에 넣어준다. 시작하기 버튼을 클릭하면 "밝기 : 수치"로 표현되고 수치는 빛의 양에 따라 달라진다. 빛센서를 손으로 가려보기도 하고 빛센서를 가리지 않았을 때 값을 확인해보면 값의 변화를 눈으로 확인할 수 있다. 한 교실에서 수업을 듣고 있더라도 창가 쪽 책상에 앉아 측정할 때와 교실 복도 쪽 책상에 앉아 측정할 때 값이 달라진다. 그러므로 본 교재에서 제시한 값으로 코드를 작성하는 것이 아니라 학습자가 직접 센서값을 눈으로 확인하고 값을 정하도록 한다.

전등(1)	(블록 코드: 시작하기 버튼을 클릭했을 때 / 계속 반복하기 / 만일 아날로그 A0▼ 번 핀 센서 값 < 300 (이)라면 / 전등(1)_켜짐▼ 모양으로 바꾸기 / 아니면 / 전등(1)_꺼짐▼ 모양으로 바꾸기)

교재에서는 A0핀에 연결된 빛센서 값을 300을 기준으로 변화가 생기도록 설정했지만 환경에 따라 300보다 큰 수치를 입력해야 오브젝트의 변화를 확인할 수 있을 경우도 있다. 그러므로 꼭 센서값을 눈으로 확인하여 기준을 정하도록 한다. 빛센서 값이 300보다 작으면 전등을 켜고 아니면 전등이 꺼지게 했다.

빛센서는 빛을 적게 받으면 값이 작아지고 빛의 양이 많아지면 값이 커지는 원리이다. 자동 가로등의 경우도 이와 같은 원리로 작동하는데 해가 져 빛센서가 특정 값 이하로 떨어지면 알아서 불이 켜지게 하고 다시 해가 떠 특정 값 이상이 되면 불이 꺼지도록 한 논리로 작동하게 된다.

천국	(블록 코드: 시작하기 버튼을 클릭했을 때 / 모양 숨기기 / 계속 반복하기 / 만일 300 < 아날로그 A0▼ 번 핀 센서 값 그리고▼ 아날로그 A0▼ 번 핀 센서 값 < 700 (이)라면 / 모양 보이기 / 아니면 / 모양 숨기기)

'천국' 오브젝트는 해지는 저녁 무렵 거실 창밖에 보이는 배경을 나타내기 위해 추가한 것이다. 오브젝트를 추가한 후 잠금을 해제하고 크기를 줄여서 그림과 같이 배치한다.

'천국'오브젝트 배치 전   '천국'오브젝트 배치 후

낮보다는 어둡고 밤보다는 밝은 무렵을 표현하기 위한 것이므로 빛센서를 가렸을 때의 값보다는 크고, 가리지 않았을 때 값보다는 작게 표현한다. 교재에서는 어두운 기준을 300, 밝은 기준을 700으로 설정했지만 센서값을 직접 확인한 후 기준을 정하도록 한다. 300<A0핀 센서값<700 사이가 되면 '천국'오브젝트가 나타나게 하고 아닐 때는 모양을 감추도록 한다.

별 헤는 밤

'별 헤는 밤'은 밤을 표현하기 위한 배경으로 '천국' 오브젝트와 같이 크기를 줄여 그림과 같이 배치한다.

'천국'오브젝트 배치 전   '천국'오브젝트 배치 후

본 교재에서는 센서값 300보다 작으면 밤이라고 기준을 세웠기 때문에 300보다 작으면 '별 헤는 밤' 오브젝트가 나타나고 300보다 크면 모양을 숨긴다.

즉, 빛센서 값이 300보다 작으면 '별 헤는 밤'이 창밖 풍경으로 보이고, 300에서 700 사이에는 '천국'이 창밖 풍경으로 보여 노을 지는 모습을 연출하고, 700보다 크면 '거실(4)' 오브젝트가 보이도록 하여 빛센서 밝기에 따라 배경이 달리 보이도록 코딩을 한 것이다.

'거실(4)' 모양탭에 '거실_2' 모양을 2개 더 복제한 후 모양을 수정하여 총 3개의 모양을 만들었다.

거실(4)

'거실_낮' 모양   '거실_저녁' 모양   '거실_밤' 모양

A0핀에 연결한 빛센서 값에 따라 달라진 모양을 반영하고 싶은데 원하는 모양이 없다면 간단한 작업을 통해 직접 모양을 추가할 수도 있다. 빛센서 값이 300보다 작다면 '거실_밤'모양, 300과 700 사이라면 '거실_저녁'모양, 700보다 크다면 '거실_낮'모양이 되도록 코드를 작성한다. D11핀에 LED-Y를 연결하고 빛의 밝기를 관찰해보자. D11번 핀을 꽂는 곳에는 '~'표시가 되어 있는데 이것은 'PWM(Pulse Width Modulation)'을 간단히 표현한 것이다. LED는 수없이 깜빡이지만 그 속도가 매우 빨라서 꺼졌다 켜졌다 하는 것을 사람이 인식하지 못하고 있을 뿐이다. 디지털 출력은 단지 'ON/OFF'의 켜고 끄는 기능만 있어서 불의 밝기는 조절하지 못한다. '~'표시가 된 곳은 LED의 깜빡이는 시간을 조절하여 밝기가 다르게 보이도록 하는 기능을 가지고 있다.

'~'표시는 0~255까지의 수치를 가질 수 있는데 0은 꺼진 상태, 255는 출력장치가 표현할 수 있는 가장 큰 값이자 깜빡이는 속도가 가장 빠른 상태를 말한다. 깜빡이는 속도가 빠른 경우 사람 눈에는 켜져 있는 순간을 더 많이 감지하기 때문에 밝게 보인다. 이러한 원리로 센서값이 300보다 작아 어두울 때는 불이 밝게 켜지도록 ~D11핀을 255로 정하고, 300에서 700사이일 때는 50정도로 정해서 불이 약하게 켜지도록 하고, 700보다 클 경우는 낮이므로 불이 꺼지도록 표현하고자 한다.

메이커 더하기

1 블록 만들기

블록을 조립하여 '스마트 하우스'를 만들어보자.

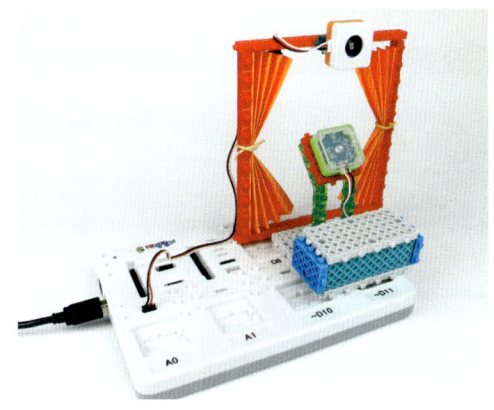
대장장이보드(스마트버전)

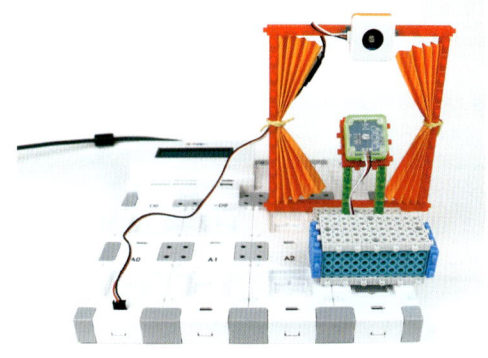
대장장이보드(빅버전)

2 작동은 이렇게!

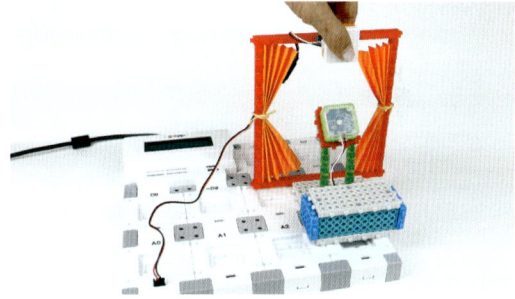

빛센서를 손으로 가렸을 때와 그렇지 않을 때 LED의 밝기 변화와 엔트리 화면 속 오브젝트의 변화를 살펴본다.

인공지능 더하기

인공지능 활용하기

인공지능 오디오 감지 기능을 이용하여 전등을 켜고 끄는 프로그램을 만들어보자.

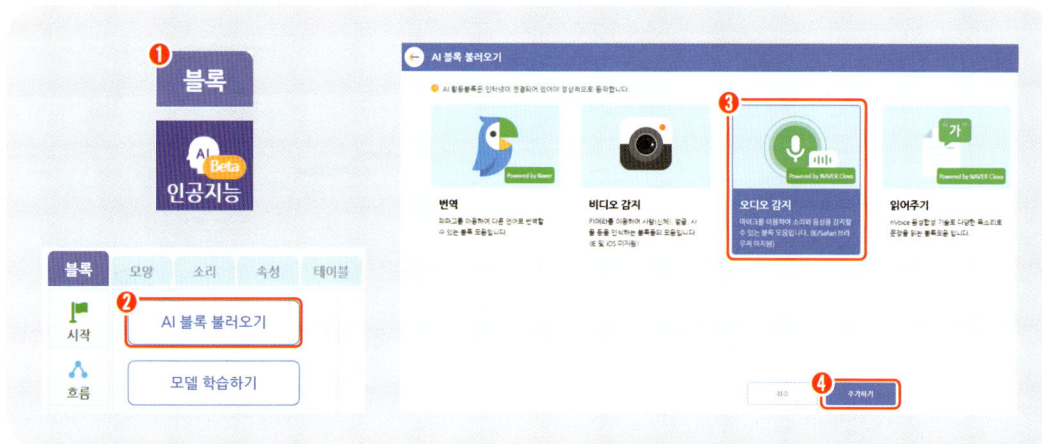

인공지능 블록 카테고리에서 AI블록 불러오기를 클릭한 후 오디오 감지를 추가하면 다음과 같은 블록이 생성된다. 이 블록들은 마이크가 내장되어 있거나 마이크를 설치했을 때 사용할 수 있다.

이번 강의에서 밝기에 따라 배경이 변하고 LED가 켜지는 프로그램을 만들어 보았다. 인공지능 더하기에서는 사람의 명령어 "불켜"와 "불꺼"를 감지하여 오브젝트 변화와 대장장이보드에 연결된 LED-Y를 끄고 켜지도록 할 것이다.

오브젝트 준비하기

이해를 돕기 위해 최소한의 오브젝트를 사용한다. '전등(1)', '별 헤는 밤', '거실(4)' 오브젝트를 추가한다.

3 코딩하기

 전등(1)	(코드 블록 이미지)

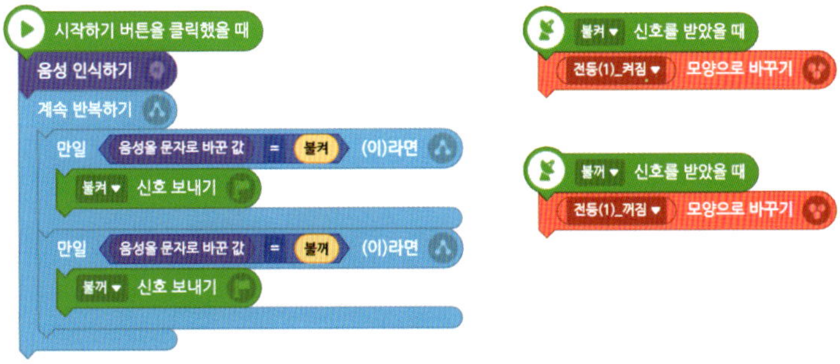

음성인식을 시작한 후 음성을 문자로 바꾼 값이 "불켜"라면 '불켜' 신호를 보내게 되고 "불꺼"라면 '불꺼' 신호를 보내게 된다. 신호는 나머지 2개의 오브젝트에도 영향을 미치게 되는데 '전등(1)' 오브젝트도 신호에 따라 켜짐 또는 꺼짐 모양이 되도록 코드를 작성한다.

별 헤는 밤	(코드 블록 이미지)

시작하기 버튼을 클릭했을 때 모양을 숨긴다. '불켜' 신호를 받으면 배경이 보이고 '불꺼' 신호를 받으면 배경을 숨긴다.

 거실(4)	(코드 블록 이미지)

'불켜' 신호를 받으면 '거실_밤' 모양으로 바뀌고 대장장이보드 D11핀 LED-Y가 켜진다. '불꺼' 신호를 받으면 '거실_낮' 모양으로 바뀌고 LED-Y가 꺼진다.

4 프로그램 실행하기

　시작하기 버튼을 클릭하면 '듣고 있어요'라는 음성인식을 알리는 표시가 뜬다. 이때 "불켜" 또는 "불꺼" 명령어를 말하면 해당하는 음성인식에 따라 오브젝트 변화를 살펴보고 대장장이보드 D11핀의 LED-Y의 켜짐과 꺼짐도 확인해 보자.

소스 코드 http://naver.me/xXQd0z9e

생각 정리하기

더 나아가기

　빛의 밝기에 따라 꽃이 피고 지도록 코드를 작성해 보자. 빛센서(CdS) 값에 따라 대장장이보드에 연결한 LED 밝기 변화를 줄 수도 있다.

꽃(1) 오브젝트

문제해결을 위한 알고리즘 설계

② 정리하고 평가하기

프로그램은 잘 실행되었는가?		
	핀 번호	센서 이름
사용한 센서 이름을 적어봅시다.		
이번 수업에서 알게 된 점을 정리해 봅시다.		

3 완성된 코드

글상자	밝기	시작하기 버튼을 클릭했을 때 / 계속 반복하기 / 밝기: 과(와) 아날로그 A0▼ 번 핀 센서 값 을 합치기 라고 글쓰기
전등(1)		시작하기 버튼을 클릭했을 때 / 계속 반복하기 / 만일 아날로그 A0▼ 번 핀 센서 값 < 300 (이)라면 / 전등(1)_켜짐▼ 모양으로 바꾸기 / 아니면 / 전등(1)_꺼짐▼ 모양으로 바꾸기
천국		시작하기 버튼을 클릭했을 때 / 모양 숨기기 / 계속 반복하기 / 만일 300 < 아날로그 A0▼ 번 핀 센서 값 그리고▼ 아날로그 A0▼ 번 핀 센서 값 < 700 (이)라면 / 모양 보이기 / 아니면 / 모양 숨기기
별 헤는 밤		시작하기 버튼을 클릭했을 때 / 모양 숨기기 / 계속 반복하기 / 만일 아날로그 A0▼ 번 핀 센서 값 < 300 (이)라면 / 모양 보이기 / 아니면 / 모양 숨기기
거실(4)		시작하기 버튼을 클릭했을 때 / 계속 반복하기 / 만일 700 < 아날로그 A0▼ 번 핀 센서 값 (이)라면 / 거실_낮▼ 모양으로 바꾸기 / 디지털 ~11▼ 번 핀을 0 (으)로 정하기 / 아니면 / 만일 아날로그 A0▼ 번 핀 센서 값 > 300 (이)라면 / 거실_저녁▼ 모양으로 바꾸기 / 디지털 ~11▼ 번 핀을 50 (으)로 정하기 / 아니면 / 거실_밤▼ 모양으로 바꾸기 / 디지털 ~11▼ 번 핀을 255 (으)로 정하기

LESSON 06 밝기 감지 스마트 하우스

교통안전 신호등

 학습주제 LED로 교통안전 신호등을 만들고 이를 작동시키는 프로그램을 만들어 보자.

 문제 상황

　우리 주변에 안전하게 도로를 이용할 수 있도록 도와주는 교통신호등을 흔히 볼 수 있다. 이러한 교통신호등이 작동하는 원리를 알아보고 우리 학교 정문에도 교통안전 신호등을 만들어 보자.

 소스 코드 http://naver.me/5baFgbV6

생각 열기

① 알고 보자! 피지컬 부품의 세계 : LED

- LED는 피지컬 컴퓨팅에서 주로 신호 호출, 디스플레이 효과 등을 위해 사용하는 빛을 내는 다이오드의 일종이다.
- 빨강, 초록, 파랑은 RGB 칼라로 TV, 모니터의 픽셀을 구현할 수 있어 모든 색상 표현의 기본이라고 할 수 있다.

② 대장장이보드 준비

대장장이보드의 종류와 상관없이 D10핀에 LED-R을 연결한다.

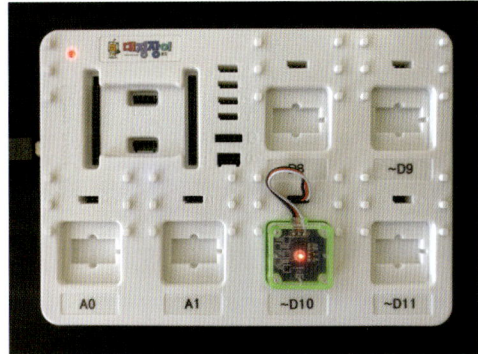 

대장장이보드(스마트버전) 대장장이보드(빅버전)

③ 알고리즘 확인

1. 교문 앞에 자동차가 빠르게 움직인다.
2. 빨간LED가 꺼져있으면 자동차는 자유롭게 교문 앞을 지나다닌다.
3. 빨간LED 오브젝트를 마우스로 클릭하면 빨간LED는 켜지거나 꺼진다.
4. 빨간LED가 켜지면 자동차는 정지한다.
5. 빨간LED가 꺼지면 자동차는 다시 움직인다.

프로그램 도전하기

배경과 오브젝트 준비

① 배경 준비하기

'엔트리봇' 오브젝트는 사용하지 않으므로 삭제한 후 오브젝트 추가하기를 클릭해 배경 항목에서 학교 배경을 나타낼 수 있는 '교문' 오브젝트를 찾아본다. 또 다른 방법으로는 검색창에 '교문'이라고 입력하여 찾은 후 추가할 수도 있다.

② 오브젝트 준비하기

'빨간 자동차'와 '빨간LED' 오브젝트를 추가한다.

'빨간 자동차'와 '빨간LED'를 그림과 같이 배치한 다음 '빨간 자동차' 오브젝트는 회전방식을 바꾼다.

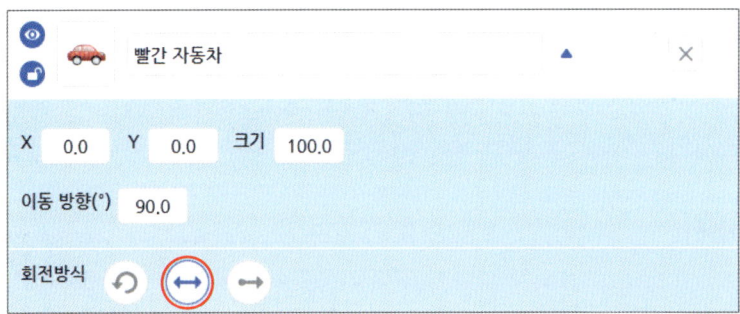

'빨간 자동차'는 교문 앞에서 좌우로 빠르게 움직이도록 해야 하는데 그대로 둔 상태로 코딩하게 되면 '빨간 자동차' 오브젝트가 회전방식에 의해 위아래가 뒤집힌 상태로 움직이게 된다. 자동차가 뒤집히지 않고 진행 방향을 바라볼 수 있게 좌우 회전방식으로 변경한다.

코딩에 앞서 코딩에 필요한 변수를 하나 만들고자 한다. 여기에서 변수는 우리가 사용하고자 하는 '빨간LED'가 켜진 상태인지 꺼진 상태인지를 구분하는 용도로 사용하려고 한다. '빨간LED' 오브젝트를 마우스로 클릭하면 '변수=1'이 되어 켜지고, 다시 클릭하면 '변수=0'이 되어 꺼지게 만들 것이다.

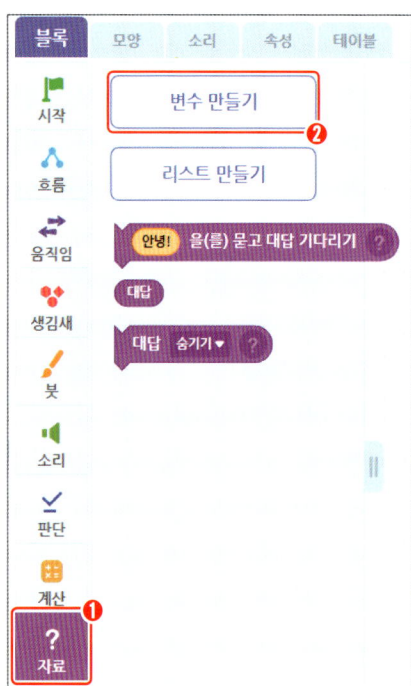
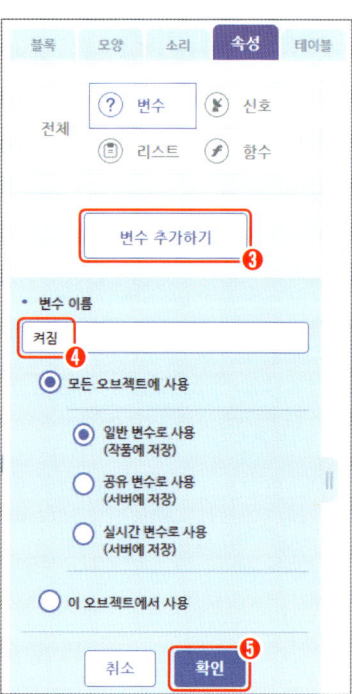

그림처럼 자료 블록 카테고리에서 '변수 만들기'를 선택한다.

위 그림처럼 '변수 추가하기'를 클릭한 후 변수 이름을 설정하여 확인을 누른다. 여기서 변수 이름을 '켜짐'으로 설정했으나 변수 이름은 다르게 만들어도 상관이 없다.

3 코딩하기

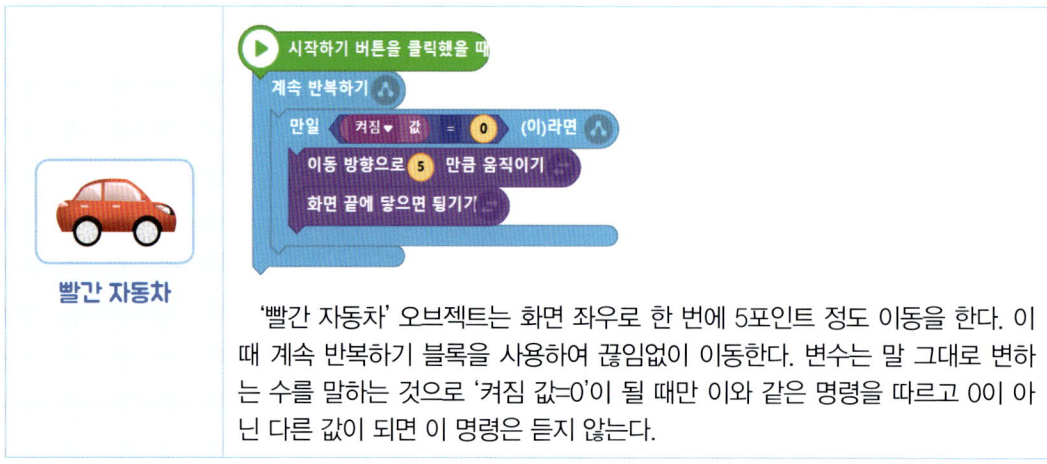

'빨간 자동차' 오브젝트는 화면 좌우로 한 번에 5포인트 정도 이동을 한다. 이때 계속 반복하기 블록을 사용하여 끊임없이 이동한다. 변수는 말 그대로 변하는 수를 말하는 것으로 '켜짐 값=0'이 될 때만 이와 같은 명령을 따르고 0이 아닌 다른 값이 되면 이 명령은 듣지 않는다.

시작하기 버튼을 클릭하면 '빨간LED' 오브젝트는 '켜짐' 변수를 0으로 설정하여 빨간 자동차의 움직임에 영향을 미친다. '빨간LED_꺼짐 모양으로 바꾸기' 블록이 있기 때문에 [모양]탭에서 빨간LED_켜짐을 선택했더라도 시작하기 버튼을 클릭했을 때 빨간LED는 꺼짐 모양으로 시작한다. 대장장이보드의 D10핀에 연결된 LED-R도 꺼진다.

빨간LED

'빨간LED' 오브젝트를 마우스로 클릭하면 변수는 바뀐다. 0인 상황에서는 1이 되고 1인 상황에서는 0이 되는 것이다.

시작하기 버튼을 클릭했을 때는 '켜짐'=0 인 상태는 '빨간LED_꺼짐' 모양이 되고 대장장이보드의 D10핀에 연결된 LED-R도 꺼지게 된다. 반면 '빨간LED' 오브젝트를 마우스로 클릭하여 변수 '켜짐'=1 이 되면 '빨간LED_켜짐' 모양이 되고 대장장이보드의 D10핀에 연결된 LED-R도 켜지게 된다.

즉, 현재 '켜짐'=0인 상태에서 마우스로 클릭하면 '켜짐'=1 로 바꿔주고, 현재 '켜짐'=1 상태에서 마우스로 클릭하면 '켜짐'=0 으로 번갈아 바꾸기 위해 변수를 사용한 것이다.

LESSON 07 교통안전 신호등

메이커 더하기

1 블록 만들기

블록을 조립하여 교통안전 신호등을 만들어 보자.

대장장이보드(스마트버전)

대장장이보드(빅버전)

2 작동은 이렇게!

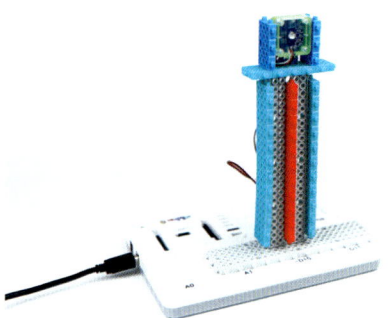

엔트리 '빨간LED' 오브젝트를 클릭했을 때 대장장이보드 D10핀에 연결한 LED-R의 변화를 살펴본다.

인공지능 더하기

인공지능 활용하기

인공지능 사람인식 및 읽어주기 기능을 통해 위험을 경고하는 프로그램을 만들어보자.

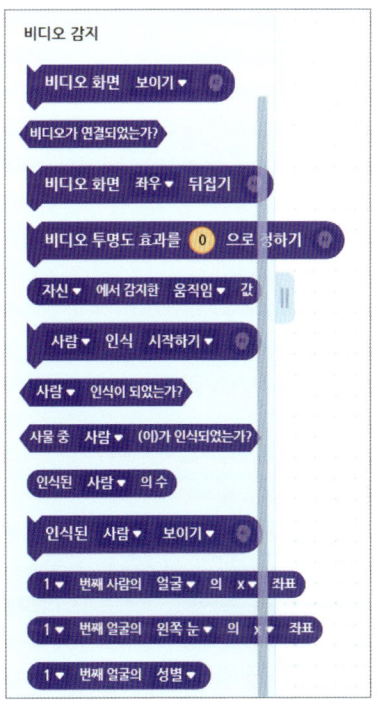

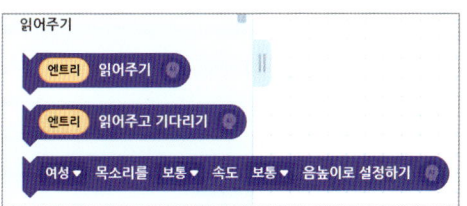

인공지능 블록 카테고리에서 'AI블록 불러오기'를 클릭한 후 비디오 감지와 읽어주기를 추가하면 다음과 같은 블록이 생성된다. 이 블록들은 카메라가 내장되어 있는 컴퓨터나 웹캠을 추가 설치했을 경우 사용할 수 있다.

이번 강의에서 교문 앞에 자동차가 지나갈 때 '빨간LED'로 위험을 알리면 자동차가 멈추고 위험이 해제되면 자동차가 다시 움직이는 프로그램을 배웠다. 인공지능 더하기에서는 인식된 사람의 수를 스스로 감지하여 사람이 있으면 위험을 경고하며 자동차가 멈추게 하고 사람이 없으면 안전을 확인하고 자동차가 움직이도록 코드를 작성해 보자.

2 오브젝트 준비하기

이해를 돕기 위해 최소한의 오브젝트를 사용한다. '빨간 자동차', '빨간LED', '글상자' 오브젝트를 추가한다.

글상자는 오브젝트 추가하기를 눌러 [글상자] 탭에서 '사람 수'를 클릭하여 적용하기를 누르면 처음에는 없었던 글상자 블록 카테고리가 생성될 것이다.

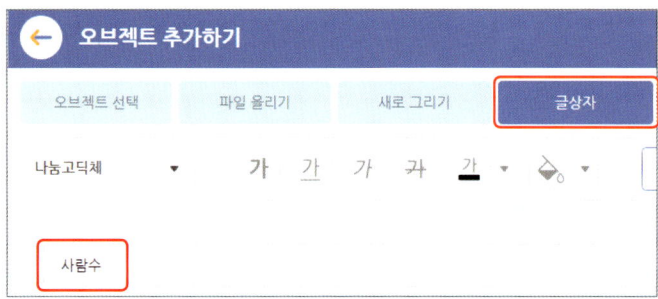

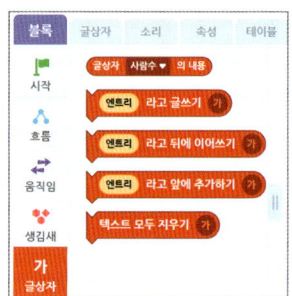

3 코딩하기

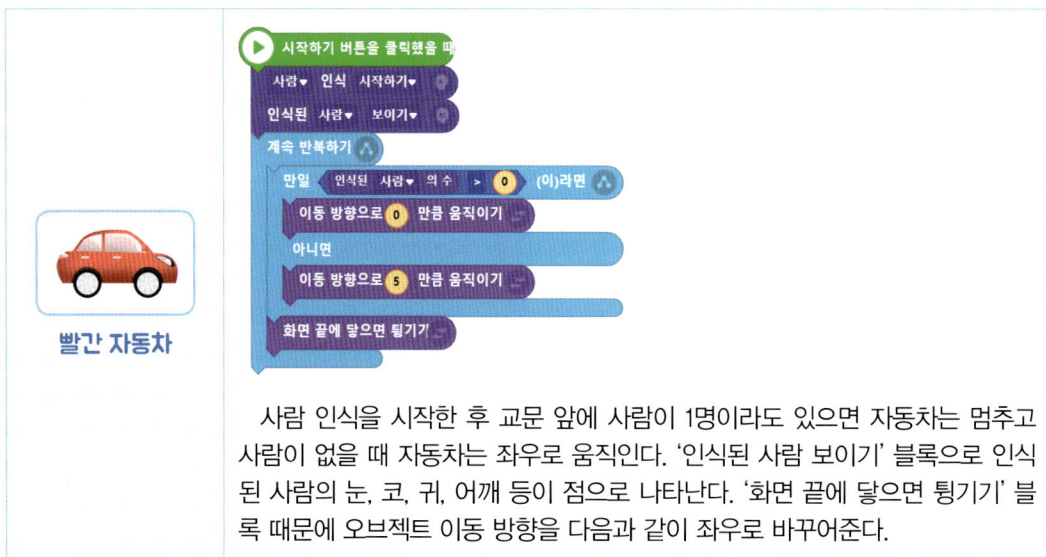

사람 인식을 시작한 후 교문 앞에 사람이 1명이라도 있으면 자동차는 멈추고 사람이 없을 때 자동차는 좌우로 움직인다. '인식된 사람 보이기' 블록으로 인식된 사람의 눈, 코, 귀, 어깨 등이 점으로 나타난다. '화면 끝에 닿으면 튕기기' 블록 때문에 오브젝트 이동 방향을 다음과 같이 좌우로 바꾸어준다.

'빨간LED'는 처음엔 꺼진 모양이지만 사람이 1명이라도 있으면 켜진 모양으로 바뀌어 위험을 경고한다. 사람이 없으면 꺼진 모양으로 바뀐다.

인식된 사람의 수가 1명이라도 있으면 "위험합니다."라고 말하고 아무도 없을 때는 "안전합니다."라고 말한다.

프로그램 실행하기

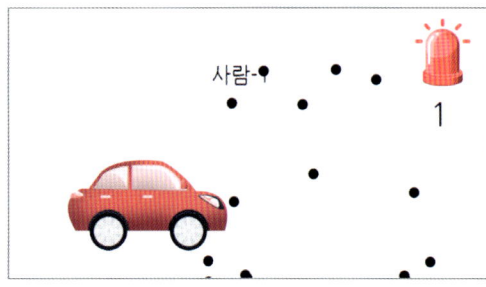

시작하기 버튼을 클릭하면 카메라에 인식된 사람의 수에 따라 엔트리 화면 속 자동차의 움직임을 살펴보고, "위험합니다.", "안전합니다." 목소리는 어느 경우에 들을 수 있는지도 확인해 보자.

소스 코드 http://naver.me/FDmB0THv

WEEKLY CODING STUDY PLAN

1 2 3 4 5 6 7 8 9 10 11 12	MON	TUE	WED
THU	**FRI**	**SAT**	**SUN**

생각 정리하기

더 나아가기

크리스마스트리의 많은 전구가 특정한 패턴 없이 무작위로 깜박이는 것을 본 적이 있을 것이다. 여기에서 배운 대장장이보드의 LED 사용법을 응용하여 무작위로 LED가 켜지고 꺼지게 프로그램을 만들어 보자. 실제 대장장이보드로 크리스마스트리를 만들어 보는 것도 좋다.

참고로 엔트리의  블록을 활용하면 쉽게 코딩할 수 있다.

문제해결을 위한 알고리즘 설계

정리하고 평가하기

프로그램은 잘 실행되었는가?		
사용한 센서 이름을 적어봅시다.	핀 번호	센서 이름
이번 수업에서 알게 된 점을 정리해 봅시다.		

3 완성된 코드

빨간 자동차	시작하기 버튼을 클릭했을 때 계속 반복하기 　만일 〈커짐▼ 값 = 0〉 (이)라면 　　이동 방향으로 5 만큼 움직이기 　　화면 끝에 닿으면 튕기기
빨간LED	시작하기 버튼을 클릭했을 때 커짐▼ 를 0 (으)로 정하기 빨간LED_꺼짐▼ 모양으로 바꾸기 디지털 10▼ 번 핀 끄기▼ 오브젝트를 클릭했을 때 만일 〈커짐▼ 값 = 1〉 (이)라면 　말하기 지우기 　빨간LED_꺼짐▼ 모양으로 바꾸기 　디지털 10▼ 번 핀 끄기▼ 　커짐▼ 를 0 (으)로 정하기 아니면 　STOP!! 을(를) 말하기▼ 　빨간LED_켜짐▼ 모양으로 바꾸기 　디지털 10▼ 번 핀 켜기▼ 　커짐▼ 를 1 (으)로 정하기

LESSON 08 신나는 무대공연 연출!

 학습주제 마이크센서(MIC)를 이용하여 무대공연을 즐기는 장면을 연출해 보자.

 문제 상황

　무대공연이 점점 절정을 향해 가고 있다. 다음으로 가수의 대표곡이 나오자 관중들이 모두 자리에서 일어나 함께 무대공연을 즐긴다. 무대의 조명은 관중들의 함성에 맞춰 색이 바뀌고 관중들의 호응에 흥이 오른 가수도 "JUMP!"를 외치며 열기를 더해가고 있다. 마이크센서(MIC)의 원리를 이해하고 무대조명과 관중들의 반응을 소리의 크기에 따라 달라지게 프로그래밍하여 신나는 공연 장면을 연출해 보자.

 소스 코드 http://naver.me/xkSz6b3v

생각 열기

1 알고 보자! 피지컬 부품의 세계 : 마이크(MIC)

- 정식 명칭은 콘덴서 마이크(Condenser Microphone)이다.
- 콘덴서의 진동판이 소리에 의해 떨리면 정전용량이 만들어진다.
- 정전용량의 변화에 따라 전압이 발생하게 되고 이후 소리 신호로 전달된다.

2 대장장이보드 준비

대장장이보드의 종류와 상관없이 D8핀에 LED-R, D9핀에 LED-B, A0핀에 MIC를 연결한다.

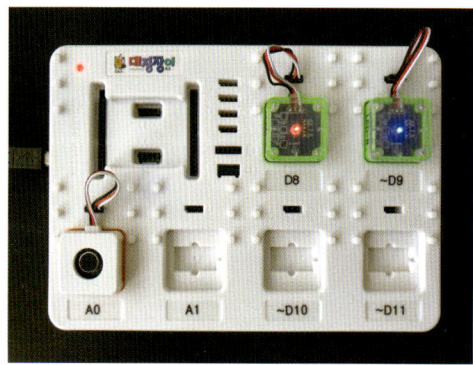
대장장이보드(스마트버전)

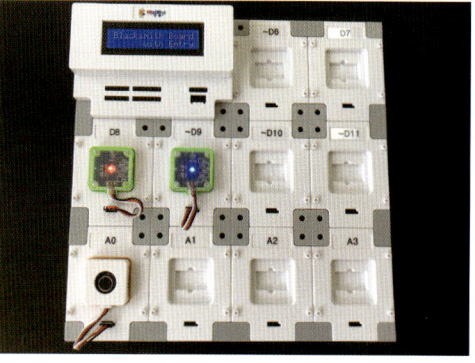
대장장이보드(빅버전)

3 알고리즘 확인

1. 마이크(MIC) 센서값이 500 이하면 무대1 모양이 된다.
2. 오브젝트 움직임에 변화가 없다.
3. 마이크(MIC) 센서값이 500 이상이면 조명 있는 무대로 바뀐다.
4. 배경 색깔 효과가 10만큼씩 변한다.
5. 오브젝트 y좌표가 위, 아래로 일정값 만큼씩 바뀌어 점프한다.

프로그램 도전하기

배경과 오브젝트 준비

⚙ ① 배경 준비하기

'조명이 있는 무대' 오브젝트를 추가한 후 [모양]탭에서 '무대_1' 모양을 추가한다. 공연장 소리에 따라 무대 모양에 변화를 주고자 모양을 하나 더 추가한 것이다.

LESSON 08 신나는 무대공연 연출! 83

2 오브젝트 준비하기

'글상자', '락커(1)', '락커(2)', '무용수', '최고 엔트리봇', '좋아 엔트리봇', '점프 엔트리봇(1)' 오브젝트를 추가한다.

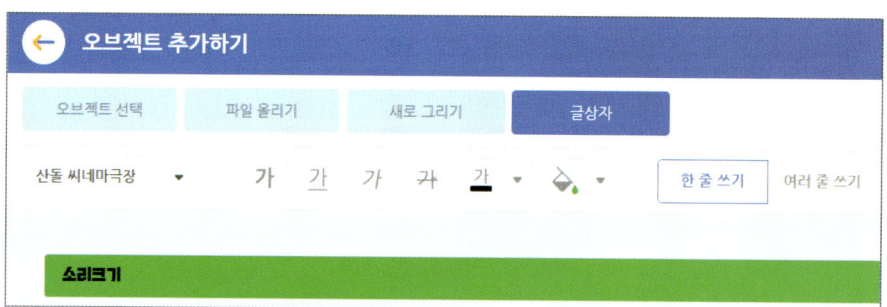

글상자는 오브젝트 추가하기를 클릭한 후 [글상자]탭을 클릭하여 '소리크기'라고 입력한다. 입력 후 적용하기를 클릭하면 '글상자' 오브젝트가 생성된다. 글꼴, 글자색, 글자 배경색은 원하는 대로 설정해도 무방하다.

3 코딩하기

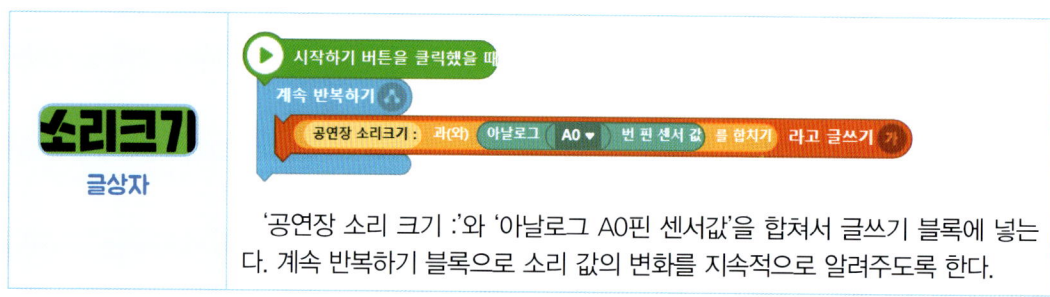

'공연장 소리 크기 :'와 '아날로그 A0핀 센서값'을 합쳐서 글쓰기 블록에 넣는다. 계속 반복하기 블록으로 소리 값의 변화를 지속적으로 알려주도록 한다.

락커(2)

'락커(2)' 오브젝트가 공연장을 찾은 관객을 향해 말을 하고 공연장 분위기를 띄운다. '락커(2)' 오브젝트는 2개의 모양을 가지고 있다. 마이크 센서값에 따라 모양이 바뀌면 더 실감 나게 공연장 분위기를 연출할 수 있다. 오브젝트를 이용할 때는 모양을 확인하는 것이 도움이 된다.

시작하기 버튼을 클릭했을 때 차렷 자세인 '락커(2)_1' 모양이다가 마이크 센서값이 500보다 크면 '락커(2)_2' 모양으로 바뀌면서 "JUMP!"라는 말을 한다. '락커(2)'가 점프하는 느낌이 들도록 y좌표를 8만큼 바꾸었다가 다시 -8로 제 위치로 돌아오게 하는데 좌표 변화 사이마다 0.5초 기다리도록 하여 오브젝트가 빨리 움직이지 않도록 한다. 마이크 센서값이 500보다 작으면 차렷 자세인 '락커(2)_1' 모양으로 바꾸고 "JUMP!"라는 말은 사라진다. 다음 모양으로 바꾸기에서 '락커(2)_1'의 다음 모양은 '락커(2)_2'이고 '락커(2)_2'의 다음 모양은 '락커(2)_1'이 된다. 이처럼 계속 순환하는 식으로 모양이 바뀌기 때문에 다음 모양 바꾸기 블록을 사용할 때는 불필요한 모양이 있는지를 확인할 필요가 있다. 여기에서는 다음 모양 바꾸기 블록 다음에 기다리기 블록이 없으므로 '락커(2)_1' 모양은 눈으로 확인할 수 없는 속도로 지나간다. '락커(2)_2 모양으로 바꾸기' 블록을 사용해도 무방하다. 코드를 사용할 때는 순차 개념을 이해하는 것과 아닌 것은 큰 차이를 가져오게 된다는 것을 유념해야 할 것이다.

LESSON 08 신나는 무대공연 연출!

락커(1)

'락커(1)' 역시 시작하기 버튼을 클릭했을 때 마이크 센서값이 500보다 크면 다음 모양으로 바뀌고 점프하도록 y좌표를 8만큼 바꾸었다가 다시 −8로 제 위치로 돌아오게 한다. '락커(1)' 오브젝트도 y좌표 바꾸기 사이마다 0.5초 기다리도록 하여 오브젝트가 빨리 움직이지 않도록 한다.

무용수

'무용수' 오브젝트는 마이크 센서값이 500보다 크면 다음 모양으로 바꾼 후 1초 동안 유지했다가 좌우 모양을 뒤집기를 한다. 무용수는 2가지 모양을 가지고 있는데 '무용수_1'은 차렷 자세, '무용수_2'의 경우 팔을 들고 있다.

여기서 좌우 모양 뒤집기 블록으로 써서 한번은 '무용수_2' 모양에서 오른쪽 팔을 들고 있다가 차렷 자세인 '무용수_1' 모양을 거쳐 다시 '무용수_2' 모양 차례가 올 때는 왼쪽 팔을 드는 식으로 번갈아가며 모양이 변하게 하여 춤을 추는 댄서의 느낌이 나도록 코드를 작성한다.

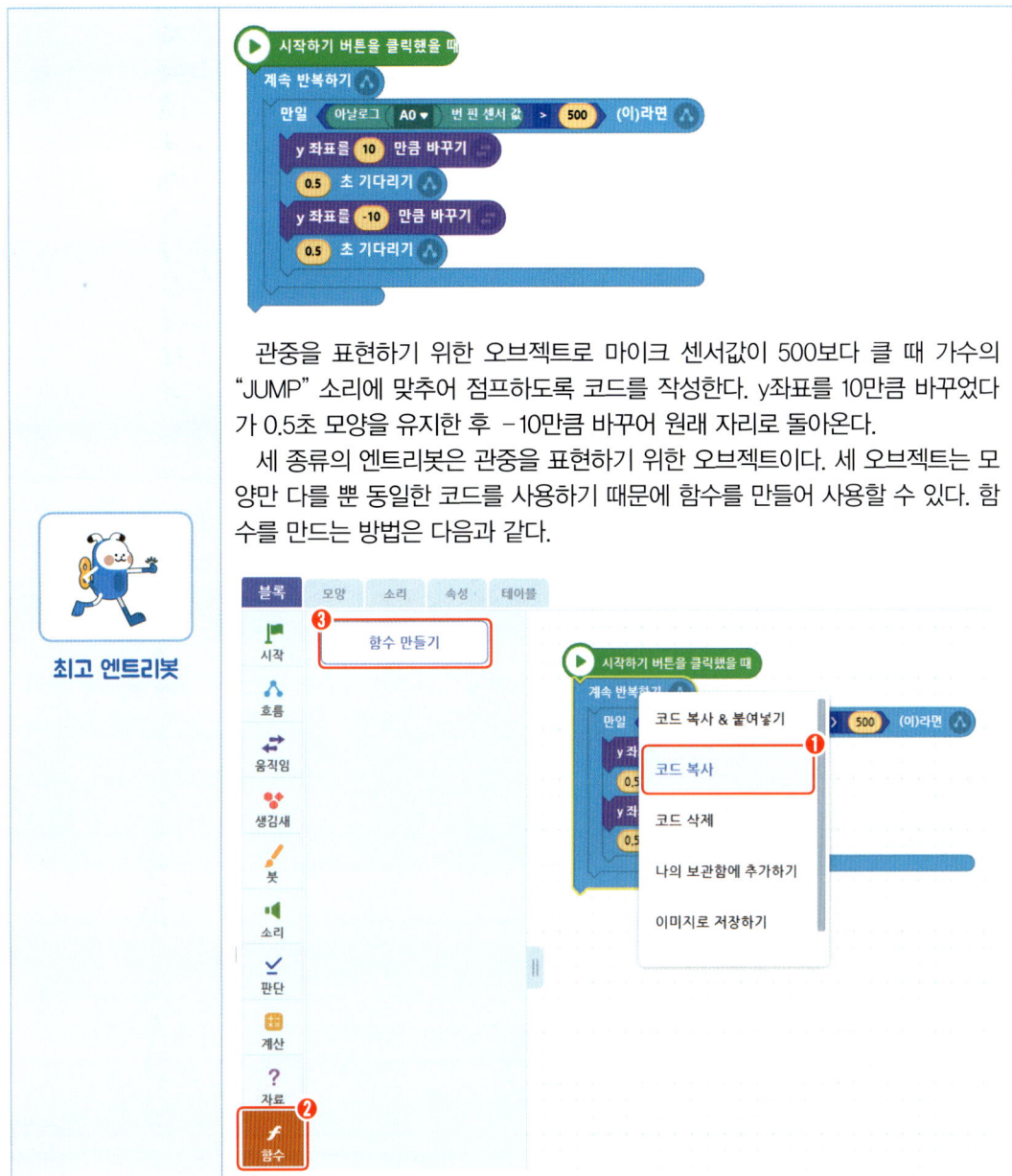

관중을 표현하기 위한 오브젝트로 마이크 센서값이 500보다 클 때 가수의 "JUMP" 소리에 맞추어 점프하도록 코드를 작성한다. y좌표를 10만큼 바꾸었다가 0.5초 모양을 유지한 후 -10만큼 바꾸어 원래 자리로 돌아온다.

세 종류의 엔트리봇은 관중을 표현하기 위한 오브젝트이다. 세 오브젝트는 모양만 다를 뿐 동일한 코드를 사용하기 때문에 함수를 만들어 사용할 수 있다. 함수를 만드는 방법은 다음과 같다.

최고 엔트리봇

LESSON 08 신나는 무대공연 연출! **87**

'최고 엔트리봇' 코드를 공통으로 사용하고자 하는 것이므로 '최고 엔트리봇' 코드를 복사해보자. '시작하기 버튼을 클릭했을 때' 블록을 제외하고 나머지를 복사하면 되는데 '계속 반복하기' 블록을 선택하여 마우스 오른쪽 버튼을 클릭한 후 코드 복사를 누르면 나머지 코드도 복사가 된다. 함수 블록 카테고리에서 '함수 만들기'를 클릭하면 함수 정의하기 블록이 생성된다.

함수 정의하기에 '관중모드'라고 입력하고 마우스 오른쪽 버튼을 클릭 후 붙여넣기를 하여 '최고 엔트리봇' 오브젝트에서 복사한 코드를 가지고 온다. 함수 정의하기 밑에 코드를 딸깍 소리가 나게 붙인 후 확인 버튼을 누르면 함수가 만들어진다.

| 좋아 엔트리봇 |  '최고 엔트리봇'의 코드와 동일하므로 관중모드 함수 블록을 사용한다. |

함수 블록을 클릭하면 '관중모드'라는 블록이 만들어진 것을 볼 수 있다.

 점프 엔트리봇(1)	 '최고 엔트리봇', '좋아 엔트리봇'과 동일하다.
 조명이 있는 무대	(블록 코드 이미지) '조명이 있는 무대' 오브젝트 모양에 '무대_1' 모양을 추가한다. 마이크 센서값이 500보다 크면 '조명이 있는 무대_1' 모양으로 바뀐 후 색깔 효과가 주어지고 D8핀의 LED-R과 D9핀의 LED-B가 깜빡인다. 마이크 센서값이 500보다 작을 경우는 '무대_1' 모양으로 바뀐다.

메이커 더하기

1 블록 만들기

블록을 조립하여 조명효과가 있는 신나는 무대 공연장을 만들어보자.

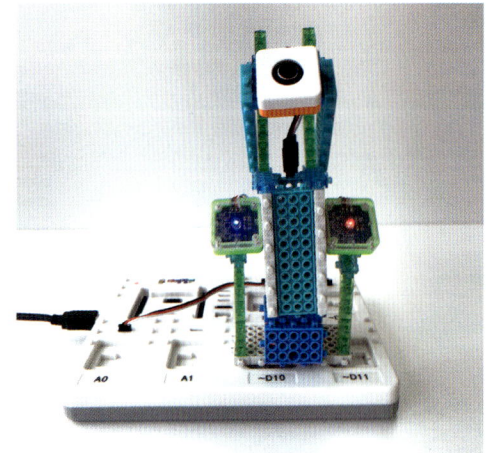
대장장이보드(스마트버전)

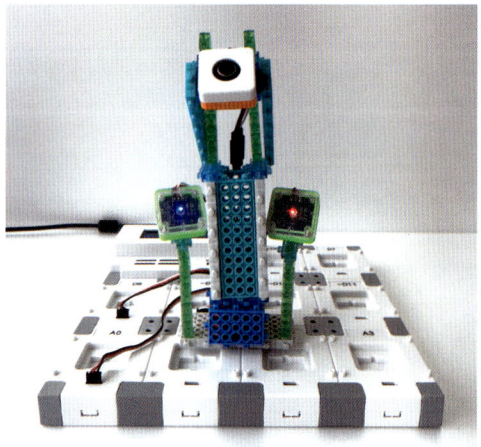
대장장이보드(빅버전)

2 작동은 이렇게!

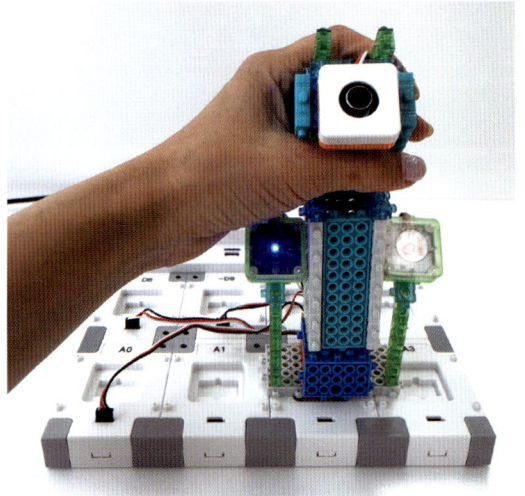

　대장장이보드 A0에 연결한 마이크센서에 '후~'하고 소리를 냈을 때 대장장이보드 D8과 D9에 연결한 LED와 엔트리 화면의 변화를 살펴본다.

인공지능 더하기

인공지능 활용하기

인공지능 오디오 감지 기능을 이용하여 무대공연을 연출하는 프로그램을 만들어보자.

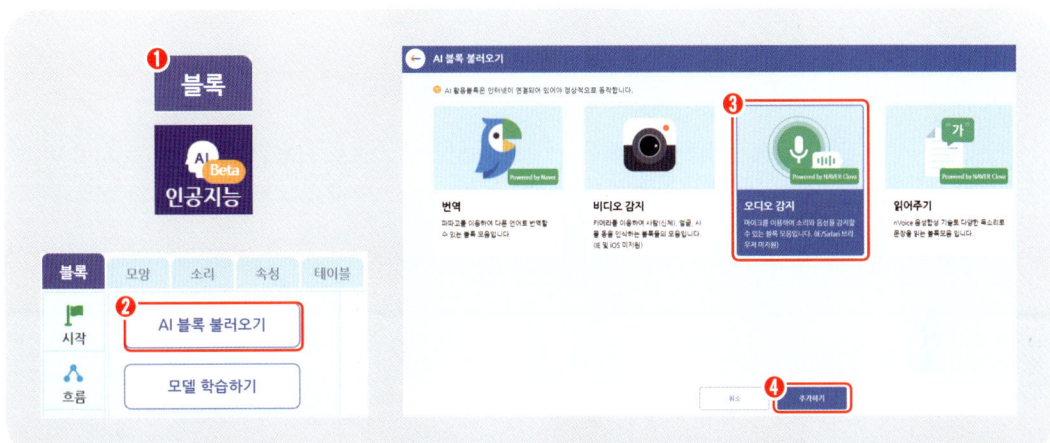

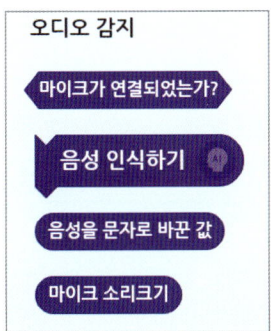

인공지능 탭에서 AI블록 불러오기를 클릭한 후 오디오 감지를 추가하면 다음과 같은 블록이 생성된다. 이 블록들은 마이크가 내장되어 있거나 마이크를 설치했을 때 사용할 수 있다.

이번 강의에서 소리 크기에 따라 무대 조명 색깔이 변하고 무대 공연을 펼치는 프로그램을 만들어 보았다. 인공지능 더하기에서는 명령어 "함성"을 감지하여 엔트리 화면의 오브젝트 변화와 대장장이보드에 연결된 LED-B를 깜빡이게 해 볼 것이다.

② 오브젝트 준비하기

이해를 돕기 위해 최소한의 오브젝트를 사용한다. '락커(2)', '조명이 있는 무대' 오브젝트를 추가한다.

3 코딩하기

락커(2)

음성 인식하기 블록을 가져와 음성인식 기능을 사용한다. 음성을 문자로 바꾼 값이 "함성"이라면 '락커(2)'와 '조명이 있는 무대_1' 오브젝트에 함성 신호를 보낸다.

함성 신호를 받으면 오브젝트는 모양이 변하면서 "JUMP!"라는 말을 한다. y좌표를 바꾸어 점프하는 효과를 낸다.

조명이 있는 무대

'조명이 있는 무대_1'오브젝트가 함성 신호를 받으면 색깔이 바뀌고 대장장이 보드에 연결된 D10핀에 연결된 LED-B가 켜고 끄기를 반복하며 무대조명의 효과를 낸다.

생각 정리하기

더 나아가기

마이크 센서에 "후~"하고 불었을 때 풍선의 크기가 변하는 프로그램을 만들어보자. 마이크 센서값이 작아지면 풍선도 따라서 작아지고, 센서값이 커지면 풍선도 따라서 커지게 할 수 있다. 또 특정 값 이상이면 풍선이 터지도록 연출할 수도 있다.

'풍선' 오브젝트

문제해결을 위한 알고리즘 설계

정리하고 평가하기

프로그램은 잘 실행되었는가?		
	핀 번호	센서 이름
사용한 센서 이름을 적어봅시다.		
이번 수업에서 알게 된 점을 정리해 봅시다.		

3 완성된 코드

글상자 — 소리크기
- 시작하기 버튼을 클릭했을 때
- 계속 반복하기
  - 공연장 소리크기 : 와(과) 아날로그 A0 번 핀 센서 값 을 합치기 라고 글쓰기

락커(2)
- 시작하기 버튼을 클릭했을 때
- 공연 즐길 준비 됐습니까? 을(를) 2 초 동안 말하기
- 공연장 소리가 조명을 춤추게 합니다. 을(를) 2 초 동안 말하기
- 다함께 소리질러~!!!! 을(를) 2 초 동안 말하기
- 계속 반복하기
  - 락커(2)_1 모양으로 바꾸기
  - 말하기 지우기
  - 만일 아날로그 A0 번 핀 센서 값 > 500 (이)라면
    - 다음 모양으로 바꾸기
    - Jump! 을(를) 말하기
    - y 좌표를 8 만큼 바꾸기
    - 0.5 초 기다리기
    - y 좌표를 -8 만큼 바꾸기
    - 0.5 초 기다리기

락커(1)
- 시작하기 버튼을 클릭했을 때
- 계속 반복하기
  - 만일 아날로그 A0 번 핀 센서 값 > 500 (이)라면
    - 다음 모양으로 바꾸기
    - 1 초 기다리기
    - y 좌표를 8 만큼 바꾸기
    - 0.5 초 기다리기
    - y 좌표를 -8 만큼 바꾸기
    - 0.5 초 기다리기

무용수	시작하기 버튼을 클릭했을 때 계속 반복하기 　만일 〈 아날로그 A0▼ 번 핀 센서 값 > 500 〉 (이)라면 　　다음▼ 모양으로 바꾸기 　　1 초 기다리기 　　좌우 모양 뒤집기 　　다음▼ 모양으로 바꾸기 　　1 초 기다리기
최고 엔트리봇	시작하기 버튼을 클릭했을 때 계속 반복하기 　만일 〈 아날로그 A0▼ 번 핀 센서 값 > 500 〉 (이)라면 　　y 좌표를 10 만큼 바꾸기 　　0.5 초 기다리기 　　y 좌표를 -10 만큼 바꾸기 　　0.5 초 기다리기
좋아 엔트리봇	시작하기 버튼을 클릭했을 때 관중모드
점프 엔트리봇(1)	시작하기 버튼을 클릭했을 때 관중모드
조명이 있는 무대	시작하기 버튼을 클릭했을 때 계속 반복하기 　무대_1▼ 모양으로 바꾸기 　만일 〈 아날로그 A0▼ 번 핀 센서 값 > 500 〉 (이)라면 　　조명이 있는 무대_1▼ 모양으로 바꾸기 　　색깔▼ 효과를 10 만큼 주기 　　디지털 8▼ 번 핀 켜기▼ 　　디지털 9▼ 번 핀 켜기▼ 　　0.5 초 기다리기 　　디지털 8▼ 번 핀 끄기▼ 　　디지털 9▼ 번 핀 끄기▼ 　　0.5 초 기다리기

LESSON 09 날씨 감지 빨래 건조대

 학습주제 빛센서(CdS)와 수분센서(Water)를 이용해 날씨 감지 빨래 건조대를 만들어 보자.

 문제 상황

　아침에는 날씨가 좋아 빨래를 널고 외출했는데 오후에 비가 내려 애써 해놓은 빨래를 다시 해야 하는 경우가 발생한다면 많이 속상할 것이다. 날씨 확인 시스템을 갖춘 빨래 건조대를 이용해 빨래 널기 적합한 날씨인지를 확인하고 이후에도 수분을 감지하여 비가 내리면 빨래를 걷으라고 알려주는 시스템을 만들어 생활의 편리함을 더해보자.

 소스 코드 http://naver.me/GT7ixCzV

생각 열기

1. 알고 보자! 피지컬 부품의 세계 : 수분센서(Water)

- 수분센서(Water)의 단면에 그려진 선은 전류를 전달하는 선으로 중간중간 연결이 끊어져 있다.
- 센서 단면에 물을 묻히면 끊어져 있던 선을 연결하는 작용을 하므로 전류가 흐르게 되어 센서값이 변하게 된다.
- 물에 닿아 전달하는 전류의 정도에 따라 0~1023의 값을 가지게 된다.

2. 대장장이보드 준비

대장장이보드의 종류와 상관없이 D9핀에 LED-Y, D10핀에 LED-R, A0핀에 빛센서(CdS), A1핀에 수분센서(Water)를 연결한다.

대장장이보드(스마트버전)

대장장이보드(빅버전)

3. 알고리즘 확인

1. 엔트리봇이 현재 날씨의 습도를 확인하여 빨래 널기에 좋은 날씨인지 아닌지 이야기한다.
2. 엔트리봇이 빨래를 널겠냐고 묻는다.
3. 수분센서(Water) 값이 10 미만이고 빛센서(CdS) 값이 400초과다.
4. 창문 밖 날씨 배경이 맑음이 되고 "빨래 널기 좋은 날씨예요."라는 말과 함께 빨래를 넌다.
5. 수분센서(Water) 값이 10 미만이고 빛센서(CdS) 값이 400이하다.
6. 창문 밖 날씨 배경이 흐림이 되고 D9핀에 연결된 LED-Y가 켜진다.
7. 수분센서(Water) 값이 10 초과다.
8. 창문 밖 날씨 배경이 비옴으로 바뀐 뒤 빨래가 사라지고 D10핀에 연결된 LED-R이 깜빡인다.

프로그램 도전하기

배경과 오브젝트 준비

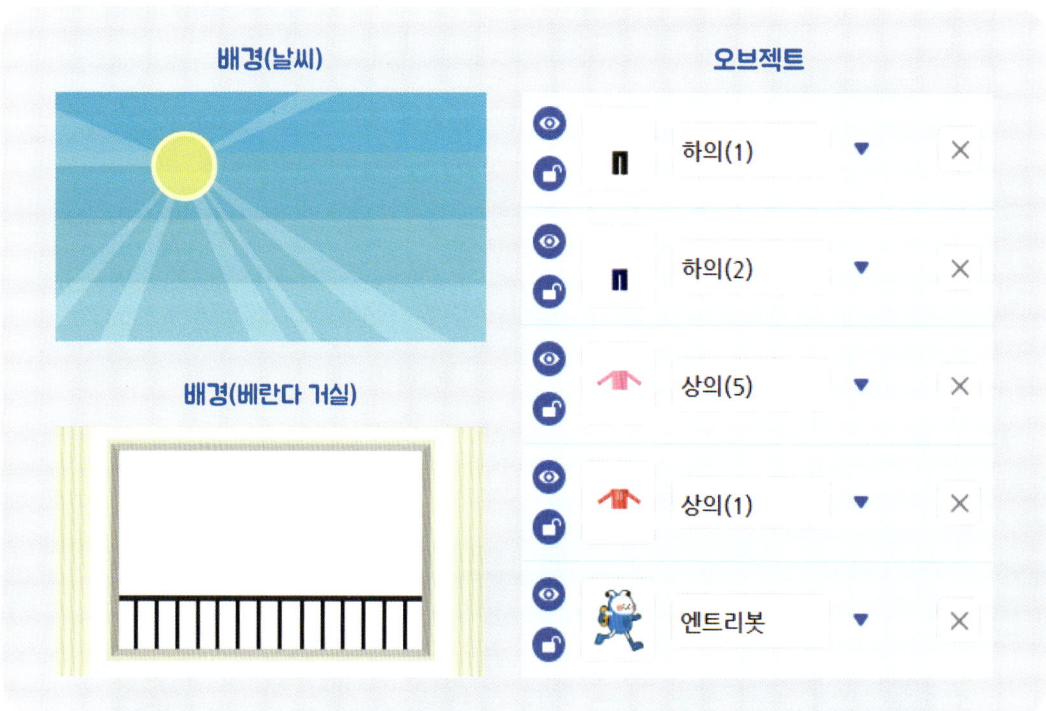

⚙1 배경 준비하기

빨래가 널려 있는 모습을 연출하기 위해 빨랫줄을 추가하려고 한다. 배경 '베란다 거실'에 빨랫줄을 그려보자. '베란다 거실'을 선택한 후 '모양'에서 직선을 활용하여 빨랫줄을 그려본다.

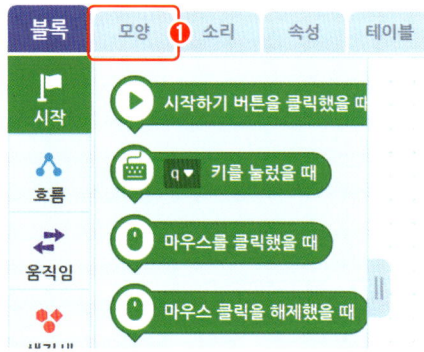 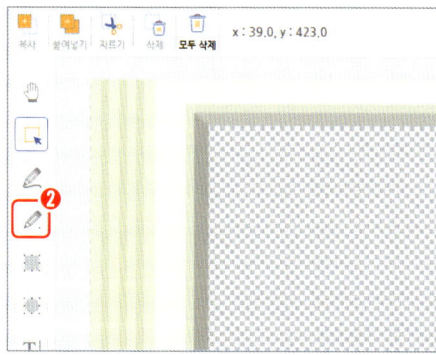

빨랫줄을 그린 후, '저장하기'를 클릭한다.

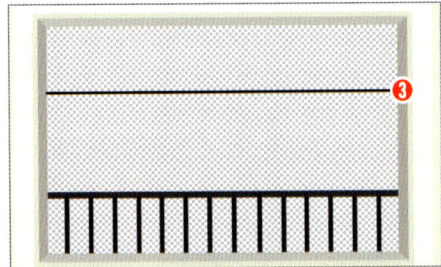 

두 개의 배경을 활용하기 때문에 오브젝트 순서에 유의해야 한다. '날씨' 배경이 '베란다 거실' 위에 있을 경우, '베란다 거실'이 가려져 '날씨' 배경만 보이게 되므로 배경 오브젝트 순서에 유의한다.

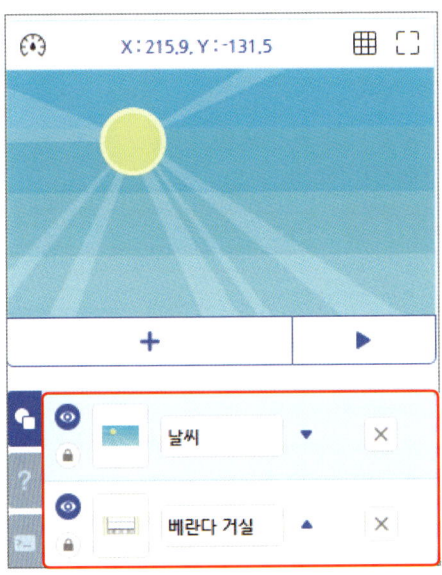 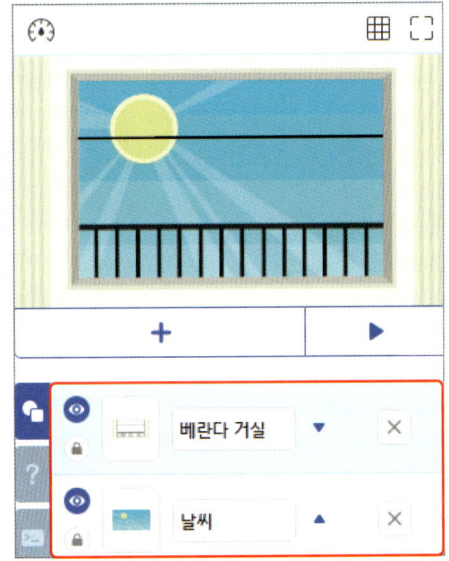

2 오브젝트 준비하기

'하의(1)', '하의(2)', '상의(5)', '상의(1)', '엔트리봇' 오브젝트를 추가한다.
'하의(1)', '하의(2)', '상의(5)', '상의(1)' 각각의 크기와 위치를 조절하여 빨랫줄에 걸려 있는 것처럼 구성한다. '엔트리봇'은 화면 하단에 위치시킨다.

⚙️ 3 코딩하기

날씨 정보를 활용하여 빨래 건조 지수를 예측하는 프로그램을 만들려고 한다. '확장' 블록 카테고리에서 '확장 블록 불러오기'를 클릭하여 '날씨' 블록을 추가하여 보자.

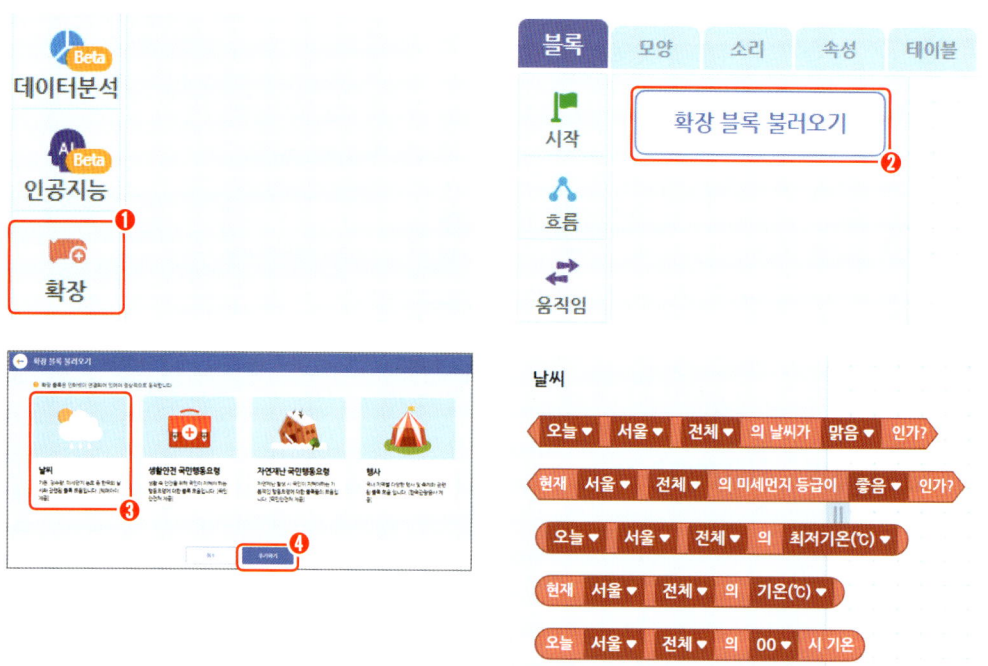

```
시작하기 버튼을 클릭했을 때
대답 숨기기
만일  오늘▼ 서울▼ 전체▼ 의 습도(%)▼  ≤ 70  (이)라면
    오늘은 빨래하기 좋은 날이에요 을(를) 2 초 동안 말하기▼
아니면
    흐림▼ 신호 보내기
    빨래를 내일 하는 것이 좋겠어요 을(를) 2 초 동안 말하기▼
빨래를 하시겠어요?(네/아니오) 을(를) 묻고 대답 기다리기
만일  대답 = 네  (이)라면
    계속 반복하기
        만일  아날로그 A1▼ 번 핀 센서 값 < 10  (이)라면
            만일  아날로그 A0▼ 번 핀 센서 값 > 400  (이)라면
                맑음▼ 신호 보내기
                빨래 널기 좋은 날씨예요 을(를) 말하기▼
                디지털 9▼ 번 핀 끄기▼
                디지털 10▼ 번 핀 끄기▼
            아니면
                흐림▼ 신호 보내기
                디지털 9▼ 번 핀 켜기▼
                디지털 10▼ 번 핀 끄기▼
        아니면
            비옴▼ 신호 보내기
            빨리 빨래를 거둬요 을(를) 말하기▼
            디지털 9▼ 번 핀 끄기▼
            디지털 10▼ 번 핀 켜기▼
            0.5 초 기다리기
            디지털 10▼ 번 핀 끄기▼
            0.5 초 기다리기
```

엔트리봇

날씨 데이터를 받아 서울 전체의 습도가 70이하라면 "빨래하기 좋은 날이에요."라고 날씨를 알린다. 만약 습도가 70을 초과한다면 '날씨' 오브젝트에 '흐림' 신호를 보내고 "빨래를 내일 하는 것이 좋겠어요."라고 빨래하기에 적합하지 않은 상태임을 알린다.

"빨래를 하시겠어요?"라고 물었을 때 대답이 "네"라면 '계속 반복하기' 블록에 들어 있는 빛센서와 수분센서가 현재 날씨 상태를 계속 확인한다. A1핀에는 연결된 수분센서에 물이 닿으면 센서값이 커진다. 수분 센서값이 10보다 큰 경우 '날씨' 오브젝트에 '비옴' 신호를 보내고 "빨리 빨래를 거둬요."라고 알려준다. 동시에 대장장이보드 D10핀에 연결된 LED-R이 깜빡인다. A0핀에는 빛센서를 연결하여 빛의 양을 측정한다. 수분센서에 물이 감지되지 않은 상태에서 빛센서가 400보다 값이 크면 '맑음' 신호를 보내고 "빨래 널기 좋은 날씨예요."라고 말한다. 수분센서에 물이 감지되지 않았지만 빛센서가 400보다 값이 작다면 '흐림' 신호를 보낸다. 빛센서의 경우 교실 창가 쪽인지 교실 복도 쪽인지에 따라서도 측정되는 값에 차이가 있다. 교재에서 설정한 값보다 커야 변화가 나타날 수도 있으므로 말하기 블록을 통해 센서값을 직접 측정하여 기준을 설정하길 바란다.

날씨

'엔트리봇'으로부터 '맑음' 신호를 받으면 '날씨_맑음' 모양으로, '흐림' 신호를 받으면 '날씨_흐림'모양으로, '비옴' 신호를 받으면 '날씨_비옴' 모양으로 바꾸도록 코드를 작성한다. 모양 바꾸기는 해당 오브젝트의 [모양]탭에 2개 이상의 모양이 있을 경우 가능한 것이므로 모양을 바꿀 경우 [모양]탭을 확인할 필요가 있다.

하의(1)

하의(2)

상의(1)

상의(5)

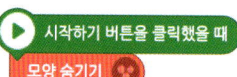

'하의(1)', '하의(2)', '상의(1)', '상의(5)' 오브젝트의 코드는 날씨 변화에 따라 보이게 또는 숨기게 하기 위한 것으로 모두 동일하다.

옷 모양은 시작하기 버튼을 클릭했을 때는 모양을 숨긴다. 이후 '엔트리봇' 오브젝트로부터 '맑음' 신호를 받으면 모양이 보이고 '비옴' 신호를 받으면 모양을 숨긴다. '날씨' 배경이 먼저 바뀐 후 빨래 모양을 보이게 또는 사라지게 하기 위해 '0.3초 기다리기' 블록을 사용한다.

메이커 더하기

 블록 만들기

블록을 조립하여 날씨 감지 빨래 건조 시스템을 만들어 보자.

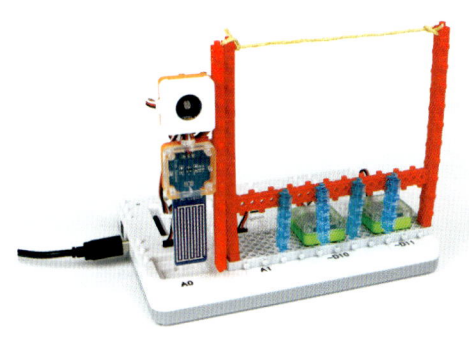
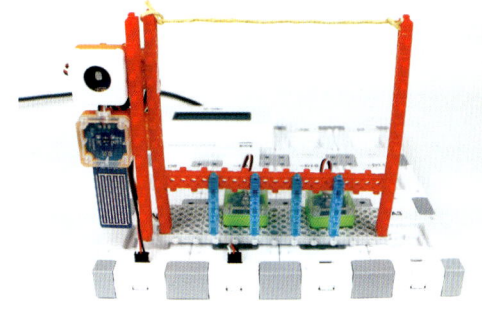

대장장이보드(스마트버전)　　　　　　대장장이보드(빅버전)

 작동은 이렇게!

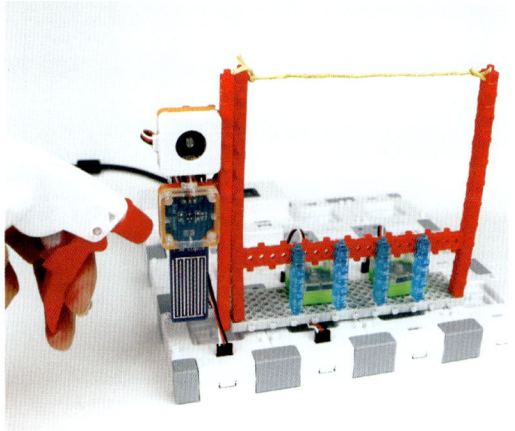

대장장이보드의 수분센서에 물을 뿌려보자. 엔트리 변화를 살펴보고 대장장이보드에 연결한 LED가 어떤 경우에 작동하는지 확인해 본다.

인공지능 더하기

인공지능 활용하기

인공지능 오디오 감지 기능을 이용하여 날씨를 알려주는 프로그램을 만들어보자.

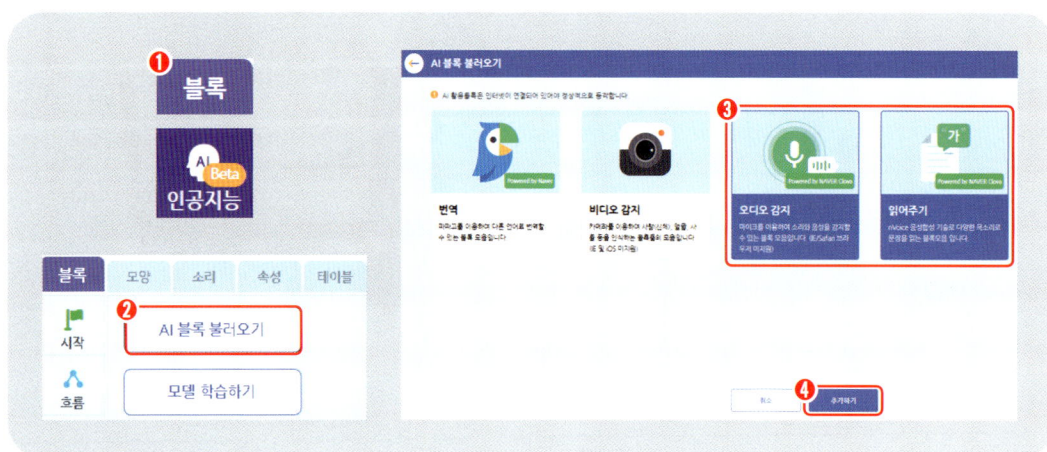

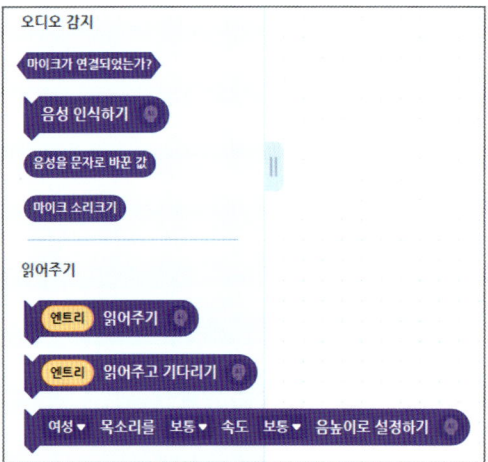

인공지능 블록 카테고리에서 AI블록 불러오기를 클릭한 후 오디오 감지, 읽어주기를 추가하면 다음과 같은 블록이 생성된다. 이 블록들은 마이크가 내장되어 있거나 마이크를 설치했을 때 사용할 수 있다. 이번 강의에서 수분센서와 빛센서의 변화에 따라 빨래를 널기도 하고 걷혀지기도 하는 프로그램을 만들어 보았다. 인공지능 더하기에서는 사람의 말을 듣고 날씨를 감지한 후 자동으로 닫히기도 하고 열리기도 하는 창문 시스템을 만들어 보자.

2 오브젝트 준비하기

이해를 돕기 위해 최소한의 오브젝트를 사용한다. '날씨', '창문' 오브젝트를 추가한다.

'날씨' 오브젝트를 추가하면 배경 오브젝트이기 때문에 잠금이 되어 있다. 일반 오브젝트처럼 사용하기 위해 잠금을 푼 후 크기를 조절해 창문 오브젝트 위에 올려 창문 밖으로 보이는 배경으로 사용하도록 하자.

3 코딩하기

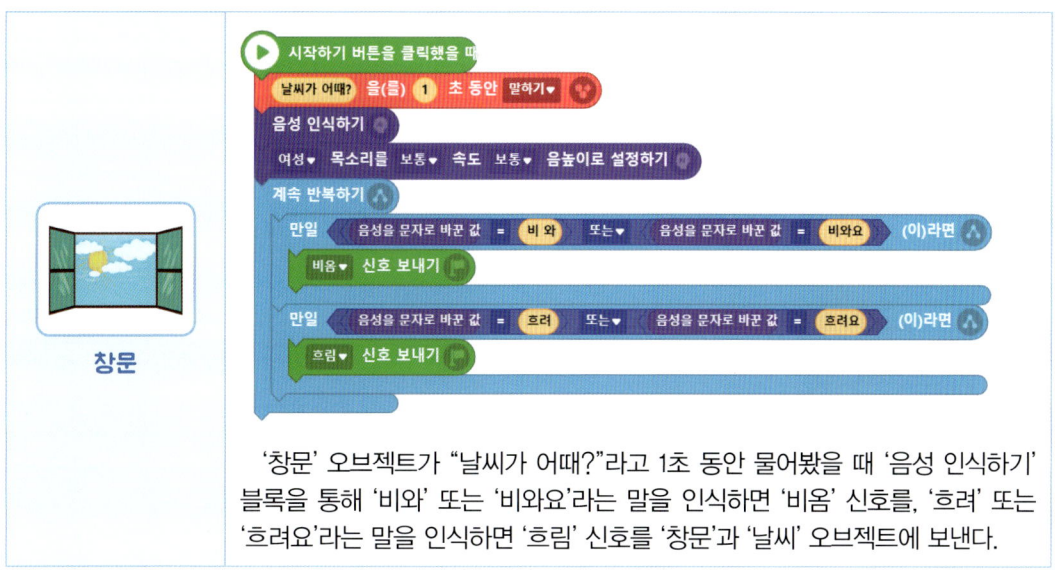

'창문' 오브젝트가 "날씨가 어때?"라고 1초 동안 물어봤을 때 '음성 인식하기' 블록을 통해 '비와' 또는 '비와요'라는 말을 인식하면 '비옴' 신호를, '흐려' 또는 '흐려요'라는 말을 인식하면 '흐림' 신호를 '창문'과 '날씨' 오브젝트에 보낸다.

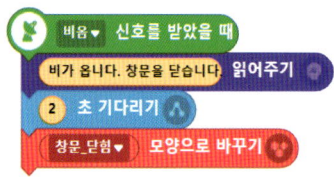	 '창문' 오브젝트가 '비옴' 신호를 받으면 "비가 옵니다. 창문을 닫습니다."라는 말을 하고 2초 후에 창문을 닫는다. 2초 후에 창문을 닫는 것은 창문 밖에 비오는 모습을 본 후에 닫기 위해서다.  '창문' 오브젝트가 '흐림' 신호를 받으면 "우산을 준비하세요!"라는 말을 하고 창문이 열림 모양을 유지한다.
	'창문' 오브젝트가 보낸 '비옴' 신호를 받으면 '날씨_비옴' 모양으로 바꾼다. '창문' 오브젝트가 보낸 '흐림' 신호를 받으면 '날씨_흐림' 모양으로 바꾼다.

4 프로그램 실행하기

시작하기 버튼을 클릭하면 "날씨가 어때?"라고 묻는다. 이때, "비와" 또는 "비와요", "흐려" 또는 "흐려요"에 따라 창문 밖으로 보이는 배경이 달라지게 된다. 배경이 2초간 유지된 후 창문 오브젝트가 닫히기도 하고 그대로 유지되기도 하는 것을 볼 수 있다.

소스 코드 http://naver.me/FQhlbBTx

생각 정리하기

더 나아가기

식물이 자라나는데 필요한 것은 적당량의 물과 햇빛, 온도 등이 있다. 수분센서와 빛센서, 온도센서 등을 활용하여 식물재배 시스템을 만들어 보자.

'식물배경' 오브젝트

'화분(1)' 오브젝트

문제해결을 위한 알고리즘 설계

② 정리하고 평가하기

프로그램은 잘 실행되었는가?		
사용한 센서 이름을 적어봅시다.	핀 번호	센서 이름
이번 수업에서 알게 된 점을 정리해 봅시다.		

3 완성된 코드

```
▶ 시작하기 버튼을 클릭했을 때
대답 숨기기
만일 < 오늘▼ 서울▼ 전체▼ 의 습도(%)▼ ≤ 70 > (이)라면
    오늘은 빨래하기 좋은 날이에요 을(를) 2 초 동안 말하기
아니면
    흐림▼ 신호 보내기
    빨래를 내일 하는 것이 좋겠어요 을(를) 2 초 동안 말하기

빨래를 하시겠어요?(네/아니오) 을(를) 묻고 대답 기다리기
만일 < 대답 = 네 > (이)라면
    계속 반복하기
        만일 < 아날로그 A1▼ 번 핀 센서 값 < 10 > (이)라면
            만일 < 아날로그 A0▼ 번 핀 센서 값 > 400 > (이)라면
                맑음▼ 신호 보내기
                빨래 널기 좋은 날씨예요 을(를) 말하기
                디지털 9▼ 번 핀 끄기
                디지털 10▼ 번 핀 끄기
            아니면
                흐림▼ 신호 보내기
                디지털 9▼ 번 핀 켜기
                디지털 10▼ 번 핀 끄기
        아니면
            비옴▼ 신호 보내기
            빨리 빨래를 거둬요 을(를) 말하기
            디지털 9▼ 번 핀 끄기
            디지털 10▼ 번 핀 켜기
            0.5 초 기다리기
            디지털 10▼ 번 핀 끄기
            0.5 초 기다리기
```

엔트리봇

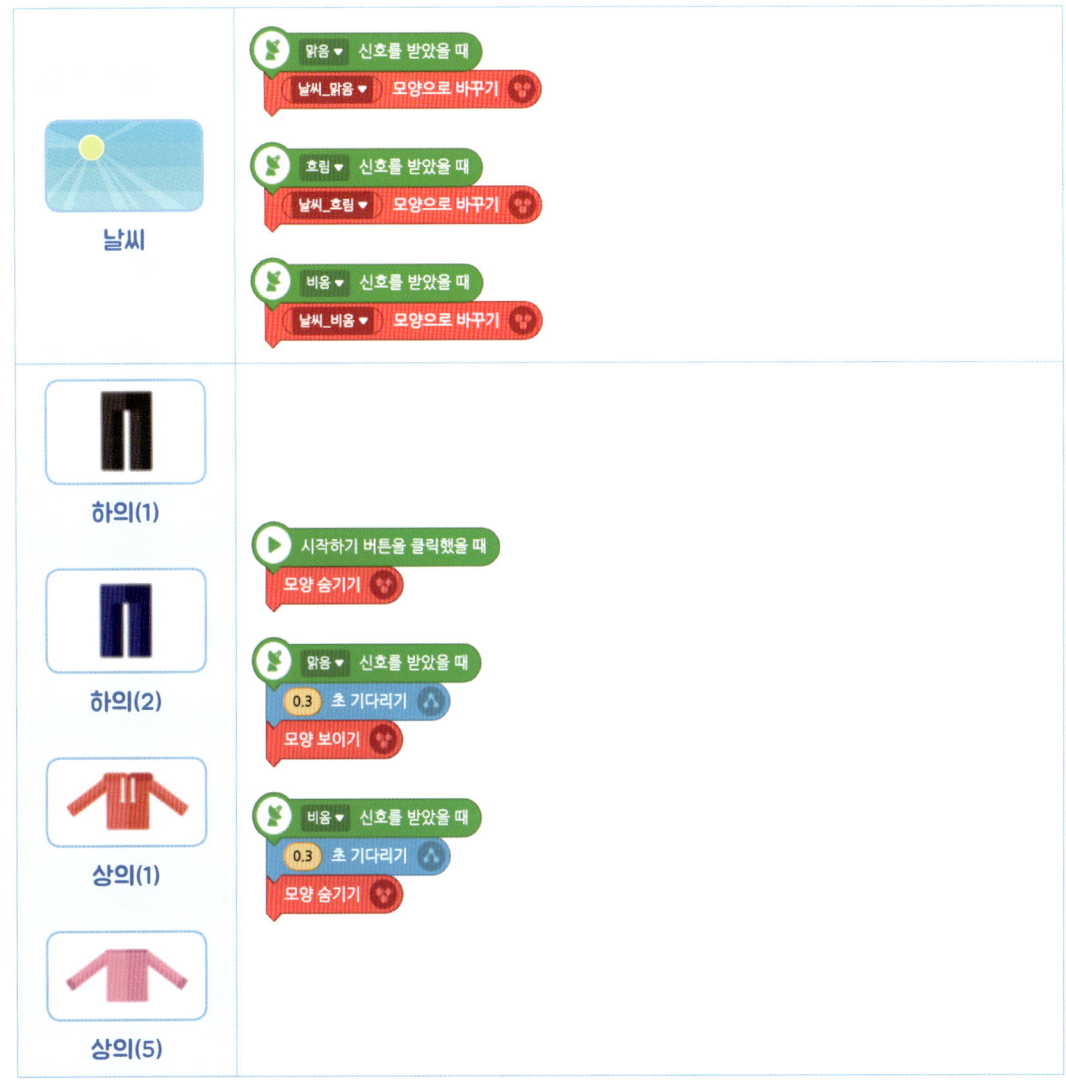

LESSON 10 박쥐를 잡아라!

 학습주제 2개의 가변저항(Volume)을 이용하여 게임을 만들어 보자.

 문제 상황

마을 뒷산 동굴에 흡혈박쥐가 살고 있다. 이 박쥐는 마을 사람들과 가축들을 공격하여 피해를 주고 있다. 이에 마을 사람들은 박쥐를 박멸하기로 결정하고 원정대를 동굴로 보내지만 동굴에서 박쥐를 잡기란 여간 어려운 일이 아니다. 전문 사격수가 되어 박쥐를 잡는 게임을 만들어 보자.

 소스 코드 http://naver.me/IDEJXdPA

생각 열기

1 알고 보자! 피지컬 부품의 세계: 가변저항(Volume)

- 저항이란 전기의 흐름을 방해하는 부품이다.
- 가변저항은 저항의 크기를 조절할 수 있다.
- 가변저항 값은 0부터 1023의 값을 가지며, 보통 전등의 밝기 조절이나 스피커의 음량 조절에 사용된다.

2 대장장이보드 준비

대장장이보드의 종류와 상관없이 A0핀과 A1핀에 가변저항(Volume)을 각각 연결하고, D10핀에 스위치센서(Switch)를 연결한다.

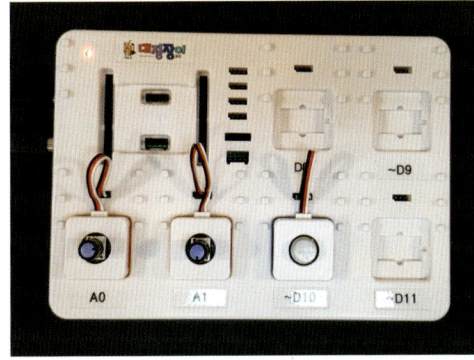
대장장이보드(스마트버전)

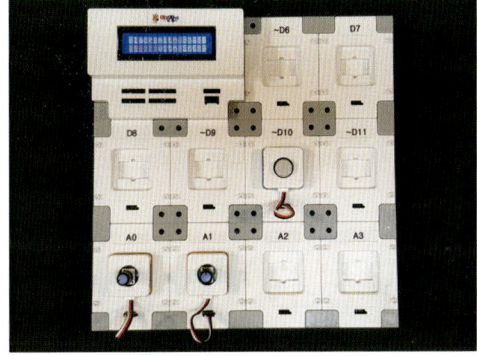
대장장이보드(빅버전)

3 알고리즘 확인

1. 초시계가 시작되고 박쥐가 무작위 위치에서 나타난다.
2. 가변저항(Volume) 2개를 조절하여 박쥐가 있는 위치로 조준경의 x좌표, y좌표를 정한다.
3. 박쥐를 조준경의 중심에 맞춘 후 스위치(Switch)를 눌러 폭탄을 발사한다.
4. 박쥐를 폭탄으로 맞히면 '명중' 점수가 1점 올라가고 다시 박쥐는 무작위 위치로 옮겨간다.
5. 5초 안에 박쥐를 폭탄으로 맞히지 못하면 장면 2로 전환되며 게임은 종료가 된다.

프로그램 도전하기

배경과 오브젝트 준비

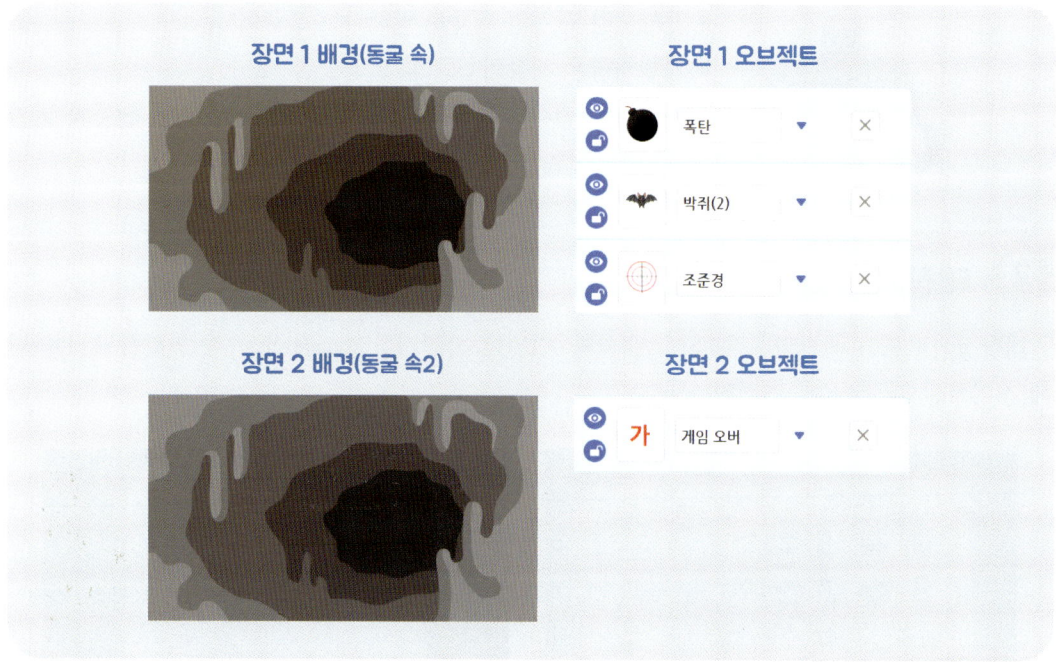

1 배경 준비하기

장면을 하나 더 추가하여 장면 1은 '박쥐(2)', '폭탄', '조준경'이 등장하는 '동굴 속', 장면 2는 게임 종료를 나타내는 '글상자'가 등장하는 '동굴 속'처럼 꾸며보도록 하자. 장면 1 옆에 장면 추가하기(+)를 눌러 장면을 하나 더 추가해 보자.

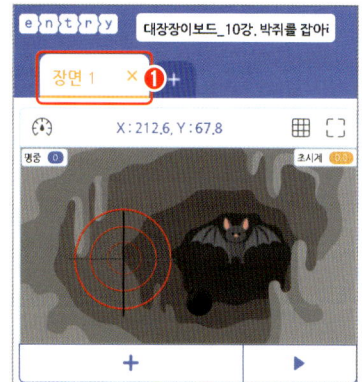
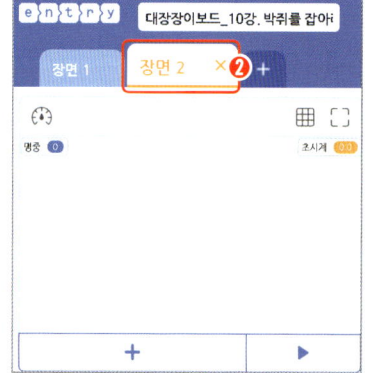

장면을 추가하면 시작 블록 카테고리에 장면 2 시작하기가 추가된 것을 볼 수 있다. 장면 2를 시작하기 위해 필요한 블록이다.

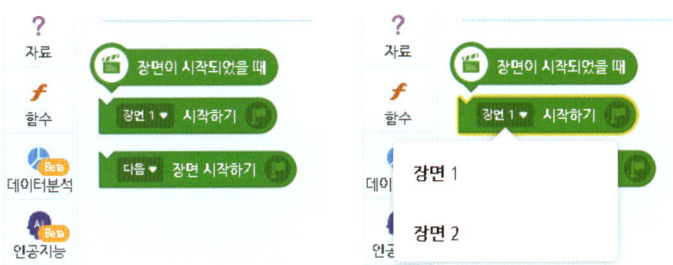

2 오브젝트 준비하기

장면 1에는 '조준경', '박쥐(2)', '폭탄' 오브젝트를 추가한다.
'조준경'은 오브젝트 추가하기 목록에 있는 오브젝트가 아니다. 직접 만든 오브젝트로 오브젝트 추가하기 ➡ '새로 그리기' ➡ '이동하기'를 클릭한 후 편집창으로 이동하여 그리면 된다.

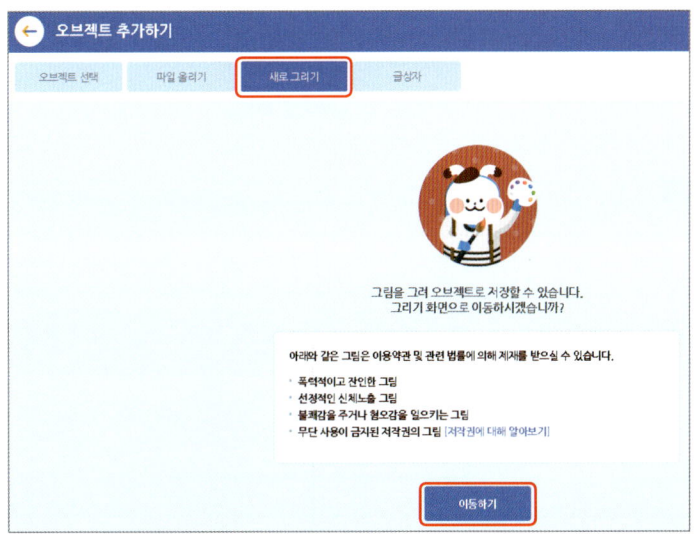

편집창 우측 상단에 있는 '모양 가져오기'를 선택한 후 검색창에 '속이빈원_1'을 입력하여 추가한다. 추가된 '속이빈원_1'을 복사하고 붙여넣기를 한다. 복사된 '속이빈원_1' 선택 후 좌측 하단에 있는 '크기' 입력칸에 가로와 세로의 크기를 'w: 350'과 'h: 350'으로 입력한다. 키보드의 방향키를 이용하여 각 원의 중심을 일치시킨다. 위 과정을 한번 더 반복하여 다음과 같은 모양을 만든다.

LESSON 10 박쥐를 잡아라! **113**

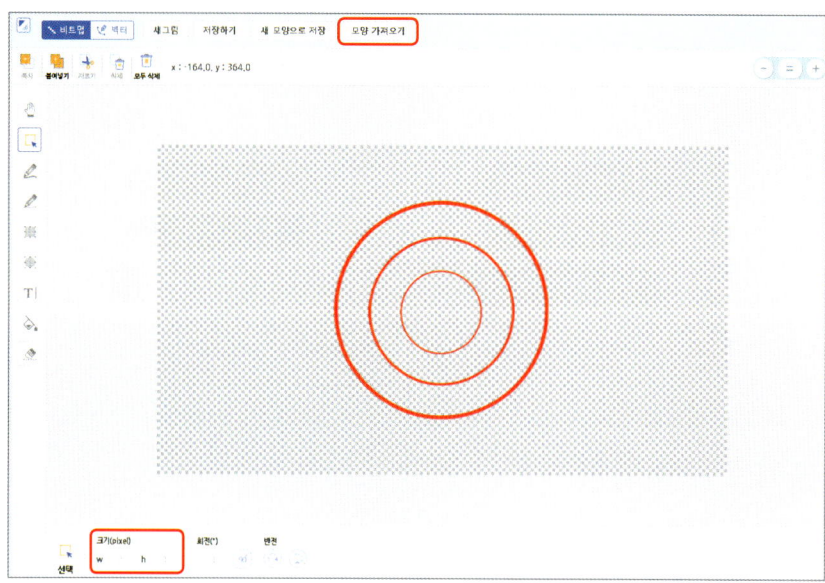

같은 방법으로 '모양 가져오기' 선택 후 검색창에 '대칭축_가로'를 입력하여 추가한다. 추가된 '대칭축_가로'의 길이를 조절하여 원의 지름과 같게 만든다. '대칭축_가로'를 복사하고 붙여넣기 한 뒤, 90도 회전하여 아래와 같은 수직선 모양을 만든다.

'새 모양으로 저장'하기를 눌러 오브젝트를 추가하고 이름을 '조준경'이라고 붙인다.

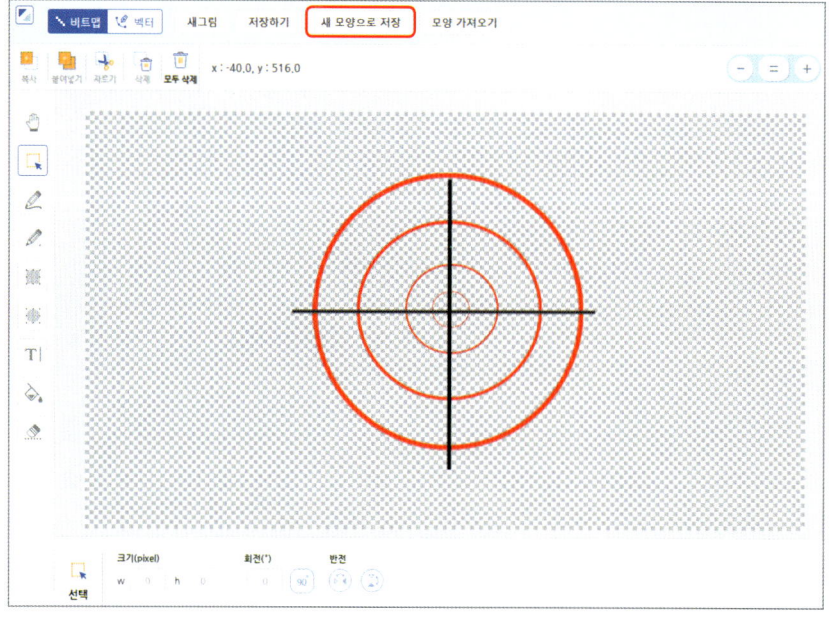

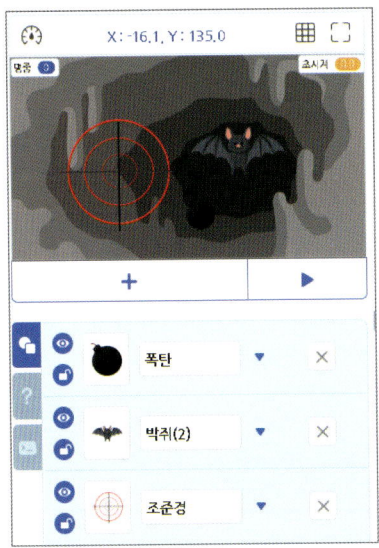 

장면 2는 '동굴 속' 오브젝트와 '게임 오버' 글상자 오브젝트를 추가해 보자.

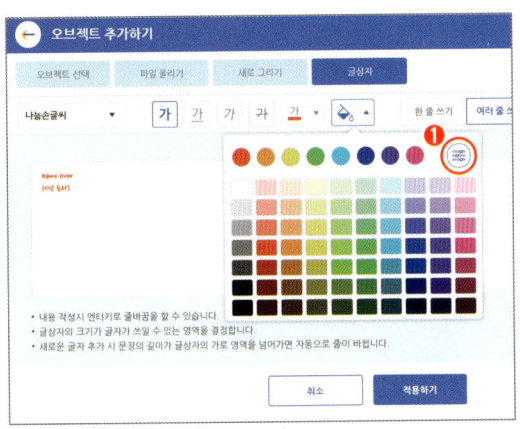 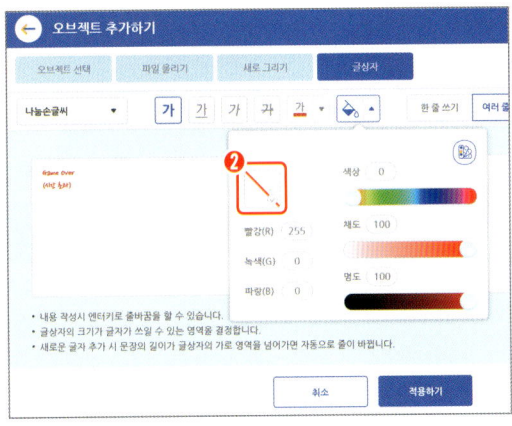

오브젝트를 추가하기를 눌러 글상자를 추가해 보자. [글상자]탭에서 여러 줄 쓰기를 선택한 후 위와 같이 'Game Over(시간초과)'라고 입력한다. 오브젝트 위에서도 글자가 잘 보이도록 글자색은 빨간색을 적용하고 배경은 없음을 선택한다. 배경을 선택하는 방법은 ❶ 슬라이더 모드를 선택한 후 ❷와 같이 배경 없음이 선택하면 된다. 마지막으로 적용하기를 누르면 글상자 오브젝트가 추가된다. 글상자 오브젝트 이름을 '게임 오버'로 수정하여 보기 편하게 만들어 보자.

3 코딩하기

동굴 속	'고요한 바람소리' 배경음이 재생되도록 소리를 추가한다. 박쥐를 조준하여 맞히면 점수가 올라가도록 '명중' 변수를 만들고 초기값을 '0'으로 정한다.
조준경	가변저항 값은 0~1023의 값을 가진다. 이것은 가변저항을 왼쪽 끝에서 오른쪽 끝까지 돌렸을 때 나오는 값으로 조준경을 보이는 화면 안에서 이동할 수 있게 매칭시키기 위해 다음과 같은 블록을 사용한다. A0핀과 A1핀에는 가변저항 센서를 연결한다. A0핀에 연결한 가변저항 값에 변화를 주면 '조준경' 오브젝트가 x축 방향으로 이동한다. A1핀에 연결한 가변저항 값에 변화를 주면 '조준경' 오브젝트가 y축 방향으로 이동을 한다. 바꾼 값은 x좌표의 크기와 y좌표의 크기를 감안한 것으로 '조준경'이 화면 밖으로 나가지 않으면서 곳곳을 이동할 수 있도록 설정한 것이다. 이때 '초시계' 값이 5초를 초과하면 장면 2로 바뀐다.

박쥐(2)

시작하기 버튼을 클릭하면 '박쥐(2)' 오브젝트는 70의 크기로 줄고 x좌표 −200에서 200 사이, y좌표 −100에서 100 사이의 무작위 위치로 이동하게 된다. 이때 '다음 모양으로 바꾸기' 블록을 이용하여 계속 날개짓을 하는 효과를 준다. 만일 '폭탄' 오브젝트에 닿게 되면 소리와 색깔효과가 나타나게 되며 '명중' 변수에 1만큼 더해진다. 이후 x좌표 −200에서 200 사이, y좌표 −100에서 100 사이의 무작위 위치로 이동하게 된다.

LESSON 10 박쥐를 잡아라!

	시작하기 버튼을 클릭하면 '초시계'가 시작되고 모양을 숨긴 채 '조준경' 오브젝트의 위치로 이동한다. D10핀에 연결되어 있는 스위치 센서를 누르면 소리효과가 나오고 크기가 50으로 줄어 모양이 보인다. 이때 폭탄이 조준경 표적으로 갈수록 쏘는 위치로부터 원근감을 주기 위해 '크기를 -5만큼 바꾸기' 블록을 사용한다. 이때 '박쥐(2)' 오브젝트에 닿게 되면 '초시계' 값은 초기화가 되고 '폭탄' 오브젝트의 모양이 터진 모양으로 바뀌어 박쥐를 잡은 효과를 준다.
 동굴 속2	 '장면 2'가 시작하면 게임이 종료된 것으로 모든 소리와 초시계가 정지하고 코드 또한 멈춘다.

WEEKLY CODING STUDY PLAN

1 2 3 4 5 6
7 8 9 10 11 12

MON	TUE	WED

THU	FRI	SAT	SUN

메이커 더하기

 블록 만들기

블록을 조립하여 박쥐를 조준하는 총을 만들어보자.

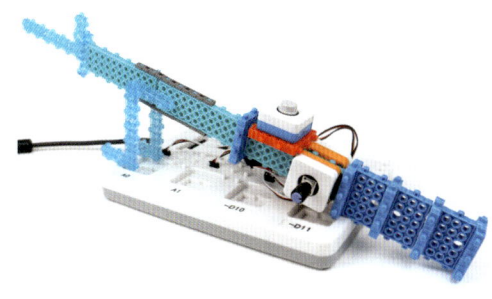
대장장이보드(스마트버전)

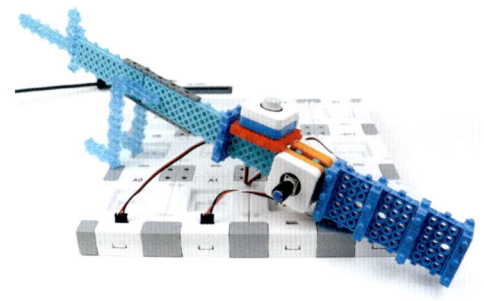
대장장이보드(빅버전)

 작동은 이렇게!

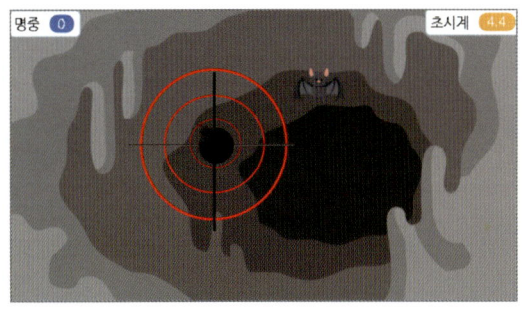

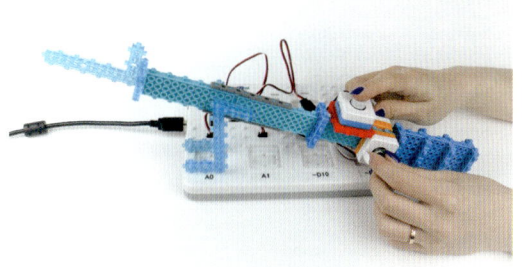

 2개의 가변저항을 조절하여 조준경을 이동시켜 박쥐를 조준한 뒤 스위치를 눌러 폭탄을 발사시켜 박쥐를 잡는다.

인공지능 더하기

인공지능 활용하기

인공지능 비디오 감지 기능으로 오브젝트를 이동시키고, 오디오 감지 기능으로 폭탄을 발사시키는 프로그램을 만들어보자.

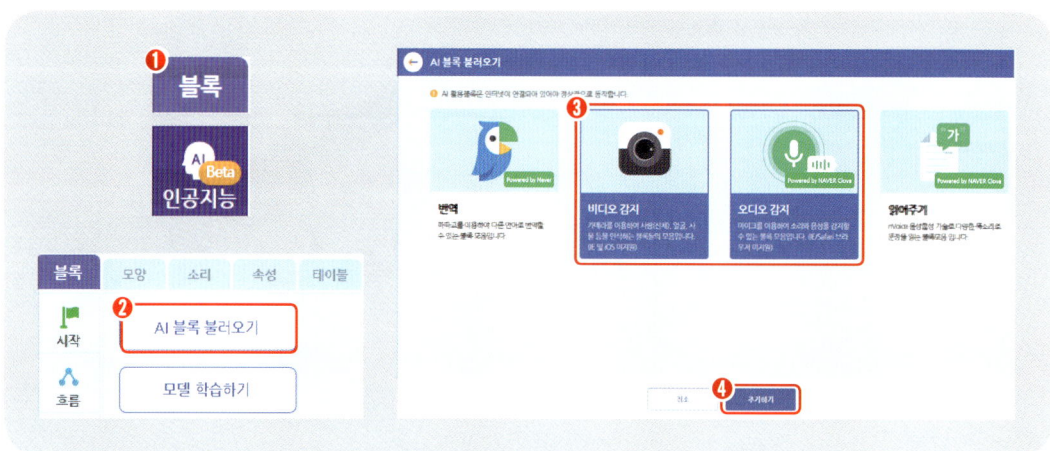

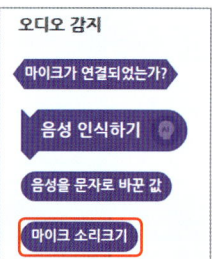

인공지능 블록 카테고리에서 AI 블록 불러오기를 클릭한 후 얼굴을 인지하는 '비디오 감지'와 목소리에 반응하는 '오디오 감지'를 추가한다. 이 블록들은 카메라와 마이크가 내장되어 있는 노트북이나 웹캠과 마이크가 설치된 PC 환경 등에서 사용할 수 있다. 이번 강의에서는 가변저항 2개를 이용하여 조준경을 이동하여 박쥐를 잡는 게임을 만들어 보았다. 인공지능 더하기에서는 얼굴 움직임을 감지하여 조준경이 얼굴을 따라다니고 소리 크기에 따라 폭탄을 발사시키는 프로그램을 만들어 볼 것이다.

비디오 감지와 오디오 감지에서 필요한 블록을 확인한 후 코드를 작성해 보자.

② 오브젝트 준비하기

장면 1 배경(동굴 속)

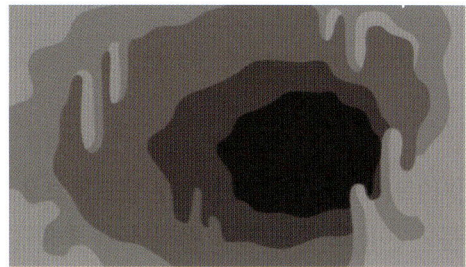

장면 1 오브젝트

장면 2 배경(동굴 속2)

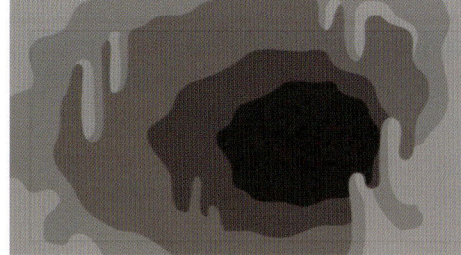

장면 2 오브젝트

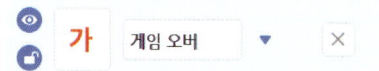

③ 코딩하기

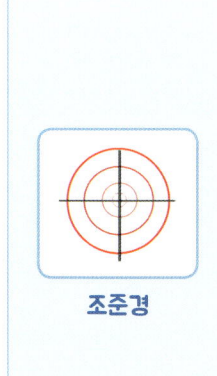

조준경

시작하기 버튼을 클릭하면 사람을 인식하기 시작하고 인식된 사람이 화면에 보인다. 이때, 인식된 사람 얼굴의 x좌표와 y좌표를 분석하여 오브젝트의 위치 값을 반영한다.

| 박쥐(2) | (블록 코드) |

시작하기 버튼을 클릭하면 '박쥐(2)' 오브젝트는 70의 크기로 줄고 x좌표는 −200에서 200 사이, y좌표는 −100에서 100 사이의 무작위 위치로 이동하게 된다. 이때 '다음 모양으로 바꾸기' 블록을 이용하여 계속 날갯짓을 하는 효과를 준다. 만일 '폭탄' 오브젝트에 닿게 되면 소리와 색깔효과가 나타나게 되며 '명중'에 1만큼 더해진다. 이후 x좌표 −200에서 200 사이, y좌표 −100에서 100 사이의 무작위 위치 이동하게 된다.

| 폭탄 | (블록 코드) |

말하기 블록을 사용해 마이크 소리 크기를 확인하고 '마이크 소리크기>20'이면 폭탄을 발사시킨다.

122 CHAPTER 2 메이커, AI 실력 키우기!

4 프로그램 실행하기

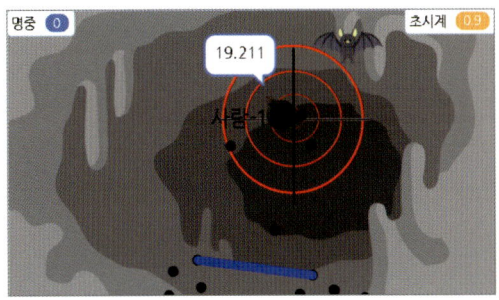

시작하기 버튼을 클릭하면 사람을 인식하기 시작하고 인식된 사람이 화면에 점으로 보이게 된다. 인식된 사람 얼굴의 x좌표와 y좌표로 오브젝트가 이동하게 된다.

마이크 소리크기를 분석하여 사람의 목소리 크기가 20보다 크면 폭탄을 발사시킨다. 얼굴의 움직임과 목소리의 크기로 박쥐를 명중시켜 보자.

소스 코드 http://naver.me/5w5fa19V

WEEKLY CODING STUDY PLAN

1 2 3 4 5 6 7 8 9 10 11 12	MON	TUE	WED
THU	FRI	SAT	SUN

생각 정리하기

1 더 나아가기

사물을 인식하여 오브젝트가 이동하도록 프로그램을 만들어 보자. LED와 버저(BUZZER) 출력장치를 추가해서 보다 박진감 넘치는 '박쥐를 잡아라' 게임을 완성 시켜보자.

문제해결을 위한 알고리즘 설계

2 정리하고 평가하기

프로그램은 잘 실행되었는가?		
사용한 센서 이름을 적어봅시다.	핀 번호	센서 이름
이번 수업에서 알게 된 점을 정리해 봅시다.		

3 완성된 코드

동굴 속	시작하기 버튼을 클릭했을 때 소리 고요한 바람소리▼ 재생하고 기다리기 변수 명중▼ 보이기 명중▼ 를 0 (으)로 정하기
조준경	시작하기 버튼을 클릭했을 때 계속 반복하기 　x: 아날로그 A0▼ 번 핀 센서 값의 범위를 0 ~ 1023 에서 -230 ~ 230 로 바꾼 값 위치로 이동하기 　y: 아날로그 A1▼ 번 핀 센서 값의 범위를 0 ~ 1023 에서 -125 ~ 125 로 바꾼 값 위치로 이동하기 　만일 조시계 값 > 5 (이)라면 　　장면 2▼ 시작하기
박쥐(2)	시작하기 버튼을 클릭했을 때 크기를 70 (으)로 정하기 x: -200 부터 200 사이의 무작위 수 y: -100 부터 100 사이의 무작위 수 위치로 이동하기 계속 반복하기 　다음▼ 모양으로 바꾸기 　0.1 초 기다리기 　만일 폭탄▼ 에 닿았는가? (이)라면 　　소리 탱크 포화 소리▼ 재생하기 　　색깔▼ 효과를 20 만큼 주기 　　0.1 초 기다리기 　　색깔▼ 효과를 -20 만큼 주기 　　명중▼ 에 1 만큼 더하기 　　0.5 초 동안 x: -200 부터 200 사이의 무작위 수 y: -100 부터 100 사이의 무작위 수 위치로 이동하기

LESSON 10 박쥐를 잡아라!

폭탄	시작하기 버튼을 클릭했을 때 초시계 시작하기 모양 숨기기 계속 반복하기 　조준경▼ 위치로 이동하기 　만일 디지털 10▼ 번 핀 센서 값 (이)라면 　　소리 총 소리▼ 재생하기 　　크기를 50 (으)로 정하기 　　모양 보이기 　　10 번 반복하기 　　　크기를 -5 만큼 바꾸기 　　　0.02 초 기다리기 　　만일 박쥐(2)▼ 에 닿았는가? (이)라면 　　　초시계 초기화하기 　　　폭탄_터진▼ 모양으로 바꾸기 　　　0.02 초 기다리기 　　　폭탄_안터진▼ 모양으로 바꾸기
동굴 속2	장면이 시작되었을 때 모든 소리 멈추기 초시계 정지하기 모든▼ 코드 멈추기

팡팡! 꿀벌 물감 터트리기

 학습주제 리드센서(Reed)를 이용하여 하늘에서 떨어지는 물감을 터트리는 게임을 만들어 보자.

 문제 상황

　꿀벌이 넓은 들판을 윙윙거리며 날아다니고 있다. 하늘에서 물감이 떨어지자 꿀벌이 자신의 침을 이용하여 이를 터트리며 놀고자 한다. 리드센서(Reed)의 원리를 이해하고 리드센서(Reed)로 게임을 시작하도록 코딩하여 하늘에서 떨어지는 물감을 터트리는 게임을 만들어 보자.

 소스 코드 http://naver.me/GBDoKmsn

생각 열기

1. 알고 보자! 피지컬 부품의 세계 : 리드센서(Reed)

- 리드센서(Reed)는 자석의 유무로 ON, OFF되는 스위치라고 생각하면 된다.
- 주변에 자석이 없으면 0, 자석이 리드센서(Reed) 가까이 오면 1 값을 갖는다.
- 회로 연결이나 사용법 자체가 일반 스위치와 동일하다.

2. 대장장이보드 준비

대장장이보드의 종류와 상관없이 D8핀에 리드센서(Reed), D9핀에 LED-R, D10핀에 LED-B를 연결한다.

대장장이보드(스마트버전)

대장장이보드(빅버전)

3. 알고리즘 확인

1. 리드센서(Reed) 위에 자석을 올려두면 게임이 시작된다.
2. 하늘에서 크기와 속도가 다양한 물감이 떨어진다.
3. 마우스 포인터를 따라다니는 꿀벌에 물감이 닿으면 터져서 사라진다.
4. 물감이 꿀벌에 닿아 터지면 점수가 10점씩 올라간다.
5. 물감이 아래쪽 벽에 닿으면 10점씩 감점된다.
6. 1000점에 도달하면 '1000점 달성'이라는 글상자가 뜬다.
7. 글상자가 뜨면 게임이 끝난다.

프로그램 도전하기

배경과 오브젝트 준비

1 배경 준비하기

꿀벌이 자유롭게 날아다닐 수 있는 '들판(3)' 배경을 추가한다. 이번 주제는 위에서 아래로 떨어지는 '물감' 오브젝트를 '꿀벌1' 오브젝트에 닿게 하여 점수를 획득하는 게임이므로 오브젝트를 구분할 수 있도록 단순한 배경을 선택하는 것이 좋다.

2 오브젝트 준비하기

'꿀벌1', '물감', '꽃(1)', '글상자' 오브젝트를 추가한다.

'물감' 오브젝트는 2개 더 복제하여 '물감1', '물감2' 오브젝트를 만든다. 복제하려는 오브젝트를 선택한 후 오른쪽 마우스를 눌러 복제를 클릭하면 오브젝트 명은 기존 오브젝트 명에 숫자가 붙는 식으로 자동으로 생성된다.

'물감' 오브젝트 [모양]탭을 클릭하면 4가지 모양이 있다. 4가지는 모양이 동일하고 색깔이 다른 것으로 '물감1' 오브젝트는 노란색, '물감2' 오브젝트는 파란색을 선택한 후 [블록]탭으로 돌아오면 오브젝트 색깔을 달리 정할 수 있다.

글상자는 오브젝트 추가하기를 클릭한 후 [글상자]탭을 클릭하여 '1000점 달성!'이라는 글을 입력한다. 입력 후 적용하기를 클릭하면 '글상자' 오브젝트가 생성된다. 글꼴, 글자색, 글자 배경색은 원하는 대로 설정해도 무방하다.

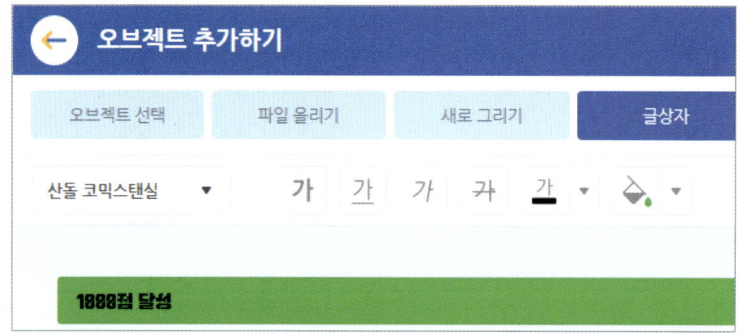

3 코딩하기

꽃(1)

> 시작하기 버튼을 클릭했을 때
> 크기를 70 (으)로 정하기

'꽃(1)' 오브젝트 크기를 화면에 맞추어 적절하게 조정한다. 시작하기 버튼을 클릭하여 실제로 줄어든 크기를 눈으로 확인 후 크기를 정하면 될 것이다.

꿀벌1

> 시작하기 버튼을 클릭했을 때
> 크기를 35 (으)로 정하기
> 좌우 모양 뒤집기
> x: -140 y: -65 위치로 이동하기
> 방향을 270° (으)로 정하기
> 계속 반복하기
>   만일 디지털 8▼ 번 핀 센서 값 (이)라면
>   마우스포인터▼ 위치로 이동하기

시작하기 버튼을 클릭했을 때 '꿀벌1' 오브젝트의 크기를 게임에 적합한 크기로 설정한다. 크기를 35로 정한 것은 떨어지는 '물감' 오브젝트 크기 비율을 따져서 임의로 설정한 것으로 눈으로 확인한 후 자신이 적당하다고 생각하는 크기의 숫자를 입력하면 된다. x좌표 -140, y좌표 -65는 꿀벌이 시작하기 버튼을 클릭했을 때 꽃 위에 앉아 있게 하려는 의도이므로 '꽃(1)' 오브젝트를 배치하는 위치에 따라 달라질 수 있는 값이다. 이 역시도 '꽃(1)' 오브젝트를 먼저 배치한 후 좌표를 눈으로 확인한 후 작성해야 한다. 좌우 모양 뒤집기 코드와 방향을 270도로 정한 것은 꿀벌 침이 오른쪽 사선으로 보게 하려는 것이다. 위에서 '물감' 오브젝트가 떨어질 때 꿀벌 침에 의해 터지는 느낌을 내기 위함이다. 이 게임은 대장장이보드 D8핀에 연결된 리드센서에 자석이 놓여 있을 때 꿀벌이 마우스포인터를 따라 움직이도록 코딩했다.

'물감' 오브젝트는 위에서 설명한 것과 같이 오브젝트를 2개 더 복제한 후 오브젝트의 [모양]탭에서 원하는 색의 물감을 클릭한 후 [블록]탭으로 돌아오면 선택한 색으로 지정된다.

또 다른 방법은 생김새 블록 카테고리에서 `물감_빨강▼ 모양으로 바꾸기` 블록의 하위 목록을 선택하여 색을 변경해도 된다. 본 강의에서는 코드로 색깔 바꾸기를 보여주기 위하여 블록으로 색을 지정할 것이다.

물감

```
▶ 시작하기 버튼을 클릭했을 때
  물감_빨강▼ 모양으로 바꾸기
  크기를 35 부터 50 사이의 무작위 수 (으)로 정하기
  x: -210 부터 210 사이의 무작위 수 위치로 이동하기
  y: 180 위치로 이동하기
  이동 방향을 180° (으)로 정하기
  계속 반복하기
    만일 디지털 8▼ 번 핀 센서 값 (이)라면
      이동 방향으로 1 부터 3 사이의 무작위 수 만큼 움직이기
    만일 꿀벌1▼ 에 닿았는가? (이)라면
      디지털 9▼ 번 핀 끄기
      디지털 10▼ 번 핀 켜기
      점수▼ 에 10 만큼 더하기
      모양 숨기기
      크기를 10 부터 35 사이의 무작위 수 (으)로 정하기
      x: -210 부터 210 사이의 무작위 수 위치로 이동하기
      y: 180 위치로 이동하기
      모양 보이기
    만일 아래쪽 벽▼ 에 닿았는가? (이)라면
      디지털 9▼ 번 핀 켜기
      디지털 10▼ 번 핀 끄기
      점수▼ 에 -10 만큼 더하기
      크기를 10 부터 35 사이의 무작위 수 (으)로 정하기
      x: -210 부터 210 사이의 무작위 수 위치로 이동하기
      y: 180 위치로 이동하기
```

시작하기 버튼을 클릭했을 때 '물감_빨강' 모양으로 바꾸고 크기는 35부터 50 중에서 임의로 크기로 정해진다. '물감' 오브젝트의 x좌표는 -210부터 210사이에서 무작위로 위치하게 된다. y좌표를 180으로 이동시킨 이유는 화면 밖의 임의의 위치로 이동하여 어디에서 떨어지게 될지 모르게 하기 위해서다. 이동 방향은 180으로 정하여 아래로 떨어지도록 코딩했다.

리드센서에 자석을 올려놓으면 1에서 3사이의 속도로 아래 방향으로 움직인다. 떨어지는 '물감' 오브젝트가 '꿀벌1' 오브젝트에 닿으면 10점의 점수를 획득하게 되고 '물감' 오브젝트는 사라진다. 이후 x좌표는 -210에서 210 사이에, y좌표 180에 위치하여 다시 화면 아래로 떨어질 준비를 한다. '물감'이 아래쪽 벽에 닿게 되면 10점이 감점되고 다시 화면 위쪽으로 이동해 아래로 떨어지게 한다.

점수를 획득하도록 만들기 위해서는 변수를 만들어야 한다. 자료 블록 카테고리에서 변수 만들기를 클릭한 후 변수명에 '점수'라고 입력하면 화면 좌측 상단에 점수판이 나타나게 된다.

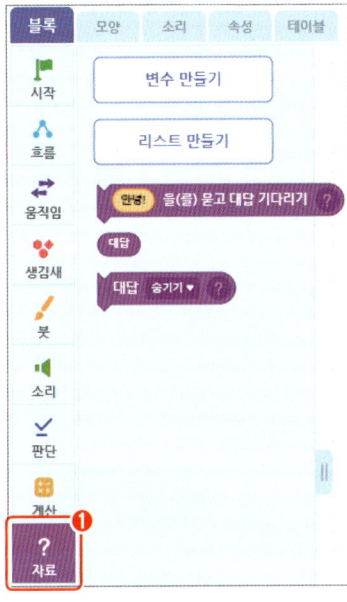 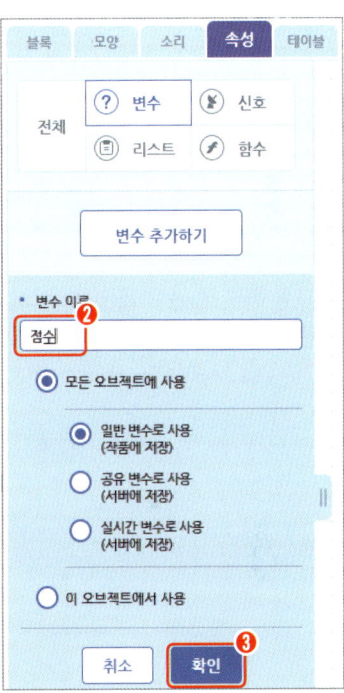

자료 블록 카테고리에 없던 점수와 관련한 블록이 생성된다. 점수에 10만큼 더하기 블록을 통해 획득한 점수를 더해 나갈 수 있다.

이 모든 게임은 대장장이보드 D8핀에 연결한 리드센서에 자석이 놓여 있을 때 작동되는 것임을 염두에 두어야 할 것이다.

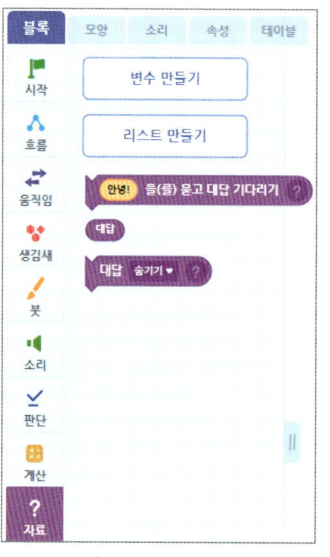
[변수 생성 전]

[변수 생성 후]

'물감1', '물감2' 오브젝트는 첫 줄 모양 바꾸기 블록만 다를 뿐 나머지는 동일하다. 이러한 경우 함수를 만들어 사용할 수 있다. 함수를 만드는 방법은 다음과 같다.

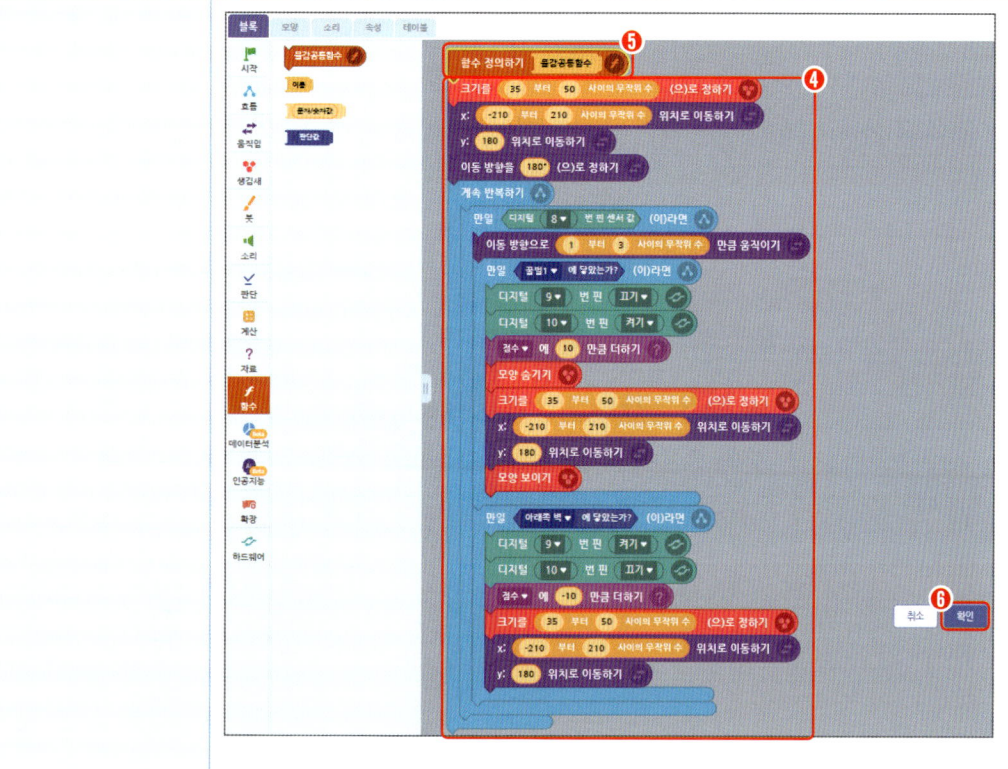

크기 35부터 50사이의 무작위 수로 정하기 코드부터 y:180 위치로 이동하기까지는 '물감', '물감1', '물감2' 오브젝트에 걸쳐 공통 코드들이다. 이 코드들 중에 제일 위 블록을 선택한 상태에서 오른쪽 마우스를 클릭한 후 '코드 복사'를 누른다. 이렇게 했을 경우 선택한 블록부터 마지막 블록까지 모두 복사가 된다. 이후 함수 만들기를 선택한 후 복사했던 코드를 블록 조립소에 붙여넣기를 한다. 함수 정의하기에 '물감공통코드'라고 이름을 정한 후 확인을 누르면 '물감공통코드'라는 새로운 블록이 함수 만들기 아래에 만들어진다.

이렇게 만들어진 함수는 '물감1', '물감2' 오브젝트에서 사용할 수 있다.

'물감_노랑 모양으로 바꾸기' 블록은 [모양]탭에서 노란색 모양을 선택하지 않더라도 시작하기 버튼을 클릭하면 '물감1' 오브젝트가 노란색이 되도록 하기 위해 사용된 코드다. 나머지 코드는 '물감' 오브젝트와 동일하여 '물감공통함수' 블록을 만들어 사용하면 블록 수를 많이 줄일 수 있다.

'물감공통함수' 블록만을 보았을 때 어떻게 코딩되었는지는 알 수 없다. 코드를 확인하기 위해서는 속성 ➡ 함수에서 해당하는 오브젝트를 클릭하여 블록 조립소 화면에서 코드를 확인하면 된다.

'물감2' 오브젝트도 '물감1' 오브젝트와 동일하다.

글상자 탭에서 만든 '1000점 달성' 오브젝트이다. 글상자도 하나의 오브젝트이므로 코드를 작성하여 게임에 영향을 미칠 수 있다. 시작하기 버튼을 클릭했을 때는 '글상자' 오브젝트는 보이지 않는다. 이후 점수가 1000점이 되면 모양이 보이고 모든 코드를 멈추고 게임이 끝나게 된다.

메이커 더하기

1 블록 만들기

블록을 조립하여 '물감 터트리기' 게임기를 만들어 보자.

대장장이보드(스마트버전)

대장장이보드(빅버전)

2 작동은 이렇게!

리드센서 위에 자석을 올려두었을 때와 그렇지 않을 때 엔트리 화면이 어떻게 작동하는지 살펴본다.

인공지능 더하기

인공지능 활용하기

인공지능 얼굴인식 기능으로 오브젝트의 움직임을 제어해 해보자.

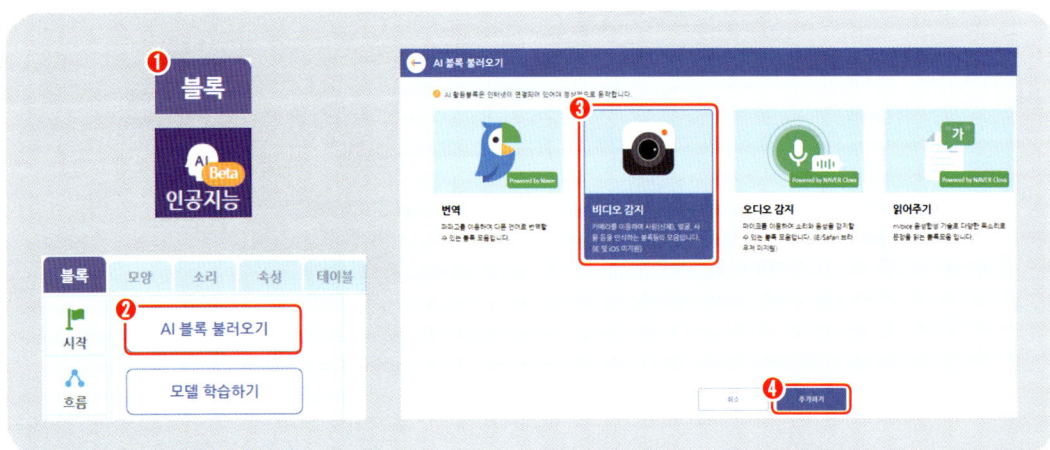

인공지능 블록 카테고리에서 AI블록 불러오기를 클릭한 후 비디오 감지를 추가하면 다음과 같은 블록이 생성된다. 이 블록들은 카메라가 내장 되어 있는 컴퓨터나 웹캠을 추가 설치했을 경우 사용할 수 있다. 비디오 감지 블록으로 사람, 얼굴, 사물을 인식하는 기능을 사용할 수 있게 된다. 특히 얼굴의 경우 엔트리는 4명의 18개의 특정 포인트의 x,y 좌표를 인식할 수 있다(18개의 특정 포인트는 얼굴, 목, 좌우 눈·귀·어깨·팔꿈치·손목·엉덩이·무릎·발목을 말한다).

이번 강의에서 꿀벌이 마우스 포인터를 따라 다니며 하늘에서 떨어지는 '물감'을 침으로 터트리는 게임을 만들어 보았다. 인공지능 더하기는 꿀벌이 마우스 포인터를 따라 다니는 것이 아니라 코의 x좌표를 따라다니며 떨어지는 물감을 터트려 보려고 한다.

② 오브젝트 준비하기

이해를 돕기 위해 최소한의 오브젝트를 사용한다. '꿀벌1', '물감' 오브젝트를 추가한다.

③ 코딩하기

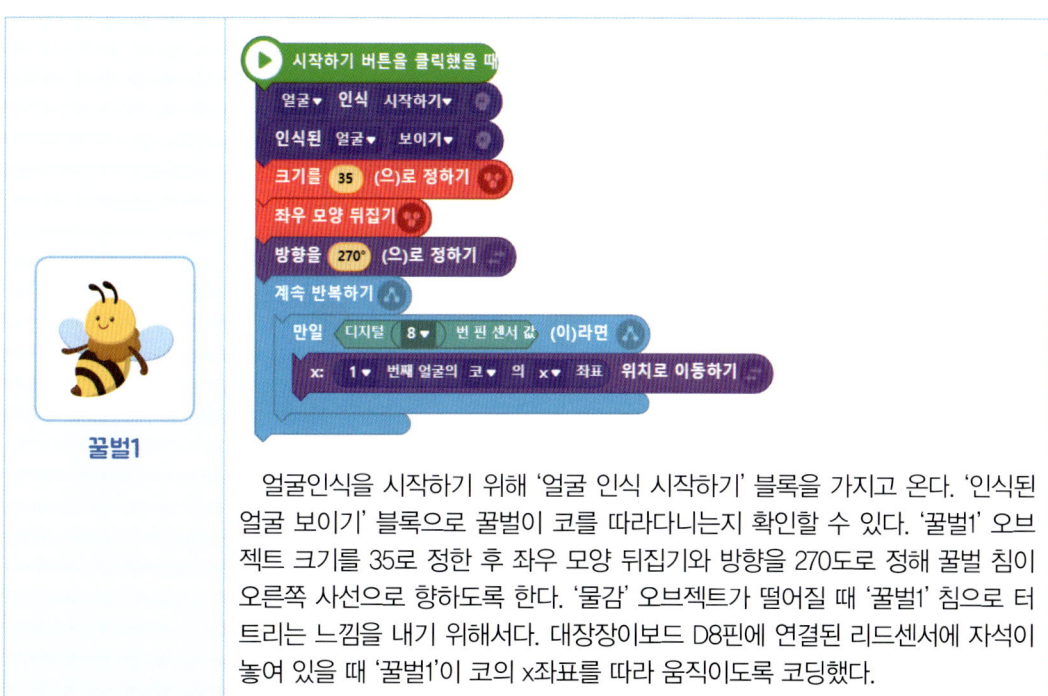

얼굴인식을 시작하기 위해 '얼굴 인식 시작하기' 블록을 가지고 온다. '인식된 얼굴 보이기' 블록으로 꿀벌이 코를 따라다니는지 확인할 수 있다. '꿀벌1' 오브젝트 크기를 35로 정한 후 좌우 모양 뒤집기와 방향을 270도로 정해 꿀벌 침이 오른쪽 사선으로 향하도록 한다. '물감' 오브젝트가 떨어질 때 '꿀벌1' 침으로 터트리는 느낌을 내기 위해서다. 대장장이보드 D8핀에 연결된 리드센서에 자석이 놓여 있을 때 '꿀벌1'이 코의 x좌표를 따라 움직이도록 코딩했다.

'물감' 크기를 일정하게 조정한 후 x좌표는 -210부터 210 사이에서 무작위로 위치시킨다. y좌표를 180 위치로 이동시킨 것은 화면 밖으로 이동시켜 어디에서 떨어지게 될지 모르게 하기 위해서다. 이동방향을 아래로 정하고 리드센서에 자석이 놓이면 1에서 3 사이의 속도로 아래쪽으로 움직이게 된다. 떨어지는 '물감'이 '꿀벌1'에 닿으면 '물감'은 사라진다. 이후 x좌표는 -210에서 210 사이에, y좌표 180에 위치하여 다시 화면 아래로 떨어질 준비를 한다. '물감'이 아래쪽 벽에 닿으면 모양을 감춘 후에 다시 위쪽으로 이동해 아래로 떨어진다.

4 프로그램 실행하기

시작하기 버튼을 클릭하면 '꿀벌1' 오브젝트가 코의 x좌표를 따라 움직인다. 얼굴을 상하좌우로 움직여도 x좌표의 변화만 반영하므로 좌우로만 움직이게 된다. '물감' 오브젝트가 '꿀벌1'에 닿거나 '아래쪽 벽'에 닿으면 사라지고 다시 화면 위로 올라가 아래로 떨어진다.

소스 코드 http://naver.me/5loY7eV6

생각 정리하기

더 나아가기

리드센서를 활용해 보물상자의 암호를 해제하는 프로그램을 만들어 보자. 비밀번호를 묻고 답하는 단계를 해결한 후 자석을 리드센서 위에 올리면 보물상자가 열리도록 코딩해 볼 수 있을 것이다.

'보물상자(2)' 오브젝트

문제해결을 위한 알고리즘 설계

⚙️ 2 정리하고 평가하기

프로그램은 잘 실행되었는가?		
사용한 센서 이름을 적어봅시다.	핀 번호	센서 이름
이번 수업에서 알게 된 점을 정리해 봅시다.		

⚙️ 3 완성된 코드

물감

```
시작하기 버튼을 클릭했을 때
물감_빨강 모양으로 바꾸기
크기를 35 부터 50 사이의 무작위 수 (으)로 정하기
x: -210 부터 210 사이의 무작위 수 위치로 이동하기
y: 180 위치로 이동하기
이동 방향을 180° (으)로 정하기
계속 반복하기
    만일 디지털 8 번 핀 센서 값 (이)라면
        이동 방향으로 1 부터 3 사이의 무작위 수 만큼 움직이기
    만일 꿀벌1 에 닿았는가? (이)라면
        디지털 9 번 핀 끄기
        디지털 10 번 핀 켜기
        점수 에 10 만큼 더하기
        모양 숨기기
        크기를 10 부터 35 사이의 무작위 수 (으)로 정하기
        x: -210 부터 210 사이의 무작위 수 위치로 이동하기
        y: 180 위치로 이동하기
        모양 보이기
    만일 아래쪽 벽 에 닿았는가? (이)라면
        디지털 9 번 핀 켜기
        디지털 10 번 핀 끄기
        점수 에 -10 만큼 더하기
        크기를 10 부터 35 사이의 무작위 수 (으)로 정하기
        x: -210 부터 210 사이의 무작위 수 위치로 이동하기
        y: 180 위치로 이동하기
```

물감1

```
시작하기 버튼을 클릭했을 때
물감_노랑 모양으로 바꾸기
물감공통함수
```

LESSON 12 거미 vs 잠자리 대결

 가변저항센서(Volume), 적외선센서(IR), 기울기센서(Tilt)를 이용하여 두 명이 함께 할 수 있는 게임을 만들어보자.

문제 상황

　숲속에 사는 거미와 잠자리가 자신이 더 멋지다고 뽐내고 있다. 거미는 "나는 거미줄로 날아다니는 곤충도 잡을 수 있어!" 잠자리가 이에 질세라 "나는 사방을 한눈에 보고 재빨리 숲속을 누비며 날 수 있어!" 누가 멋진지 둘이 내기를 한다. 거미는 거미줄을 쏘아 잠자리를 잡고 잠자리는 거미를 피해 분주하게 날아다니며 1분 동안 버티는 내기다. 두 명이 함께 할 수 있는 게임을 만들어 친구들과 즐겨보도록 하자.

 소스 코드 http://naver.me/xY0q9ljC

생각 열기

 알고 보자! 피지컬 부품의 세계 : 적외선센서(IR)

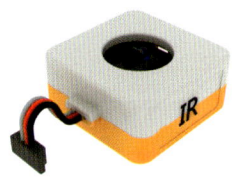

- IR센서는 적외선을 쏘는 적외선 LED와 적외선 빛을 받아들이는 수광 센서가 한 쌍으로 이루어진 센서다.
- 물체가 센서에 가까워지면 반사되는 적외선의 양이 많아져 수신되는 적외선 양도 많아지고 물체가 센서에서 멀어지면 반사되는 적외선의 양이 적어지는 만큼 수신되는 양도 적어지는 원리를 이용한 것이다.

대장장이보드 준비

대장장이보드의 종류와 상관없이 D8핀에 LED-R, D9핀에 LED-B, D10핀에 기울기센서(Tilt), A0핀에 적외선센서(IR), A1핀에 가변저항센서(Volume)을 연결한다.

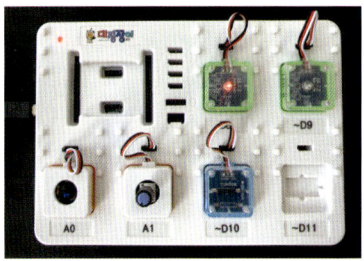
대장장이보드(스마트버전)

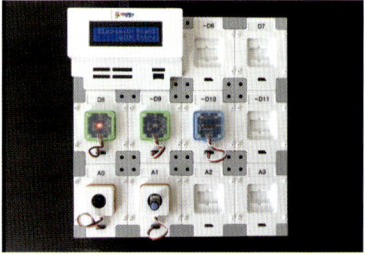
대장장이보드(빅버전)

알고리즘 확인

1. 거미가 x좌표가 0인 지점에서 위, 아래로 움직인다.
2. 적외선센서(IR) 값이 커지면 거미가 위로 올라가고, 작아지면 거미가 아래로 내려온다.
3. 기울기센서(Tilt)를 기울이면 거미줄이 거미로부터 아래쪽 벽에 닿을 때까지 떨어진다.
4. 고추잠자리는 좌우로만 움직인다.
5. 가변저항센서(Volume)을 오른쪽으로 돌리면 고추잠자리가 오른쪽으로 움직이고 왼쪽으로 돌리면 고추잠자리가 왼쪽으로 움직인다.
6. 거미가 쏜 거미줄에 고추잠자리가 닿으면 LED-R이 켜지고 거미가 이긴다.
7. 거미가 고추잠자리에 직접 닿으면 LED-B가 켜지고 고추잠자리가 이긴다.
8. 고추잠자리가 x좌표 0을 중심으로 한 쪽 지점(x좌표〈0 또는 0〈x좌표)에 5초 이상 머무르면 거미가 이긴다.
9. 총 게임 시간이 60초 이상 진행되면 고추잠자리가 이긴다.

프로그램 도전하기

배경과 오브젝트 준비

⚙️① 배경 준비하기

숲속 분위기를 연출하기 위해 '숲속(1)' 오브젝트를 추가한다.

2 오브젝트 준비하기

'글상자', '거미', '거미줄', '고추잠자리' 오브젝트를 추가한다.

'고추잠자리' 오브젝트를 선택한 상태에서 [모양] 탭을 확인해 보면 2개의 모양이 있다. 2개의 모양은 모두 오른쪽으로 보고 있다. 왼쪽으로 움직일 때는 왼쪽을 보고 있는 모양도 필요하므로 모양을 더 추가해 보자. 고추잠자리_1 모양을 선택한 후 오른쪽 마우스를 클릭하여 복제를 선택한다.

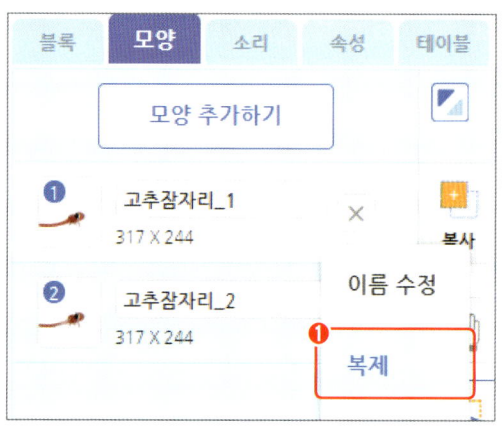

고추잠자리_3 모양이 추가되면 좌우 반전을 선택한 후 저장 버튼을 누른다. 같은 방법으로 고추잠자리_2 모양을 선택한 후 오른쪽 마우스를 클릭해 복제하고 고추잠자리_4가 만들어지면 반전을 선택한 후 저장한다.

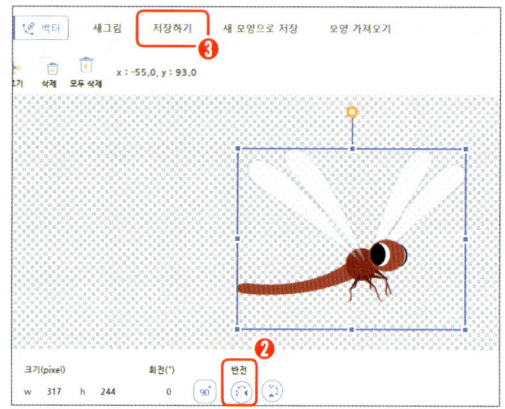

글상자를 만들어 누가 승리했는지를 알리는 '거미 승!', '잠자리 승!' 오브젝트를 만들어 보자.

오브젝트 추가하기에서 [글상자]탭을 클릭하여 '거미 승!'이라고 입력한다. 입력 후 적용하기를 클릭하면 글상자 오브젝트가 생성된다. 글꼴, 글자색, 글자 배경색은 원하는 대로 설정해도 무방하다. 같은 방법으로 '잠자리 승!' 글상자 오브젝트도 만든다. 거미가 이기면 '거미 승!', 잠자리가 이기면 '잠자리 승!'이 보이게 하기 위해서다.

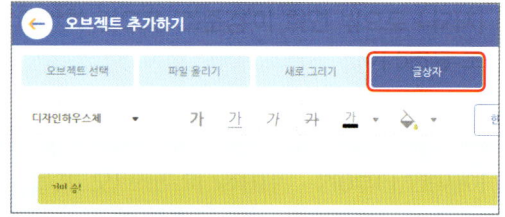

3 코딩하기

시작하기 버튼을 클릭했을 때는 오브젝트가 보이지 않도록 모양 숨기기를 한다.

그림을 보면 코드 이해가 더 쉬울 것이다. '고추잠자리'가 x좌표<0 또는 x좌표>0 지점 중 어느 한쪽에서 5초 이상 머물게 되면 '거미'가 승리했음을 나타내는 '거미 승!' 오브젝트가 나타나도록 코드를 작성하려고 한다.

한쪽 지점에서 머문 시간이 5초가 넘어가면 초시계를 정지하고 '거미 승!'이라는 신호를 보낸다. 이후 D8핀에 연결한 LED-R이 켜지고 모든 코드는 멈추게 된다.

'거미 승!'이라는 신호를 받으면 글상자 오브젝트 모양이 보이게 된다.

글상자 	
	▶ 시작하기 버튼을 클릭했을 때 모양 숨기기

시작하기 버튼을 클릭했을 때는 오브젝트가 보이지 않도록 모양 숨기기를 한다.

▶ 시작하기 버튼을 클릭했을 때
계속 반복하기
 만일 〈 게임시간▼ 값 ≥ 60 〉 (이)라면
  잠자리 승!▼ 신호 보내기
  디지털 8▼ 번 핀 끄기▼
  디지털 9▼ 번 핀 켜기▼
  초시계 정지하기▼
  모든▼ 코드 멈추기

게임시간이 60초 이상 유지되면 잠자리가 이긴다. 이때 '잠자리 승!'이라는 신호를 보내고 D9핀에 연결된 LED-B가 켜지고 초시계와 모든 코드가 멈추게 된다.

잠자리 승!▼ 신호를 받았을 때
모양 보이기

'잠자리 승!'이라는 신호를 받으면 글상자 오브젝트 모양이 보이게 된다.

거미

▶ 시작하기 버튼을 클릭했을 때
계속 반복하기
 아날로그 A0▼ 번 핀 센서 값 을(를) 말하기▼

적외선센서는 빛을 쏘는 적외선 LED와 쏜 빛을 받는 수광센서로 이루어져 있다. 빛을 쏘는 적외선 LED를 손이나 물체로 가리면 반사되어 들어가는 적외선 양이 많아져서 적외선센서 값이 커진다. 반대로 적외선 LED가 쏜 빛을 반사해 줄 물체가 없을 경우는 돌아오는 적외선 양이 적어 적외선센서 값이 작아진다. 이러한 적외선 센서값을 확인하기 위해서는 말하기 블록을 사용한다. 센서값은 환경에 따라 달라지기 때문에 학습자가 말하기 블록으로 직접 확인 후 코드를 작성하도록 한다.

```
▶ 시작하기 버튼을 클릭했을 때
크기를 30 (으)로 정하기
계속 반복하기
  y: 아날로그 A0▼ 번 핀 센서 값의 범위를 60 ~ 900 에서 -100 ~ 130 로 바꾼 값 위치로 이동하기
  만일 고추잠자리▼ 에 닿았는가? (이)라면
    잠자리 승!▼ 신호 보내기
    초시계 정지하기▼
    모든▼ 코드 멈추기
```

A0핀에 연결한 적외선센서로 '거미' 오브젝트가 위아래로 이동하게 하려고 한다. 위아래로 움직인다는 것은 오브젝트의 y좌표를 변화시킨다는 것이므로 y위치로 이동하기 블록을 사용한다. 적외선센서를 측정해서 나온 60에서 900 값으로 '거미' 오브젝트를 y축으로 -100에서 130까지 이동하게 하려고 한다. '거미'가 '고추잠자리'에 닿으면 거미가 게임에서 진 것이므로 '잠자리 승!'이라는 신호를 '잠자리 승!' 글상자에게 보낸 후 초시계를 포함한 모든 코드를 멈추고 게임을 끝낸다.

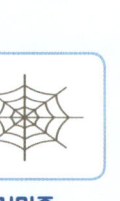

거미줄

```
▶ 시작하기 버튼을 클릭했을 때
크기를 50 (으)로 정하기
이동 방향을 180° (으)로 정하기
계속 반복하기
  거미▼ 위치로 이동하기
  만일 디지털 10▼ 번 핀 센서 값 (이)라면
    아래쪽 벽▼ 에 닿았는가? 이 될 때까지▼ 반복하기
      만일 고추잠자리▼ 에 닿았는가? (이)라면
        거미 승!▼ 신호 보내기
        디지털 8▼ 번 핀 켜기▼
        디지털 9▼ 번 핀 끄기▼
        모든▼ 코드 멈추기
      이동 방향으로 3 만큼 움직이기
```

크기를 적절하게 줄인 후 이동 방향을 아래쪽으로 정한다. 거미줄은 거미 위치로 이동하여 거미가 쏘는 것처럼 보이게 한다. D10핀에 연결한 기울기센서를 기울였을 때 거미줄은 아래쪽 벽에 닿을 때까지 3만큼씩 이동하는데 이때 거미줄이 고추잠자리에 닿으면 '거미 승!'이라는 신호를 보내고 LED-R에 불이 켜지면서 게임은 끝난다.

코드가 매우 복잡해 보이긴 하지만 두 가지를 표현하기 위한 것이다.

첫째, '고추잠자리'의 머리를 가변저항센서를 돌리는 쪽으로 향하게 하려고 한다. 둘째, '고추잠자리'가 게임에서 버틴 시간을 측정하려고 한다. 이 두 가지를 표현하기 위해 작성한 코드를 하나씩 분석해 보자.

가변저항센서를 시계방향(0V에서 5V)으로 돌렸을 때 고추잠자리 머리가 오른쪽을 향한다.

그림과 같이 '고추잠자리'가 가변저항센서를 돌리는 방향으로 머리를 향한 채 움직이게 하려고 한다. 이동방향 3만큼 움직이기 블록으로 '고추잠자리'는 움직이고 있다. 그러나 이 코드만으로는 가변저항센서를 반시계방향으로 돌렸을 때 '고추잠자리' 오브젝트의 머리를 왼쪽으로 향하게 할 수 없다. 머리는 오른쪽으로 향한 채 좌우로 움직일 뿐이다.

이 문제를 해결하기 위해서 알고리즘을 더 세분화하여 접근해 볼 필요가 있다. 가변저항센서를 돌렸을 때 변화되는 것이 무엇일까를 생각해 보자. 가변저항센서를 반시계방향으로 돌리는 순간 '고추잠자리' 머리가 왼쪽으로 향하고 그 방향으로 날아가야 한다.

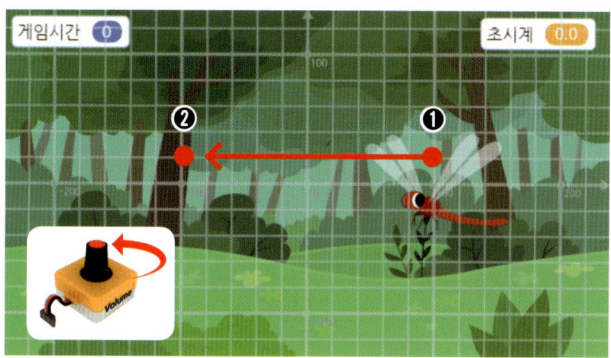

이 말은 가변저항센서를 돌리기 직전에 '고추잠자리'가 있었던 x좌표(①)보다 가변저항센서를 반시계방향으로 돌려 이동하게 된 x좌표(②)가 더 작다는 뜻이 된다. 이처럼 '고추잠자리' 오브젝트의 x좌표값을 비교하면 이 문제를 해결할 수 있다. 이것을 표현하기 위해서 변수가 필요하다. 변수는 변하는 값을 담는 그릇이라고 생각하면 이해하기 쉽다. 계속 변하는 센서값을 변수에 담아 변하기 이전과 최근의 값을 비교하여 '고추잠자리' 오브젝트의 x좌표값을 비교할 수 있다.

우선 '고추잠자리 위치'라는 변수를 하나 만들어서 '고추잠자리의 x좌표값'이라고 정한다. 이 말은 '고추잠자리 위치'가 변하면 변수에 고추잠자리의 x좌표값을 담아서 비교할 값이 생긴다는 뜻이다. 코드를 단순화해서 이해해 보자.

LESSON 12 거미 vs 잠자리 대결   153

코드 순서를 보면 '고추잠자리 위치' 변수에 현재 '고추잠자리의 x좌표값'을 담는다. 가변저항센서로 위치를 변화시키면 '고추잠자리'는 가변저항센서가 지정한 위치로 이동한다. '고추잠자리 위치' 변수에 새로운 값을 담기 위해서는 모양 바꾸기까지 코드 전체가 실행된 후 돌아와야 한다. 즉, 가변저항센서를 돌려 x좌표가 바뀌어 '고추잠자리'는 이동했지만 바뀐 x좌표값은 변수에 담기기 전인 것이다.

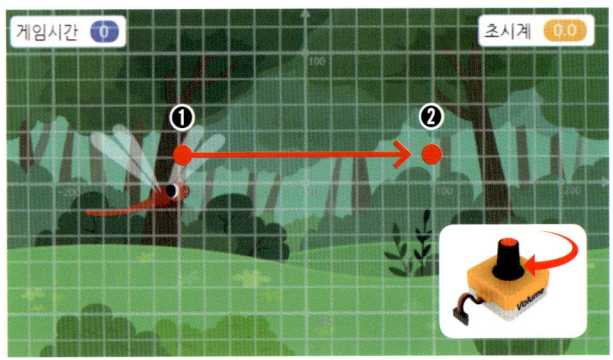

그림처럼 가변저항센서를 오른쪽으로 돌렸을 때 ❷ '고추잠자리의 x좌표값'은 변수에 담겨 있는 ❶ '고추잠자리의 위치'값보다 크다.

두 번째는 '고추잠자리'가 게임에서 버틴 시간을 알고자 한다. 앞에서 설명한 '글상자' 오브젝트에서 60초 이상 게임이 진행되면 '잠자리 승!'이라는 글상자가 뜨면서 게임이 끝나게 된다. 초시계 시작하기 블록을 사용하고 싶지만 한쪽 지점(x좌표)0 또는 x좌표〈0〉에서 5초 이상 머물게 되면 게임이 끝나도록 하기위해 시간을 측정하기 때문에 초시계는 더 이상 사용할 수가 없다. '변수'는 이 문제를 해결하기 위해서도 사용된다. 코드를 단순화해서 이해해 보자.

우선 '좌우', '게임시간'이라는 변수를 만들어보자.

x좌표=0(검은선)을 중심으로 잠자리의 왼쪽은 x좌표<0, 오른쪽은 x좌표>0이다. '고추잠자리'는 어느 한쪽에서 5초 이상 머물 수 없기 때문에 5초 전에 검은 선을 계속 넘어 다녀야 한다. 게임시간은 '고추잠자리'가 검은 선을 넘기 직전 위치에서 머물렀던 시간을 더해나가는 값이다.

'좌우' 변수부터 살펴보자. '좌우'변수는 중심선을 넘을 때마다 -1에서 1, 또는 1에서 -1로 변한다. 이것은 게임시간에 초시계 값을 더해주는 시점을 정하기 위한 것이다. 게임시간이 타이머처럼 흘러가는 시간을 계속 보여주는 것이 아니라 중심선을 넘어갈 때 '고추잠자리'가 그 전에 머물렀던 시간을 나타내는 초시계 값이 게임시간에 더해진다.

예를 살펴보자. 그림에서 '고추잠자리'의 게임시간은 0.21초이다. 이 시간은 중심선을 넘기 전에 게임을 유지했던 시간이다. 그림에서처럼 '고추잠자리'가 중심선을 넘어 x좌표<0이 되면 x좌표>0인 지점에서 머물렀던 3.3초가 0.21초에 더해져 총 게임시간은 3.51초가 되는 것이다. 앞에서 언급한 것처럼 게임시간이 타이머처럼 0에서 3.51초까지 쭉 흘러가는 것이 아니라 중심선을 넘어가는 시점에 더해진 값만 확인할 수 있다. 이후에 초시계는 다시 초기화되어 새로운 위치에서의 시간을 측정하게 된다.

메이커 더하기

1. 블록 만들기

블록을 조립하여 나만의 2인용 게임기를 만들어보자.

대장장이보드(스마트버전)

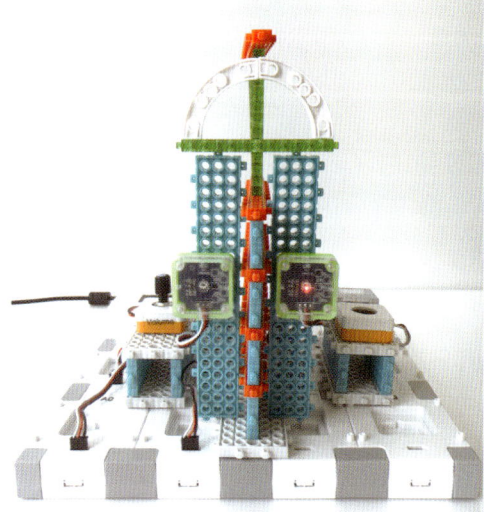
대장장이보드(빅버전)

2. 작동은 이렇게!

대장장이보드 A0핀에 연결한 적외선센서와 D10핀에 연결한 기울기센서를 이용해 거미의 변화를 살펴보고, A1핀에 연결한 가변저항센서를 돌려 잠자리의 움직임을 살펴본다.

인공지능 더하기

인공지능 활용하기

인공지능 사물인식 기능으로 오브젝트의 움직임을 제어해보자.

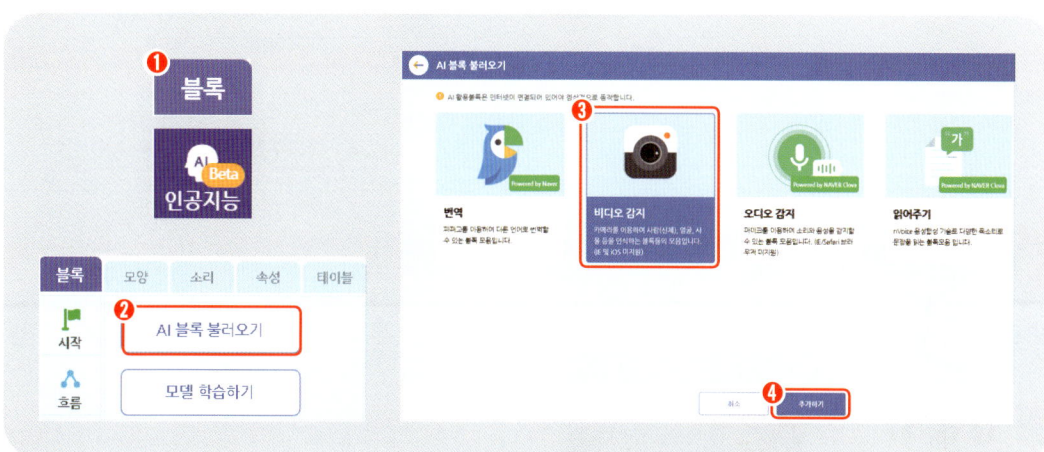

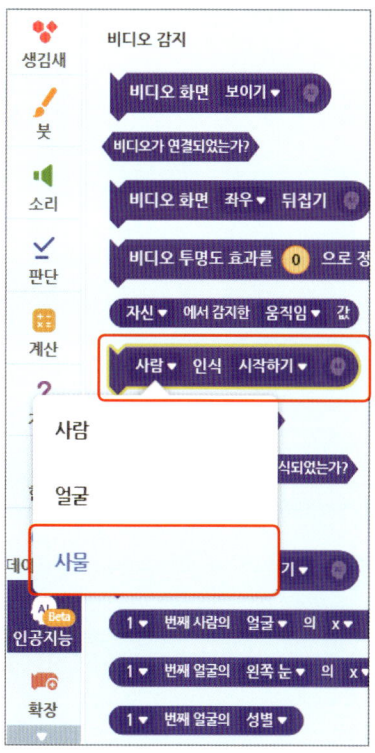

인공지능 탭에서 AI블록 불러오기를 클릭한 후 비디오 감지를 추가하면 다음과 같은 블록이 생성된다. 이 블록들은 카메라가 내장되어 있는 컴퓨터나 웹캠 추가 설치했을 경우 사용할 수 있다. 사람 인식 시작하기 블록을 가지고 와서 하위 항목 중 사물을 선택한다. 이후 '사물 중에 어떤 것이 인식되었는가?' 블록을 이용하여 사물의 종류를 지정할 수 있다. 이번 강의에서는 핸드폰을 인식하면 거미줄을 쏘아 잠자리를 잡으려고 한다.

2 오브젝트 준비하기

이해를 돕기 위해 최소한의 오브젝트를 사용한다. '거미', '거미줄', '고추잠자리' 오브젝트를 추가한다.

거미
거미줄
고추잠자리

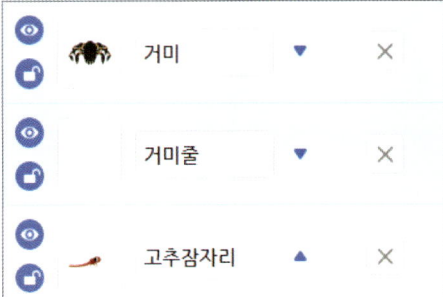

3 코딩하기

<table>
<tr>
<td>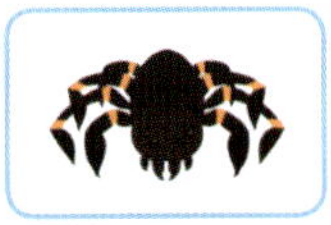
거미</td>
<td>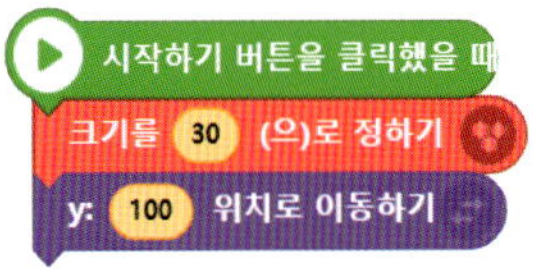

시작하기 버튼을 클릭했을 때
크기를 30 (으)로 정하기
y: 100 위치로 이동하기

거미는 크기를 50으로 줄여서 y좌표 100 위치로 이동을 시킨다.</td>
</tr>
<tr>
<td>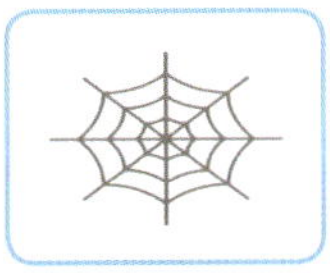
거미줄</td>
<td>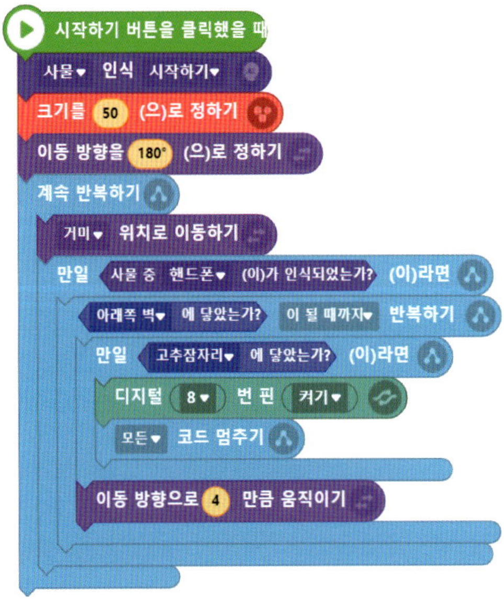

시작하기 버튼을 클릭했을 때
사물▾ 인식 시작하기▾
크기를 50 (으)로 정하기
이동 방향을 180° (으)로 정하기
계속 반복하기
거미▾ 위치로 이동하기
만일 사물 중 핸드폰▾ (이)가 인식되었는가? (이)라면
아래쪽 벽▾ 에 닿았는가? 이 될 때까지▾ 반복하기
만일 고추잠자리▾ 에 닿았는가? (이)라면
디지털 8▾ 번 핀 켜기▾
모든▾ 코드 멈추기
이동 방향으로 4 만큼 움직이기
</td>
</tr>
</table>

	사물 인식 시작하기 블록을 가지고 온 후 크기를 적정히 조절한다. 핸드폰이 인식되면 '거미줄'은 '고추잠자리'를 잡기 위해 아래쪽으로 이동하게 정한다. '거미줄'은 '거미'가 쏘는 효과를 주기 위해서 '거미' 위치로 이동시킨 후 '사물 중 핸드폰이 인식되었는가?' 블록을 조건문에 넣어준다. 핸드폰이 인식된 상황에만 '거미줄'은 아래쪽 바닥에 닿을 때까지 움직이도록 하고 이 과정에 '고추잠자리'에 닿았다면 대장장이보드 D8핀에 연결된 LED-R에 불이 켜지고 게임은 끝나게 된다.
 고추잠자리	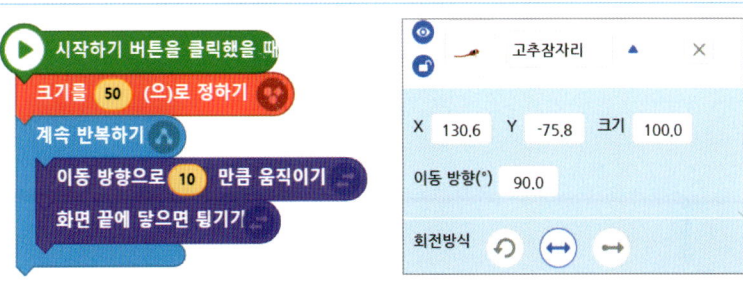 크기를 50으로 줄인 후에 이동 방향으로 10만큼 움직인다. 화면 끝에 닿으면 튕기도록 하는데 회전 방향을 좌우로 선택해야 오브젝트가 뒤집히지 않으니 유의해야 한다.

 프로그램 실행하기

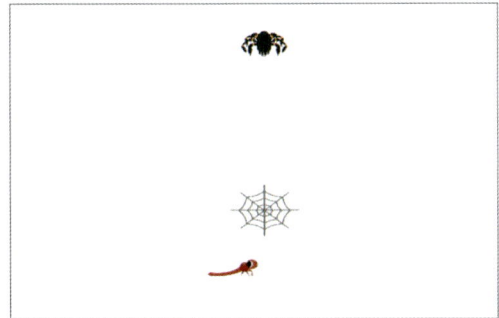

시작하기 버튼을 클릭하면 '고추잠자리' 오브젝트는 좌우로 움직인다. '거미'가 '거미줄'을 쏘아 '고추잠자리'를 잡으려면 핸드폰을 적절한 타이밍에 인식하게 하는 순발력이 필요하다. 사물을 인식시켜 '잠자리'를 잡는 게임을 해보자.

소스 코드 http://naver.me/xjNN8swE

생각 정리하기

 더 나아가기

적외선센서를 이용하여 두더지 잡기 게임을 만들어보자. 적외선센서로 '뽕망치' 기울기를 조절하여 '뽕망치'에 닿으면 '두더지'가 모습이 변하는 코드를 작성하여 두더지 잡기 게임을 연출할 수 있다.

'두더지' 오브젝트

문제해결을 위한 알고리즘 설계

 정리하고 평가하기

프로그램은 잘 실행되었는가?		
사용한 센서 이름을 적어봅시다.	핀 번호	센서 이름
이번 수업에서 알게 된 점을 정리해 봅시다.		

3 완성된 코드

글상자/스프라이트	코드
거미 승! 글상자	• 시작하기 버튼을 클릭했을 때 → 모양 숨기기 • 시작하기 버튼을 클릭했을 때 → 계속 반복하기 { 만일 <초시계 값 > 5> (이)라면 { 초시계 정지하기, 거미 승! 신호 보내기, 디지털 8번 핀 켜기, 디지털 9번 핀 끄기, 모든 코드 멈추기 } } • 거미 승! 신호를 받았을 때 → 모양 보이기
잠자리 승! 글상자	• 시작하기 버튼을 클릭했을 때 → 모양 숨기기 • 시작하기 버튼을 클릭했을 때 → 계속 반복하기 { 만일 <게임시간 값 ≥ 60> (이)라면 { 잠자리 승! 신호 보내기, 디지털 8번 핀 끄기, 디지털 9번 핀 켜기, 초시계 정지하기, 모든 코드 멈추기 } } • 잠자리 승! 신호를 받았을 때 → 모양 보이기
거미	• 시작하기 버튼을 클릭했을 때 → 크기를 30(으)로 정하기 → 계속 반복하기 { y: 아날로그 A0번 핀 센서 값의 범위를 60 ~ 900 에서 -100 ~ 130 로 바꾼 값 위치로 이동하기, 만일 <고추잠자리에 닿았는가?> (이)라면 { 잠자리 승! 신호 보내기, 초시계 정지하기, 모든 코드 멈추기 } }

LESSON 12 거미 vs 잠자리 대결

거미줄	시작하기 버튼을 클릭했을 때 크기를 50 (으)로 정하기 이동 방향을 180° (으)로 정하기 계속 반복하기 　거미 ▼ 위치로 이동하기 　만일 디지털 10 ▼ 번 핀 센서 값 (이)라면 　　아래쪽 벽 ▼ 에 닿았는가? 이 될 때까지 ▼ 반복하기 　　만일 고추잠자리 ▼ 에 닿았는가? (이)라면 　　　거미 승! 신호 보내기 　　　디지털 8 ▼ 번 핀 켜기 　　　디지털 9 ▼ 번 핀 끄기 　　　모든 ▼ 코드 멈추기 　이동 방향으로 3 만큼 움직이기
고추잠자리	시작하기 버튼을 클릭했을 때 초시계 시작하기 ▼ 크기를 50 (으)로 정하기 좌우 ▼ 를 -1 (으)로 정하기 계속 반복하기 　고추잠자리 위치 ▼ 를 고추잠자리 ▼ 의 x 좌푯값 ▼ (으)로 정하기 　이동 방향으로 3 만큼 움직이기 　x: 아날로그 A1 ▼ 번 핀 센서 값의 범위를 0 ~ 1023 에서 -220 ~ 220 로 바꾼 값 위치로 이동하기 　만일 고추잠자리 ▼ 의 x 좌푯값 ▼ > 고추잠자리 위치 ▼ 값 (이)라면 　　고추잠자리_1 ▼ 모양으로 바꾸기 　　0.1 초 기다리기 　　고추잠자리_2 ▼ 모양으로 바꾸기 　　0.1 초 기다리기 　아니면 　　고추잠자리_3 ▼ 모양으로 바꾸기 　　0.1 초 기다리기 　　고추잠자리_4 ▼ 모양으로 바꾸기 　　0.1 초 기다리기 　만일 좌우 ▼ 값 = -1 그리고 고추잠자리 ▼ 의 x 좌푯값 ▼ > 0 (이)라면 　　좌우 ▼ 를 1 (으)로 정하기 　　게임시간 ▼ 에 초시계 값 만큼 더하기 　　초시계 초기화하기 ▼ 　만일 좌우 ▼ 값 = 1 그리고 고추잠자리 ▼ 의 x 좌푯값 ▼ < 0 (이)라면 　　좌우 ▼ 를 -1 (으)로 정하기 　　게임시간 ▼ 에 초시계 값 만큼 더하기 　　초시계 초기화하기 ▼

MEMO

CHAPTER 3

자유자재 AI 코딩!

- **•읽기자료•**   AI 넌 누구냐? AI 알기 쉽게 이해하자!
- **LESSON 13**   안전제일 스마트 자동차
- **LESSON 14**   물이 필요해!
- **LESSON 15**   얼굴인식 스캐너
- **LESSON 16**   화재감지 원격 제어장치 만들기
- **LESSON 17**   내가 만든 재난 알리미
- **LESSON 18**   따라하며 익히는 빅데이터 활용
- **LESSON 19**   숨어있는 엔트리봇을 잡아라!
- **LESSON 20**   내가 만드는 빅데이터!
- **LESSON 21**   주문을 받아주는 챗봇 만들기
- **LESSON 22**   도전! AI 텍스트 모델학습 프로그램 만들기
- **•부　록•**   앱인벤터와 대장장이보드의 만남

AI 넌 누구냐?
AI 알기 쉽게 이해하자!

1 우리 생활 속 인공지능을 찾아라!

우리 생활 속에 인공지능이 적용되는 사례를 쉽게 찾아볼 수 있다. 그 대표적인 예로 스마트폰을 들 수 있다. 스마트폰은 통신수단이라는 주요 기능을 넘어 필요한 정보를 시간, 장소에 구애받지 않고 확인할 수 있는 획기적인 생활필수품이 되었다. 검색의 편리함을 더해 주는 구글어시스턴트, 삼성 빅스비의 경우 음성 데이터를 입력하면 필요한 정보에 자동으로 대답해 주는 인공지능 시스템을 갖추고 있다.

또 다른 예로 개인 미디어 제작과 보급으로 인기를 끌고 있는 유튜브에 접속하면 평소 관심있게 시청하는 콘텐츠와 그와 유사한 주제의 콘텐츠들이 우선적으로 제공되는 것을 경험할 수 있을 것이다. 이것은 영상 정보를 제공하는 회사에서는 사용자가 자주 보는 영상과 유사한 유형을 추천하는 인공지능 서비스를 지원하고 있는 것이다. 사용자의 행동을 분석하여 쾌적한 집안 환경을 제공하는 스마트홈 서비스, 사람들의 질병을 자동적으로 진단하고 처방을 해주는 질병진단 시스템, 자동차가 운전 환경을 판단해서 스스로 운전하는 자율주행자동차 등 인공지능 기술의 발전은 앞으로의 우리 생활에 더 많은 부분에서 영향을 줄 것으로 예상된다.

2 인공지능? 그럼 지능과는 뭐가 달라?

기계와 달리 인간의 특징을 꼽으라면 무엇이라고 대답할 수 있을까?

인간은 기계와 달리 감정이 있어서 슬픔, 기쁨 등을 표현할 수 있으며 또한 '지능'을 가지고 있어서 생각하고 또 무엇인가를 배우는 학습을 할 수 있다. 이처럼 지능은 무언가를 이해하고 배우는 능력으로 인간에게 있는 성질이다.

인공지능은 이런 인간이 가지는 지능을 기계가 가지게 하는 것으로 이러한 인공지능에 대한 학자들의 정의는 다음과 같다.

'인공지능은 기계가 지능을 갖도록 만드는 과학이며 공학이다'
— 인공지능의 아버지 존 메카시 박사 —

'기계가 지능을 가진 것처럼 행동하는 것'
— MIT의 토마스 말론 박사 —

그럼 현재 우리 생활에서 보는 인공지능은 정말 사람과 같이 생각하고 행동할 수 있을까? 만약 인공지능 로봇이 개발된다면 인간이 지능을 가진 로봇에게 노예처럼 정복되어 살게 되지 않을까? 이렇게 걱정하는 사람들이 많다. 그러나 아직은 이러한 걱정을 할 필요가 없다. 지금의 인공지능의 유형은 특정한 영역에만 그 능력을 나타내기 때문이다. 더 쉽게 접근해 보면, 알파고는 바둑에만 능력을 발휘 할 뿐 사람이 하는 청소나 운전을 할 수 없다. 사람처럼 다양한 생각과 활동을 할 수는 없는 것이다. 지금 개발된 인공지능은 사람의 지능과 감정을 나타내지 못하는 아주 낮은 수준의 인공지능이며 넓은 영역에 발휘하지 못하고 특수 분야에만 적용되는 인공지능이다. 따라서 인공지능이 인간을 정복하고 군림하는 세상이 되기에는 기술발전이 많이 필요한 아주 먼 이야기이다. 그러나 자율주행 자동차나 인간의 질병을 진단하는 인공지능 시스템은 사람처럼 많은 영역의 일을 처리하는 지능을 갖추지는 못했지만 우리 삶을 보다 편리하고 행복하게 만들어준다. 앞으로 더 많은 영역에서 인공지능 기술은 지속적으로 활용되고 발전할 것이므로 이를 이해하고 관련 코딩을 해보는 것은 인공지능과 공존하는 세상을 살아갈 여러분에게는 큰 도전영역이며 꼭 필요한 능력 중 하나가 될 것이다.

3 인공지능은 어떻게 갖추게 되는 걸까?

인공지능은 많은 데이터를 분석하여 유용한 정보를 제공하는 '데이터 과학'과 기계를 학습시켜 자동으로 학습 능력을 갖게 하는 '머신러닝' 두 가지 영역으로 나누어진다.

1) 데이터 과학(Data Science)

여러 가지 데이터를 분석해 유용한 정보를 제공하는 것을 데이터 과학이라 한다. 예를 들면 코로나19에 감염된 사람들의 나이, 성별, 기존의 병력, 입원 기간, 사망률 등의 데이터를 분석하여 노년층이 감염시 사망률 등을 예측할 수 있다.

2) 머신러닝(Machine Learning)

머신러닝은 컴퓨터에게 어떤 입력과 출력(혹은 입력)을 주고 경험에 의한 자동적인 학습을 하는 능력을 갖게 하는 것이다. 이때 머신러닝에서는 데이터 입력 외에도 얻으려는 결과를 입력한 후 머신러닝 시스템의 과정을 거친다.

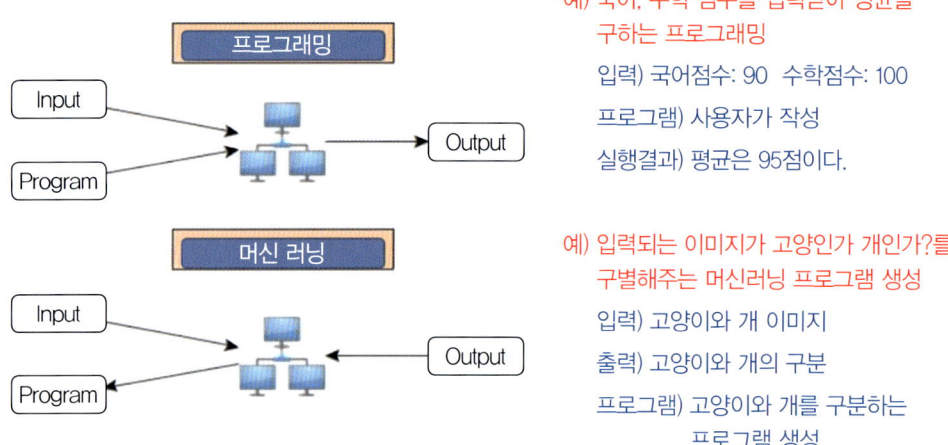

〈그림〉 프로그래밍과 머신러닝의 차이

머신러닝의 종류로는 지도학습, 비지도학습, 강화학습 등이 있다.

① **지도학습(Supervised learning)**

지도학습의 개념은 입력데이터에 대한 정답을 알려주면서 학습하는 것이다. 그림 1에서와 같이 고양이 그림은 고양이, 개 그림은 개라는 정답을 입력하여 학습을 시키는 것이 지도학습의 예이다.

② **비지도학습(Unsupervised learning)**

비지도학습은 지도학습과 달리 사람의 개입 없이 컴퓨터가 알아서 어떠한 결과를 도출하는 것이다. 즉 고양이, 개의 그림만 입력하고 정답을 입력하지 않고 머신러닝 시스템에서는 고양이와 개를 구별하는 특징을 스스로 학습하는 것이다.

③ **강화학습(Reinforcement Learning)**

강화학습은 최대한 보상을 받기 위한 방법을 스스로 학습을 해 나가는 것이다. 예를 들어 게임에서 주인공 캐릭터가 괴물이나 외계인을 공격할 경우 +10점, 강아지를 공격할 경우 –10점을 보상을 받는다면 이 캐릭터는 점수를 최대치로 받기 위해 괴물은 공격하고 강아지는 공격하지 않는다. 이것은 보상이라는 방법으로 스스로 학습하게 될 것이다. 이세돌과 격돌을 벌인 알파고(AlpaGo) 역시 대전에서 '승'을 쌓아가는 강화학습을 통해 바둑의 최강자가 된 예로 꼽을 수 있다.

생활 전반에서 우리는 이미 인공지능을 접하고 있다. 인공지능에 대해 막연하게 생각하기 보다는 교재를 기반으로 인공지능을 코딩에 접목해본다면 좀 더 쉽게 개념을 익혀 나갈 수 있을 것이라 생각된다. 인공지능학습에 도전하는 여러분을 '인공지능 메이커 길라잡이, 대장장이보드' 저자들도 응원합니다!

WEEKLY CODING STUDY PLAN

1 2 3 4 5 6 7 8 9 10 11 12	MON	TUE	WED

THU	FRI	SAT	SUN

LESSON 13 안전제일 스마트 자동차

 초음파센서(Ultrasonic), 빛센서(CdS)와 인공지능의 얼굴인식 기능을 이용해 안전제일 스마트 자동차를 만들어 보자.

문제 상황

  인공지능의 발전과 더불어 자율주행 자동차에 대한 관심이 높아지고 있다. 자율주행 자동차는 다양한 센서와 더불어 인공지능 기능이 더해져 외부의 환경을 지속적으로 확인하고 예측함으로써 스스로 주행하는 자동차를 말한다. 이번 강의에서는 초음파센서(Ultrasonic)로 안전 거리를 유지하고, 빛센서(CdS)로 스스로 불을 밝힐 수 있으며 인공지능 얼굴인식을 통해 잠금을 해제할 수 있는 스마트 자동차를 구현해 보자.

 소스 코드 http://naver.me/53Y5Rp9O

생각 열기

① 알고 보자! 피지컬 부품의 세계 : 초음파센서(Ultrasonic)

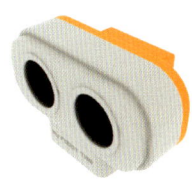

- 초음파센서(Ultrasonic)는 초음파를 쏘아 반사되어 오기까지의 시간을 파악하여 거리를 측정한다.
- 적외선센서(IR)보다 먼 거리에 있는 장애물을 찾아내기 위해 사용한다.
- 초음파센서(Ultrasonic)는 다양하나 3~300cm 내외를 측정할 수 있는 센서가 많이 사용된다.

② 대장장이보드 준비

대장장이보드의 종류와 상관없이 A0핀에 빛센서(CdS), 초음파센서 전용핀에 초음파센서(Ultrasonic)를, D8핀에 LED-W를 연결한다.

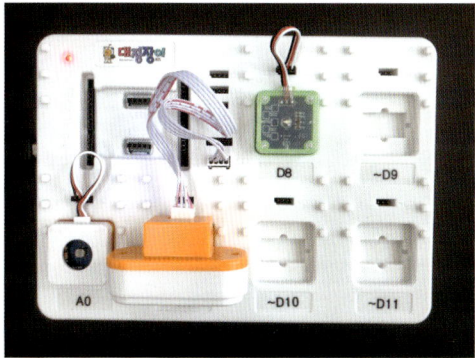

대장장이보드(스마트버전)

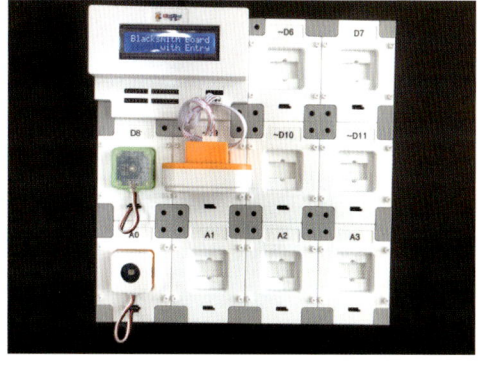

대장장이보드(빅버전)

③ 알고리즘 확인

1. 음성인식을 통해 "해제"라는 명령을 들으면 잠금 해제를 위해 얼굴을 인식한다.
2. 얼굴인식 결과가 주인이면 자동차가 출발한다.
3. 주변의 물체를 인식해 초음파센서(Ultrasonic) 값이 10보다 작으면 자동차가 멈춘다.
4. 보행자인 엔트리봇이 지나간다.
5. 빛을 감지하여 빛센서(CdS) 값이 400보다 작으면 자동차 등이 켜진다.
6. 대장장이보드 D8핀에 연결된 LED-W가 켜진다.

프로그램 도전하기

배경과 오브젝트 준비

1 배경 준비하기

추가한 오브젝트를 좌우로 움직이게 할 경우 x좌표가 -240보다 작거나 240보다 크면 화면에서 사라지게 된다. 영화 촬영 장면 중에 주인공이 탄 자동차는 가만히 있고 뒤 배경을 움직여 자동차가 움직이는 효과를 주기도 한다. 이번 강의에서도 '토끼 버스' 오브젝트는 움직이지 않고 '제주도 돌담집' 배경을 움직여 '토끼 버스' 오브젝트가 움직이는 것처럼 효과를 줄 것이다. 그러기 위해서는 배경 두 개가 연이어 움직여야 한다. 한 배경이 완전히 장면 밖으로 나가면 처음 출발한 위치로 돌아와 같은 방향으로 움직이도록 하면 된다.

보이는 장면

'제주도 돌담집' 오브젝트를 2개 가져온 후 오브젝트 이름을 '제주도 돌담집1', '제주도 돌담집2'로 바꿔준다. 배경이 잠겨 있을 경우 변경되지 않으므로 잠금을 해제한 후 이름을 변경한다. 배경을 이용하여 낮과 밤을 다르게 할 것이므로 '제주도 돌담집1' 오브젝트를 선택해 모양을 추가한 후 '제주도 돌담집_낮'과 '제주도 돌담집_밤' 모양을 만든다. 특히 '제주도 돌담집_밤' 모양은 하늘은 어둡게 만들고 집 창문을 노란색으로 채워 넣는다. 배경 스크롤 효과를 주기 위해 2개의 배경이 필요하므로 '제주도 돌담집1', '제주도 돌담집2' 모두 낮과 밤 모양을 만든다.

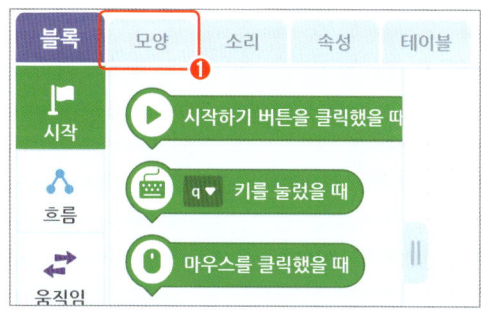 

[모양] 탭에서 복사할 모양을 선택하여 오른쪽 버튼을 누른 후 복제를 한다.

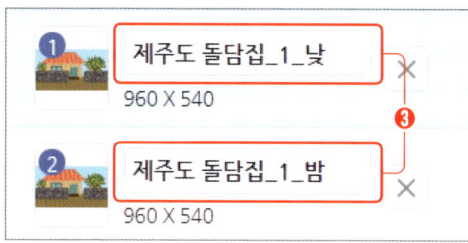 

오브젝트의 모양 두 개 중 하나는 '제주도_돌담집_1_낮'으로 이름을 바꾸고 나머지 하나는 '제주도 돌담집_1_밤'으로 이름을 바꾼다. 오브젝트를 하나 더 추가해 같은 방법으로 '제주도 돌담집_2_낮', '제주도 돌담집_2_밤'을 만든다.

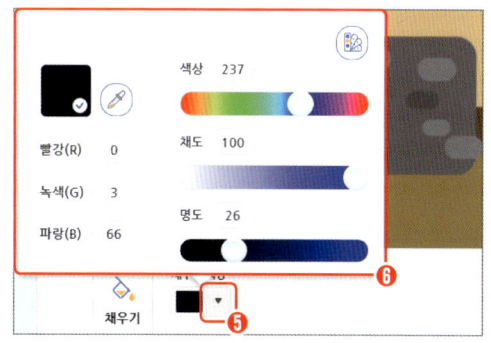 

'제주도 돌담집_1_밤' 모양은 하늘을 어둡게 바꾸고, 창문을 선택해 불을 켠 것처럼 노란색으로 채운다.

⚙️ 2 오브젝트 준비하기

'토끼 버스'도 '제주도 돌담집'처럼 낮과 밤 모양을 각각 만들어준다.

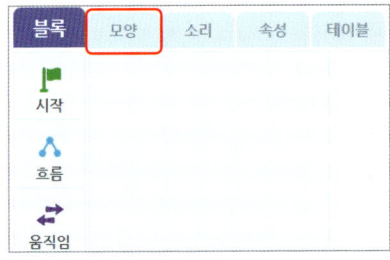 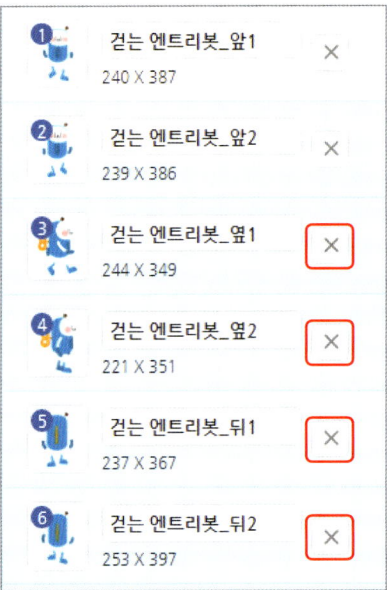

'걷는 엔트리봇'은 화면 앞으로 걸어나오게 하려고 한다. '걷는 엔트리봇_옆1', '걷는 엔트리봇_옆2', '걷는 엔트리봇_뒤1', '걷는 엔트리봇_뒤2'는 필요 없는 모양이므로 삭제한다.

이후 '걷는 엔트리봇'과 '토끼 버스'의 크기와 위치를 조정하여 화면을 구성한다.

③ 코딩하기

주인 얼굴을 인식해 잠금을 해제하는 프로그램을 만들기 위해 필요한 블록을 준비해 보자.

우선 얼굴인식을 위해 '비디오 감지'를, 음성 명령을 위해 '오디오 감지'를 추가한다.

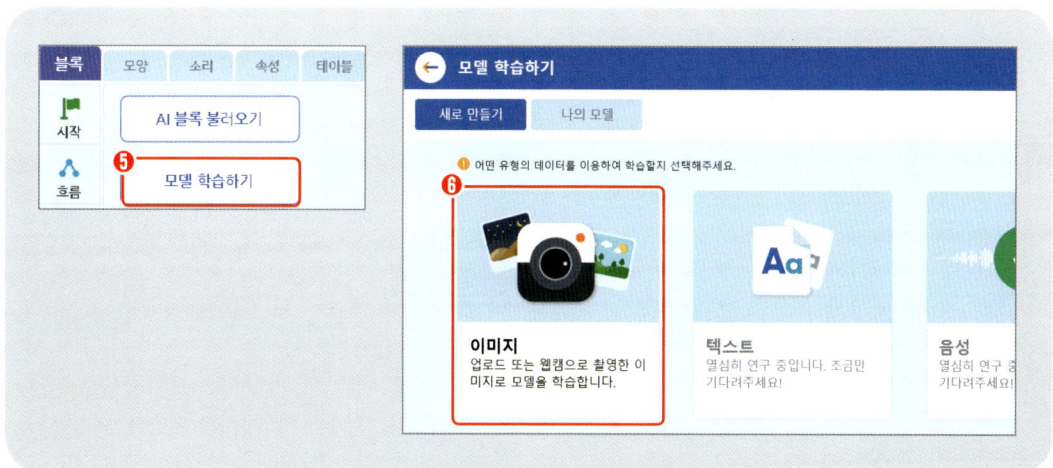

다음으로는 '주인'과 '외부인'의 얼굴을 구분하기 위해서 모델학습 과정이 필요하다. 즉 인공지능 프로그램이 '주인', '외부인'을 구분하도록 기준 데이터를 제공해야 하는데 이때 미리 준비된 이미지를 업로드하거나 직접 촬영하여 모델학습을 시킬 수 있다. 모델 학습하기는 온라인버전에서만 사용할 수 있고 로그인 상태에서 가능하다.

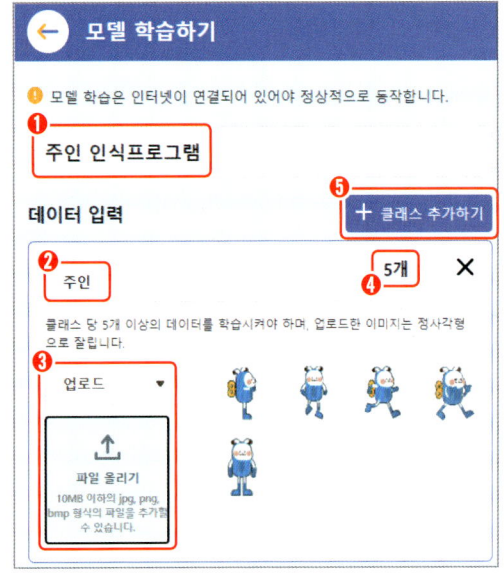

인공지능 블록 카테고리에서 모델 학습하기를 선택하면 다음 그림과 같이 모델 학습하기 데이터 입력창이 나온다. 제목을 입력하고 저장하면 학습해 둔 모델을 불러와 사용할 수 있다. ❶ '주인 인식프로그램'이라고 제목을 정해보기로 하자. 첫 번째 데이터 그룹을 ❷ 주인이라고 입력하고 관련 사진을 ❸ 업로드 한다. '이미지 모델 학습하기'의 경우는 이미지 업로드 또는 촬영 두 가지로 가능하다.

❹ 사진을 몇 장 업로드했는지를 보여주는 것이고 데이터가 많을수록 정확도가 높아진다. 정확도가 높아지는 반면 학습시간은 더 오래 걸린다. ❺ 클래스 추가하기를 눌러 분류하고자 하는 종류만큼 생성한 후 업로드 또는 촬영을 통해 학습시킨다. 이번 강의에서는 주인, 외부인 2개의 클래스를 만들어 볼 것이다.

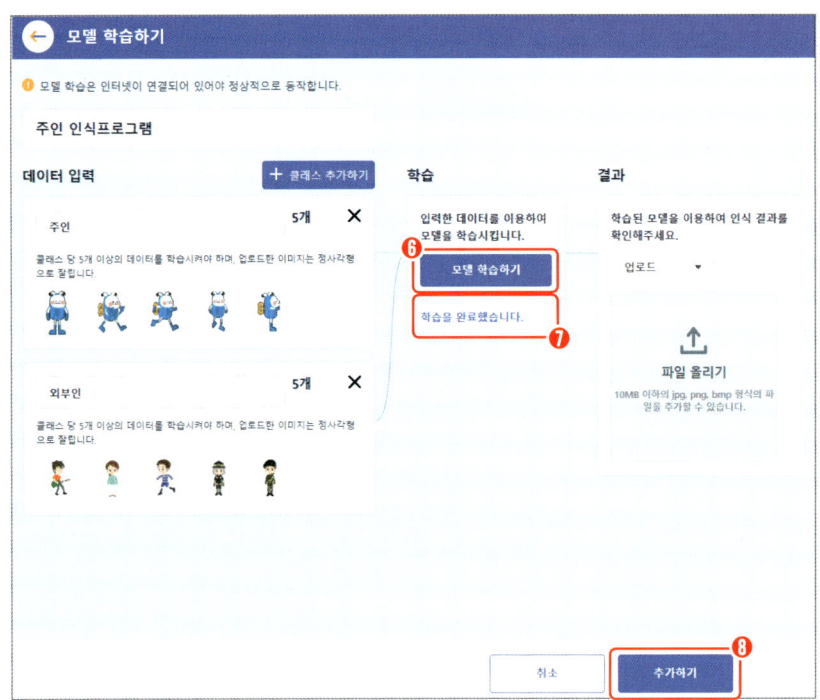

'주인'과 같은 방법으로 '외부인' 사진을 업로드하여 학습을 시킨다. 업로드가 완료된 후 '모델 학습하기' 버튼을 눌러 "학습을 완료했습니다."라고 뜨면 모델학습 이용 준비가 끝난 것이다. 학습 결과 확인하기를 통해 인식 결과를 확인하고 정확도 면에서 만족스럽지 못하다면 사진 파일을 추가 업로드하여 정확도를 높일 수도 있다.

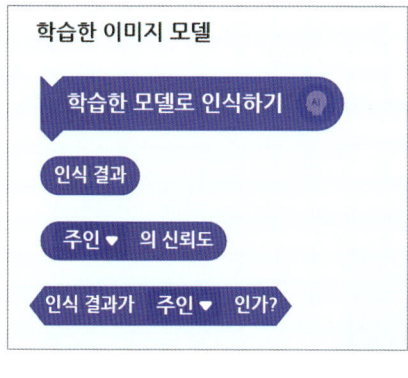

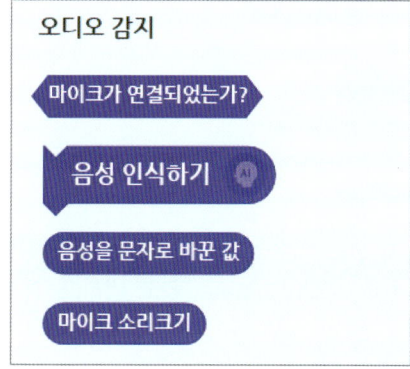

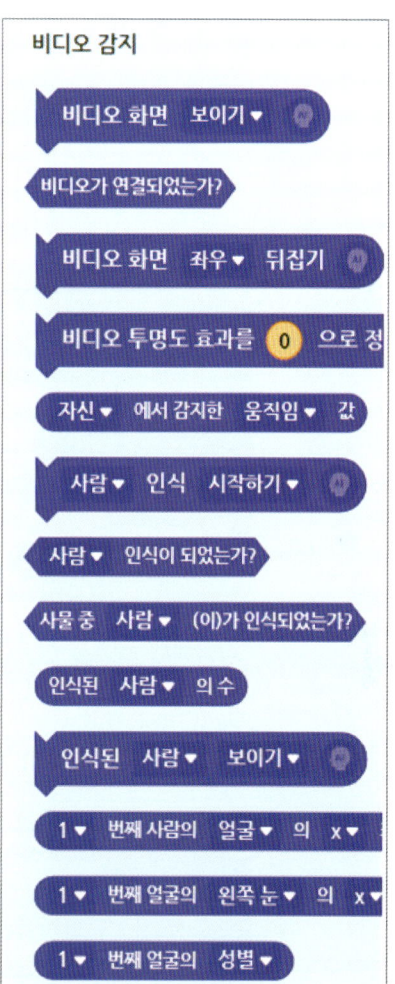

모델 학습하기 준비를 끝내고 블록으로 돌아오면 관련 블록이 생성된다. 모델 학습은 학습한 결과로 무엇을 할지에 따라 다양한 프로그램을 만들 수 있다. 지금부터 본격적으로 주인을 인식하여 자동차 잠금을 해제하는 프로그램을 만들어 보자.

3 코딩하기

토끼 버스

```
오브젝트를 클릭했을 때
잠금을 해제할까요? 을(를) 2 초 동안 말하기
음성 인식하기
만일 음성을 문자로 바꾼 값 = 해제 또는 음성을 문자로 바꾼 값 = 해제해 (이)라면
    잠금해제 신호 보내기
```

'토끼 버스' 오브젝트를 클릭하면 '잠금을 해제할까요?'를 말한 후, 음성인식이 시작된다. '해제', '해제해'라고 말하면 '잠금해제' 신호를 보낸다.

```
잠금해제 신호를 받았을 때
학습한 모델로 인식하기
만일 인식 결과가 주인 인가? (이)라면
    잠금이 해제되었습니다. 을(를) 2 초 동안 말하기
    출발 신호 보내기
아니면
    다시 확인해주세요. 을(를) 2 초 동안 말하기
    잠금해제 신호 보내기
```

'잠금해제' 신호를 받으면 앞서 학습한 모델로 이미지 인식을 시작한다. 이미지 인식 결과가 주인이면 "잠금이 해제되었습니다."라고 말하고 '출발' 신호를 보낸다. 인식 결과가 '주인'이 아니라면 "다시 확인해주세요."라고 말하고 '잠금해제' 신호를 보내서 이미지 인식을 다시 시작한다.

```
시작하기 버튼을 클릭했을 때
계속 반복하기
    만일 아날로그 A0 번 핀 센서 값 > 400 (이)라면
        토끼 버스 낮 모양으로 바꾸기
        디지털 8 번 핀 끄기
    아니면
        디지털 8 번 핀 켜기
        토끼 버스 밤 모양으로 바꾸기
```

A0핀에 연결된 빛센서 값이 400보다 크면 '토끼 버스_낮' 모양으로 바꾸고 D8핀에 연결된 LED-W를 끈다. A0핀에 연결된 빛센서 값이 400보다 작으면 '토끼 버스_밤' 모양으로 바꾸고 D8핀에 연결된 LED-W를 켠다.

'걷는 엔트리봇' 오브젝트가 아래로 내려오는 것처럼 보이기 위해 이동 방향을 180으로 설정한다.

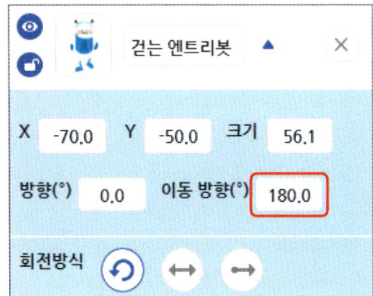

걷는 엔트리봇

'토끼 버스' 오브젝트가 보낸 '출발' 신호를 받았을 때 '걷는 엔트리봇' 오브젝트는 화면 아래쪽으로 걸어오게 하려고 한다. 초음파 센서값이 10 이하라면 '걷는 엔트리봇' 오브젝트가 보이기 시작하고 다음 모양으로 바꾸면서 이동 방향으로 3만큼씩 이동한다. 모양이 너무 빨리 바뀌지 않도록 0.2초 기다리기 블록을 사용한다. '걷는 엔트리봇' 오브젝트가 아래로 내려와서 y좌표값이 -160이하가 되어 화면 밖으로 나가면 y좌표값이 처음 위치인 -50으로 이동한다. 초음파 센서값이 10보다 크면 '걷는 엔트리봇' 오브젝트가 모양을 숨기고 원래 위치인 y좌표 -50으로 이동한다.

```
출발▼ 신호를 받았을 때
계속 반복하기
 만일  초음파 Trig 4 핀 Echo 5 핀 센서 값 < 10 (이)라면
  x 좌표를 0 만큼 바꾸기
 아니면
  x 좌표를 10 만큼 바꾸기
  만일  제주도 돌담집1▼ 의 x좌푯값▼ > 478 (이)라면
   x: -478 위치로 이동하기
```

제주도 돌담집1

　초음파 센서값이 10보다 작으면 장애물이 감지되었다는 뜻이므로 '토끼 버스'가 멈추어야 한다. 실제 '토끼 버스' 코드에는 움직이는 블록이 없다. 배경을 스크롤하여 '토끼 버스'가 움직이는 것처럼 효과를 준 것인데 장애물이 감지되었기 때문에 '제주도 돌담집1' 배경을 멈춰 버스가 정지한 것처럼 해야 한다. 반대로 장애물이 감지되지 않아 초음파 센서값이 10을 초과하면 '제주도 돌담집1'이 오른쪽으로 10만큼씩 움직이도록 한다. '제주도 돌담집1' 배경을 오른쪽으로 움직이도록 코드를 작성했기 때문에 배경이 화면 오른쪽으로 완전히 나가려면 왼쪽 끝 모서리 x좌표 −239인 부분이 239까지 이동해야 한다. 그럴 경우, 배경의 중심은 0에서 478로 이동하게 된다. 따라서 배경의 중심점 x좌표값이 478일 때 배경이 장면에서 완전히 보이지 않게 된다. '제주도 돌담집1'이 장면 밖으로 완전히 나간 후에는 다시 −478인 위치로 이동하여 계속 스크롤 될 수 있도록 한다.

```
시작하기 버튼을 클릭했을 때
계속 반복하기
 만일  아날로그 A0▼ 번 핀 센서 값 > 400 (이)라면
  제주도 돌담집_1_낮▼ 모양으로 바꾸기
 아니면
  제주도 돌담집_1_밤▼ 모양으로 바꾸기
```

　A0핀에 연결된 빛 센서값이 400보다 큰 경우에는 '제주도 돌담집1_낮' 모양으로 바꾸고 그렇지 않은 경우에는 '제주도 돌담집1_밤' 모양으로 바꾼다.

제주도 돌담집2

'제주도 돌담집2'의 경우 '출발' 신호를 받기 전에는 '제주도 돌담집1'에 연결하여 오브젝트가 배치되어야 하므로 중심점 x좌표가 -478인 위치에서 시작된다. 이후 신호를 받으면 '제주도 돌담집1'과 같은 속도로 오른쪽으로 움직인다. 나머지 코드는 '제주도 돌담집1'과 동일해야 한다. 초음파 센서값이 10 이하면 '토끼버스'가 멈춘 것처럼 보이도록 '제주도 돌담집2'가 멈춰야 한다. 초음파 센서값이 10을 초과하면 '제주도 돌담집2'가 오른쪽 방향으로 10만큼씩 움직이도록 한다. '제주도 돌담집2'의 x좌표값이 478이면 '제주도 돌담집2'가 장면 밖으로 완전히 나가므로 다시 x좌표값이 -478인 위치로 이동한다.

A0핀에 연결된 빛 센서값이 400보다 큰 경우에는 '제주도 돌담집2_낮' 모양으로 바꾸고 그렇지 않은 경우에는 '제주도 돌담집2_밤' 모양으로 바꾼다.

LESSON 13 안전제일 스마트 자동차

메이커 더하기

① 블록 만들기
블록을 조립하여 안전제일 스마트 자동차를 만들어 보자.

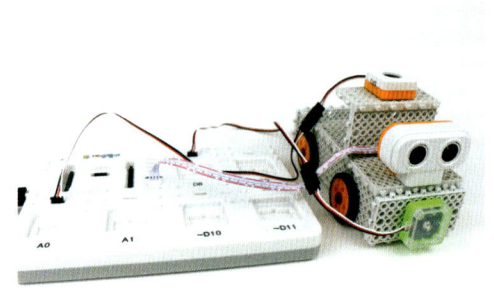
대장장이보드(스마트버전)

대장장이보드(빅버전)

② 작동은 이렇게!

　대장장이보드의 초음파센서 앞에 손을 가져가 보자. 움직이던 토끼 버스가 멈추고 엔트리봇이 걸어오는지 확인한다.

생각 정리하기

더 나아가기

 차가 다가가면 공사장 문이 열리는 프로그램을 만들어 보자. 대장장이보드의 초음파센서로 차량이 접근하는 것을 인식하고 인공지능 블록으로 출입이 가능한 사람을 구별할 수 있다. 만약 출입이 가능한 사람이라면 문이 열리고 출입이 불가한 사람의 경우 LED나 버저를 이용하여 경고할 수 있다.

'컨베이어 벨트' 오브젝트

'공사장' 오브젝트

문제해결을 위한 알고리즘 설계

2 정리하고 평가하기

프로그램은 잘 실행되었는가?		
사용한 센서 이름을 적어봅시다.	핀 번호	센서 이름
이번 수업에서 알게 된 점을 정리해 봅시다.		

3 완성된 코드

토끼 버스

```
[오브젝트를 클릭했을 때]
잠금을 해제할까요? 을(를) 2 초 동안 말하기
음성 인식하기
만일 <음성을 문자로 바꾼 값 = 해제> 또는 <음성을 문자로 바꾼 값 = 해제해> (이)라면
    잠금해제 신호 보내기

[잠금해제 신호를 받았을 때]
학습한 모델로 인식하기
만일 <인식 결과가 주인 인가?> (이)라면
    잠금이 해제되었습니다. 을(를) 2 초 동안 말하기
    출발 신호 보내기
아니면
    다시 확인해주세요. 을(를) 2 초 동안 말하기
    잠금해제 신호 보내기
```

	▶ 시작하기 버튼을 클릭했을 때 계속 반복하기 　만일 〈 아날로그 A0▼ 번 핀 센서 값 〉 > 〈 400 〉 (이)라면 　　토끼 버스 낮▼ 모양으로 바꾸기 　　디지털 8▼ 번 핀 끄기 　아니면 　　디지털 8▼ 번 핀 켜기 　　토끼 버스 밤▼ 모양으로 바꾸기
걷는 엔트리봇	🐰 출발▼ 신호를 받았을 때 계속 반복하기 　만일 〈 초음파 Trig 4 핀 Echo 5 핀 센서 값 < 10 〉 (이)라면 　　모양 보이기 　　다음▼ 모양으로 바꾸기 　　이동 방향으로 3 만큼 움직이기 　　0.2 초 기다리기 　　만일 〈 걷는 엔트리봇▼ 의 y 좌푯값 < -160 〉 (이)라면 　　　y: -50 위치로 이동하기 　아니면 　　모양 숨기기 　　y: -50 위치로 이동하기
제주도 돌담집1	🐰 출발▼ 신호를 받았을 때 계속 반복하기 　만일 〈 초음파 Trig 4 핀 Echo 5 핀 센서 값 < 10 〉 (이)라면 　　x 좌표를 0 만큼 바꾸기 　아니면 　　x 좌표를 10 만큼 바꾸기 　　만일 〈 제주도 돌담집1▼ 의 x 좌푯값 > 478 〉 (이)라면 　　　x: -478 위치로 이동하기

LESSON 13 안전제일 스마트 자동차

	시작하기 버튼을 클릭했을 때 계속 반복하기 　만일 아날로그 A0▼ 번 핀 센서 값 > 400 (이)라면 　　제주도 돌담집_1_낮▼ 모양으로 바꾸기 　아니면 　　제주도 돌담집_1_밤▼ 모양으로 바꾸기
제주도 돌담집2	**출발▼ 신호를 받았을 때** x: -478 위치로 이동하기 계속 반복하기 　만일 초음파 Trig 4 핀 Echo 5 핀 센서 값 < 10 (이)라면 　　x 좌표를 0 만큼 바꾸기 　아니면 　　x 좌표를 10 만큼 바꾸기 　　만일 제주도 돌담집2▼ 의 x 좌푯값▼ > 478 (이)라면 　　　x: -478 위치로 이동하기 **시작하기 버튼을 클릭했을 때** 계속 반복하기 　만일 아날로그 A0▼ 번 핀 센서 값 > 400 (이)라면 　　제주도 돌담집_2_낮▼ 모양으로 바꾸기 　아니면 　　제주도 돌담집_2_밤▼ 모양으로 바꾸기

LESSON 14 물이 필요해!

 **학습주제**   인공지능 얼굴인식 기능으로 오브젝트를 이동시키는 게임을 만들어보자.

문제 상황

   사막을 비행하던 파일럿이 물을 찾고 있다. 물을 획득하기 위해서는 물이 있는 지점에서 비행기 위치를 낮춰야 하는 게임으로 대장장이보드 센서가 아닌 인공지능 얼굴인식 기능으로 오브젝트를 조작해 보려고 한다. 코와 엔트리 오브젝트를 연동해 위치를 변화시켜서 물을 획득하는 프로그램을 만들어보자.

 소스 코드   http://naver.me/I5jFx3Ge

생각 열기

1 알고 보자! 인공지능(AI)의 세계 : 비디오 감지

비디오 감지
카메라를 이용하여 사람(신체), 얼굴, 사물 등을 인식하는 블록들의 모음입니다.
(IE 및 iOS 미지원)

- 비디오 감지를 추가하면 사람, 얼굴, 사물을 조작할 수 있는 블록들이 추가된다.
- 사람의 얼굴, 목, 좌우 눈·귀·어깨·팔꿈치·손목·엉덩이·무릎·발목 18개의 특정 포인트 x, y좌표를 인식할 수 있다.
- 크롬에서 최적화 되어 있으며, IE 및 IOS 미지원이다.

2 대장장이보드 준비

대장장이보드의 종류와 상관없이 D8핀에 LED-G, D9핀에 LED-R, D10핀에 버저(Buzzer)를 연결한다.

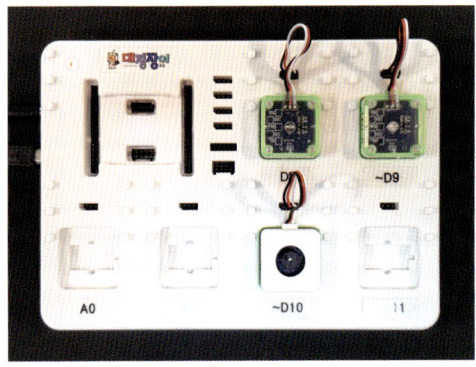
대장장이보드(스마트버전)

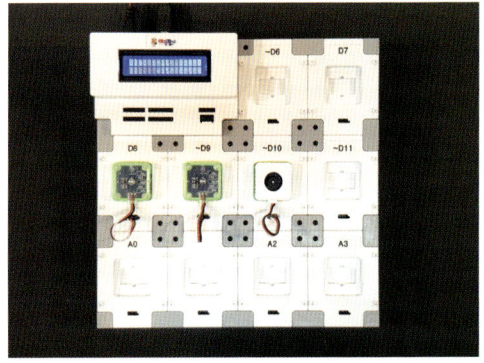
대장장이보드(빅버전)

3 알고리즘 확인

1. 인공지능(AI) 블록의 비디오 감지 중 얼굴인식을 시작한다.
2. 연결된 파일럿 엔트리봇은 코의 움직임대로 이동을 한다.
3. 물과 야자나무(3)은 화면 왼쪽으로 이동을 한다.
4. 파일럿 엔트리봇이 물에 닿게 되면 LED-G가 켜진다.
5. 파일럿 엔트리봇이 야자나무(3)에 닿으면 LED-R이 켜지고 버저(Buzzer)가 울린다.

프로그램 도전하기

배경과 오브젝트 준비

1 배경 준비하기

'사막(1)'을 배경으로 추가한다. '파일럿 엔트리봇' 오브젝트가 사막을 횡단하는 효과를 주기 위해 '사막(1)' 배경을 2개 사용하여 스크롤 되도록 할 것이다.

2 오브젝트 준비하기

'파일럿 엔트리봇', '물', '야자나무(3)'를 추가한다. 적당한 위치로 각 오브젝트를 배치한다. 코를 인식하여 '파일럿 엔트리봇'을 제어하기 위해 AI블록을 준비해 보자.

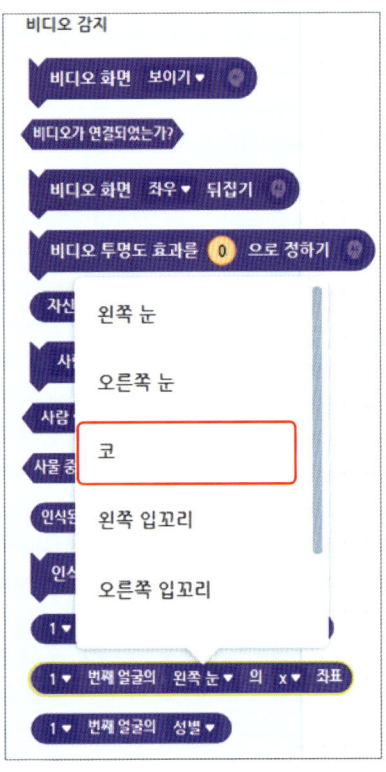

인공지능 블록 카테고리에서 AI블록 불러오기를 클릭한 후 비디오 감지를 추가하면 다음과 같은 블록이 생성된다. 이 블록들은 카메라가 내장되어 있는 컴퓨터나 웹캠을 추가 설치했을 경우 사용할 수 있다. 비디오 감지 블록으로 사람, 얼굴, 사물을 인식하는 기능을 사용할 수 있으며 이번 강의에서는 얼굴의 좌우 눈, 코, 좌우 입꼬리, 위아래 입술의 x, y좌표를 인식할 수 있는 블록을 사용하여 움직임을 제어해 볼 것이다.

3 코딩하기

파일럿 엔트리봇

'파일럿 엔트리봇' 오브젝트 움직임을 코로 제어하기 위해 '얼굴 인식 시작하기' 블록과 인식된 모습을 보여주는 '인식된 얼굴 보이기' 블록을 추가한다. 화면 오른쪽을 향해 날도록 오브젝트 좌우 모양을 뒤집기 블록을 추가한 후 인식된 얼굴의 코 x, y 좌표값과 파일럿 엔트리봇 오브젝트의 x, y좌표값을 연동하여 준다. '파일럿 엔트리봇'이 물을 획득하지 못했을 때는 "물이 부족해"라고 말하고 D9핀에 연결한 LED-R이 켜진다. 물을 획득해 변수값이 0보다 커지면 말하기를 지우고 D9핀에 연결한 LED-R이 꺼진다.

물

LESSON 14 물이 필요해!

'물' 오브젝트가 오른쪽에서 왼쪽으로 움직이도록 x좌표를 -1만큼씩 바꾼다. x좌표값이 -300보다 작아져 화면 왼쪽으로 사라지면 오른쪽 화면 밖으로 이동하여 다시 나타나도록 x좌표값을 300으로 옮겨 준다. '물' 오브젝트가 '파일럿 엔트리봇' 오브젝트에 닿으면 변수에 10점을 더하고 물을 획득한 효과를 주기 위해 모양을 숨겼다가 위치를 바꿔 나타나도록 x좌표를 -200만큼 바꾼다. 동시에 대장장이보드 D8핀에 연결한 LED-G가 켜진다.

여기에서 'x좌표를 -200으로 정하기'와 'x좌표를 -200만큼 바꾸기'의 차이를 이해해야 한다. 'x좌표를 -200으로 정하기'를 했을 경우는 x좌표가 -200인 지점에 '물' 오브젝트가 옮겨진다. 'x좌표를 -200만큼 바꾸기'로 했을 때는 물을 획득한 위치에서 -200만큼 옮겨진다. 예를 들어 x좌표가 100 지점에서 물을 획득했다면 -100 위치로 옮겨질 것이고 x좌표 -200에서 물을 획득했다면 -400으로 옮겨진다.

야자나무(3)

'야자나무(3)' 오브젝트가 오른쪽에서 왼쪽으로 움직이도록 x좌표를 -2만큼 바꾼다. '야자나무(3)' 오브젝트 x좌표값이 -300 보다 작아져 화면 왼쪽으로 사라지면 오른쪽 화면 밖으로 이동한 후 다시 나타나도록 x좌표를 300보다 크게 옮긴다. 야자나무가 일정하게 나타나는 것을 막기 위해 '300 + 10 × (0부터 5사이의 무작위 수)'를 사용했는데, 이 블록으로 '야자나무(3)' 오브젝트가 '물' 오브젝트와 동일한 타이밍에 나타나지 않게 된다. '야자나무(3)' 오브젝트가 '파일럿 엔트리봇' 오브젝트에 닿았을 경우 '게임 끝!'이라고 말하고 버저가 1초 동안 울리며 모든 코드가 멈춘다.

사막(1)

> 시작하기 버튼을 클릭했을 때
> 계속 반복하기
>   x 좌표를 -3 만큼 바꾸기
>   만일 사막(1)▼ 의 x좌푯값▼ < -478 (이)라면
>   x: 478 위치로 이동하기

x좌표를 -3만큼 바꾸어 왼쪽으로 이동하게 한다. '사막(1)'이 -478보다 작아져 완전히 왼쪽으로 나갔을 때 화면 오른쪽 478로 위치해 다시 나타나도록 한다.

사막(1)1

> 시작하기 버튼을 클릭했을 때
> x: 478 위치로 이동하기
> 계속 반복하기
>   x 좌표를 -3 만큼 바꾸기
>   만일 사막(1)1▼ 의 x좌푯값▼ < -478 (이)라면
>   x: 478 위치로 이동하기

배경이 계속 흘러가게 하려면 2개의 배경을 이어붙여 하나가 사라지면 다른 하나가 등장하는 식으로 진행하면 된다. '사막(1)'을 하나 더 추가하여 출발 지점을 '사막(1)'에 이어지도록 위치시킨다. 모든 코드는 동일하고 출발 지점을 다르게 하기 위해 x좌표를 478 위치로 이동하기 블록을 넣어준 것이다.

LESSON 14 물이 필요해! 193

메이커 더하기

 블록 만들기

블록을 조립하여 나만의 비행기 모형을 만들어보자.

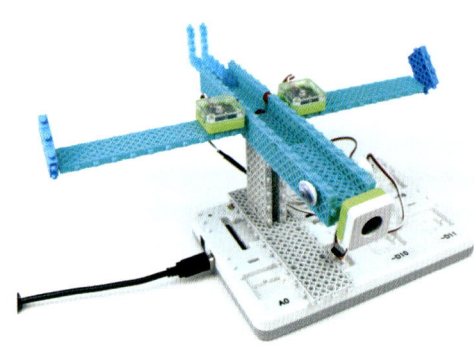
대장장이보드(스마트버전)

대장장이보드(빅버전)

 작동은 이렇게!

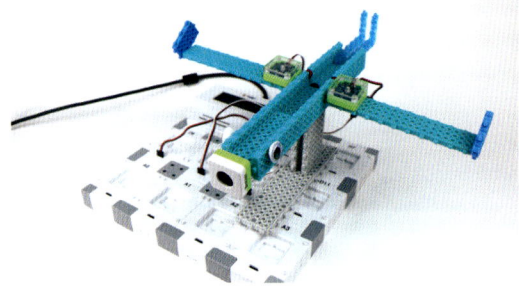

웹캠 앞에서 얼굴을 상하좌우로 움직이면서 '파일럿 엔트리봇' 오브젝트 위치가 얼굴의 위치와 연동되어 움직이는지 확인해본다.

생각 정리하기

더 나아가기

장애물을 추가하여 난이도를 더 어렵게 만들어보자. 장애물이 공중에서 무작위 위치에서 출발하여 '파일럿 엔트리봇' 오브젝트로 다가오도록 하자. '물' 오브젝트와 '야자나무(3)' 오브젝트의 프로그래밍 원리를 참고하여 장애물이 계속 반복하여 나타나도록 해보자.

'열기구' 오브젝트

'장애물' 오브젝트

문제해결을 위한 알고리즘 설계

② 정리하고 평가하기

프로그램은 잘 실행되었는가?		
사용한 센서 이름을 적어봅시다.	핀 번호	센서 이름
이번 수업에서 알게 된 점을 정리해 봅시다.		

3 완성된 코드

파일럿 엔트리봇

```
시작하기 버튼을 클릭했을 때
얼굴▼ 인식 시작하기▼
인식된 얼굴▼ 보이기▼
좌우 모양 뒤집기
계속 반복하기
    x: 1▼ 번째 얼굴의 코▼ 의 x▼ 좌표 y: 1▼ 번째 얼굴의 코▼ 의 y▼ 좌표 위치로 이동하기
    만일 물▼ 값 = 0 (이)라면
        물이 부족해! 을(를) 말하기
        디지털 9▼ 번 핀 커기
    만일 물▼ 값 > 0 (이)라면
        말하기 지우기
        디지털 9▼ 번 핀 끄기
```

물

```
시작하기 버튼을 클릭했을 때
물▼ 를 0 (으)로 정하기
계속 반복하기
    x 좌표를 -1 만큼 바꾸기
    만일 물▼ 의 x좌푯값▼ ≤ -300 (이)라면
        x: 300 위치로 이동하기
    만일 파일럿 엔트리봇▼ 에 닿았는가? (이)라면
        모양 숨기기
        물▼ 에 10 만큼 더하기
        디지털 8▼ 번 핀 커기
        2 초 기다리기
        모양 보이기
        x 좌표를 -200 만큼 바꾸기
        디지털 8▼ 번 핀 끄기
```

오브젝트	코드
야자나무(3)	시작하기 버튼을 클릭했을 때 계속 반복하기 　x 좌표를 -2 만큼 바꾸기 　만일 «야자나무(3)▼ 의 x좌푯값▼» ≤ -300 (이)라면 　　x: 300 + 10 × (0 부터 5 사이의 무작위 수) 위치로 이동하기 　만일 «파일럿 엔트리봇▼ 에 닿았는가?» (이)라면 　　게임 끝! 을(를) 말하기▼ 　　디지털 10▼ 번 핀의 버저를 파▼ 4▼ 음으로 1 초 연주하기 　　모든▼ 코드 멈추기
사막(1)	시작하기 버튼을 클릭했을 때 계속 반복하기 　x 좌표를 -3 만큼 바꾸기 　만일 «사막(1)▼ 의 x좌푯값▼ < -478» (이)라면 　　x: 478 위치로 이동하기
사막(1)1	시작하기 버튼을 클릭했을 때 x: 478 위치로 이동하기 계속 반복하기 　x 좌표를 -3 만큼 바꾸기 　만일 «사막(1)1▼ 의 x좌푯값▼ < -478» (이)라면 　　x: 478 위치로 이동하기

얼굴인식 스캐너

 인공지능 감정 인식을 통해 오브젝트를 상하좌우로 움직이고 그 결과를 OLED에 나타내어 보자.

문제 상황

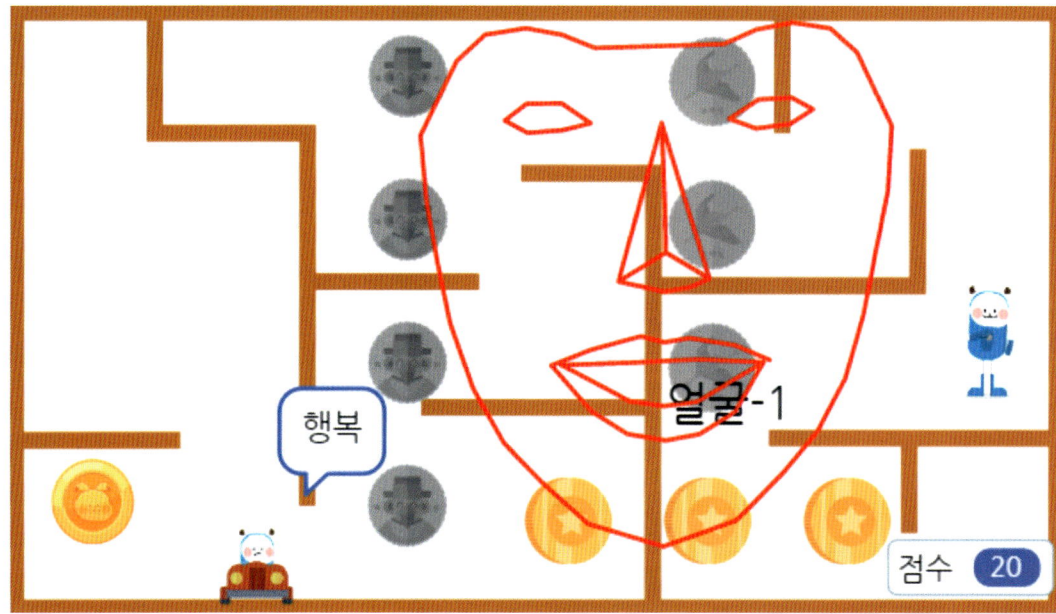

  자동차를 탄 엔트리봇은 마법에 걸려 동전 미로에 갇힌 친구를 구하러 가는 길이다. 미로를 통과하는 유일한 방법은 얼굴인식 스캐너 자동차를 타는 것인데 위쪽으로 움직이려면 슬픔, 아래쪽으로 움직이려면 행복, 오른쪽으로 움직이려면 놀람, 왼쪽으로 움직이려면 무표정한 표정을 지어 움직이게 할 수 있다. 미로를 통과하는 길에 놓인 동전들을 모아 점수를 획득할 수 있고 미로에 닿으면 게임이 끝나도록 코딩해 보자.

소스 코드   스마트버전 : http://naver.me/5B56Oqwd
       빅버전 : http://naver.me/Fn6nRTV1

생각 열기

1 알고 보자! 피지컬 부품의 세계 : OLED

- OLED는 전류를 연결하면 직접 빛을 내어 LCD와 같이 디스플레이 장치로 사용할 수 있다.
- OLED는 원하는 메시지를 문자 외에도 점을 찍을 수도 있기 때문에 간단한 이미지 표현이 가능한 장점이 있다.

2 대장장이보드 준비

대장장이보드의 스마트버전은 LED 연결 포트에 OLED를 연결, 빅버전의 경우 LCD를 사용하고 D8핀에 LED-R, D9핀에 LED-G를 연결한다.

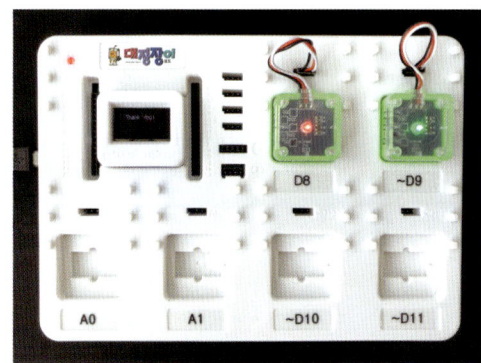
대장장이보드(스마트버전)

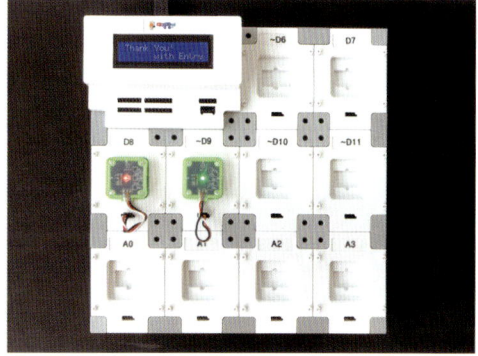
대장장이보드(빅버전)

3 알고리즘 확인

1. 자동차 탄 엔트리봇을 얼굴 표정으로 조종한다.
2. 행복한 표정(입꼬리가 올라감)으로 아래쪽으로 움직이게 한다.
3. 놀람 표정(눈이 커지고 입이 동그란 모양)으로 오른쪽으로 움직이게 한다.
4. 무표정(입꼬리, 눈 모양이 일자가 됨)으로 왼쪽으로 움직이게 한다.
5. 슬픔 표정(입꼬리가 처짐)으로 위쪽으로 움직이게 한다.
6. 각종 동전을 모으며 미로를 통과한다.
7. 미로를 통과해 동전을 든 엔트리봇에 닿으면 LED-R, LED-G가 켜지고 미션을 해결하게 된다.
8. 동전을 든 엔트리봇에 닿기 전에 미로에 닿으면 모든 코드가 멈추어 게임이 끝난다.

프로그램 도전하기

배경과 오브젝트 준비

1 배경 준비하기

엔트리 인공지능 블록 카테고리에서 'AI블록 불러오기' 중 비디오 감지를 추가한다.
다음과 같은 블록들이 추가된 것을 볼 수 있다. 이 블록들은 카메라가 내장되어 있는 컴퓨터

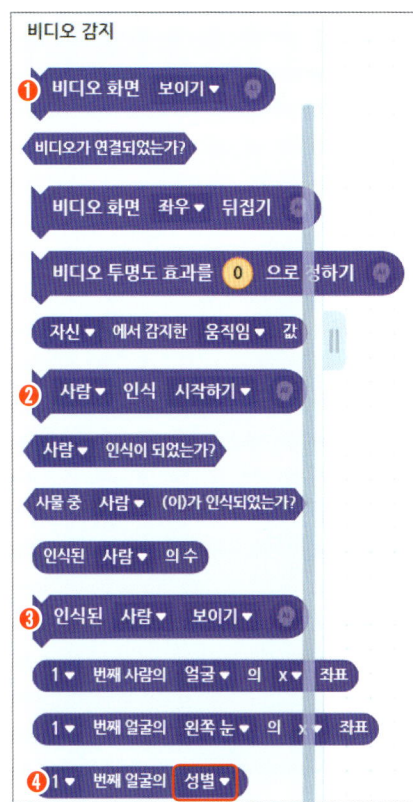

나 웹캠을 추가 설치했을 경우 사용할 수 있다. 비디오 감지 블록으로 사람, 얼굴, 사물을 인식하는 기능을 사용할 수 있게 된다.

❶ 비디오 화면 보이기와 ❸ 인식된 사람 보이기는 선택 사항이다. ❶ 비디오 화면 보이기는 실행화면에 카메라에 비춰지는 화면을 보이게 하는 것이고 ❸ 인식된 얼굴 보이기는 사람의 눈, 코, 입 모양을 단순화하여 선으로 보여주는 것으로 컴퓨터가 사람의 감정을 어떻게 판단하는지를 알 수 있게 하는 블록이다. 이 두 개의 블록이 빠져도 작동에 지장을 주지 않는다. ❷ 사람 인식 시작하기 블록은 감정을 인식하기 위한 필수 블록이다. ❹ '성별' 선택목록을 드롭 다운하여 '감정'을 선택한 후 사람 인식 시작하기와 함께 사용하면 '얼굴인식 스캐너'를 만들 수 있다.

② 오브젝트 준비하기

'자동차 탄 엔트리봇', '엔트리 동전', '백원동전', '동전', '오백원동전', '동전을 든 엔트리봇', '글상자' 오브젝트를 추가한다.

시작하기 버튼을 클릭하면 미로 안에 같은 동전들이 가로 또는 세로로 나열되어 있는 것을 볼 수 있다. 이것은 동전 오브젝트를 하나씩 가져 온 것이 아니라 해당 오브젝트의 '복제본'을 만든 것이다.

복제본의 경우 시작하기 버튼을 클릭하여 제어하는 것이 아니라 '복제본이 처음 생성되었을 때' 블록으로 제어할 수 있다. 복제본은 흐름 블록 카테고리에 있으며 추가한 오브젝트 복제본 만들기가 가능하다. 이번 수업에서는 '자신의 복제본 만들기'와 '복제본 삭제하기'가 어떻게 활용될 수 있는지 배워보도록 하자.

3 코딩하기

자동차 탄
엔트리봇

 '자동차 탄 엔트리봇' 오브젝트를 감정 표현으로 움직이게 해보자. 우선 '얼굴 인식 시작하기' 블록으로 얼굴 감지를 시작하고 '인식된 얼굴 보이기' 블록으로 자신의 표정을 확인할 수 있도록 한다. 엔트리는 '행복', '놀람', '무표정', '슬픔', '혐오', '두려움', '분노' 등의 감정을 표정으로 인식하도록 설정되어 있다. 시작하기 버튼을 클릭하면 '슬픔', '행복', '놀람', '무표정' 으로 위, 아래, 오른쪽, 왼쪽으로 5만큼의 속도로 움직이고 'sorrow', 'happy', 'surprise', 'expressionless' 각 감정에 해당하는 단어가 OLED에 나타나게 한다. 코드가 길지만 '얼굴의 감정'에 따라 이동 방향만 달라질 뿐 패턴은 동일하다. 미로에 닿으면 OLED에 'Game Over'라고 나타나고 모든 코드가 멈춘다. 대장장이보드 '빅버전'의 경우 OLED 블록 대신 LCD화면 첫 번째▼ 줄에 My Entry!! 나타내기 를 사용하면 된다.

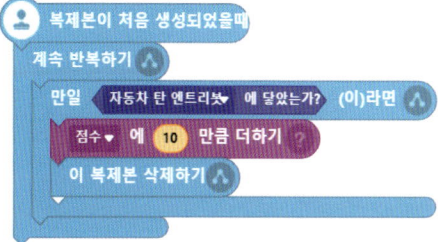

이동 방향을 180도로 정해 아래쪽으로 복제본이 생성된다. 이동 방향으로 63 만큼 움직이기는 동전끼리 떨어진 거리를 뜻하는 것으로 63pixel 만큼 떨어진 후 다음 동전을 복제한다.

생성된 복제본이 '자동차 탄 엔트리봇' 오브젝트에 닿으면 점수를 10점 획득하고 복제본은 삭제된다. 복제본의 경우 동전의 종류가 달라지더라도 코드를 동일하게 사용할 수 있으므로 함수로 만들어 사용할 수 있다.

함수 만들기는 다음과 같다. '복제본이 처음 생성되었을 때' 시작 블록을 제외한 나머지 코드를 한번에 복사하기 위해 계속 반복하기 블록을 선택하여 오른쪽 마우스를 클릭한 후 코드를 복사한다.

엔트리 동전

LESSON 15 얼굴인식 스캐너   203

이후 [속성] 탭에서 함수를 선택하면 함수 정의하기 블록이 나타나는데 복사한 코드를 붙여 넣은 후 '복사본 제어'라고 함수 이름을 정한 후 확인 버튼을 누르면 함수 추가하기 아래쪽에 복사본 제어라는 함수가 만들어진다.

백원동전

엔트리 동전과 같은 패턴으로 복제본 4개를 만든다.

복제본 제어 함수블록을 사용한다.

동전

이동 방향을 바꾸지 않고 복제본 2개를 만든다.

복제본 제어 함수블록을 사용한다.

오백원동전

엔트리 동전과 같은 패턴으로 복제본 2개를 만든다.

복제본 제어 함수블록을 사용한다.

동전을 든 엔트리봇

'자동차를 탄 엔트리봇' 오브젝트가 '동전을 든 엔트리봇' 오브젝트에 닿으면 1000점의 점수를 획득한다. 이때 '동전을 든 엔트리봇'은 좌표 (0,0)지점으로 이동하여 위쪽 벽에 닿을 때까지 크기가 커진 후에 "마법에서 풀어줘서 고마워!"라는 말을 한다. D8핀에 연결된 LED-R, D9핀에 연결된 LED-G가 켜지고 OLED 화면에 "Thank You!"라고 감사 인사를 한 후 사라지면서 다음 단계 신호를 글상자에게 보낸다.

대장장이보드 '빅버전'의 경우 OLED 블록 대신 를 사용해 "My Entry"라고 적힌 부분에 "Thank You!"라고 적어 LCD에 표현한다.

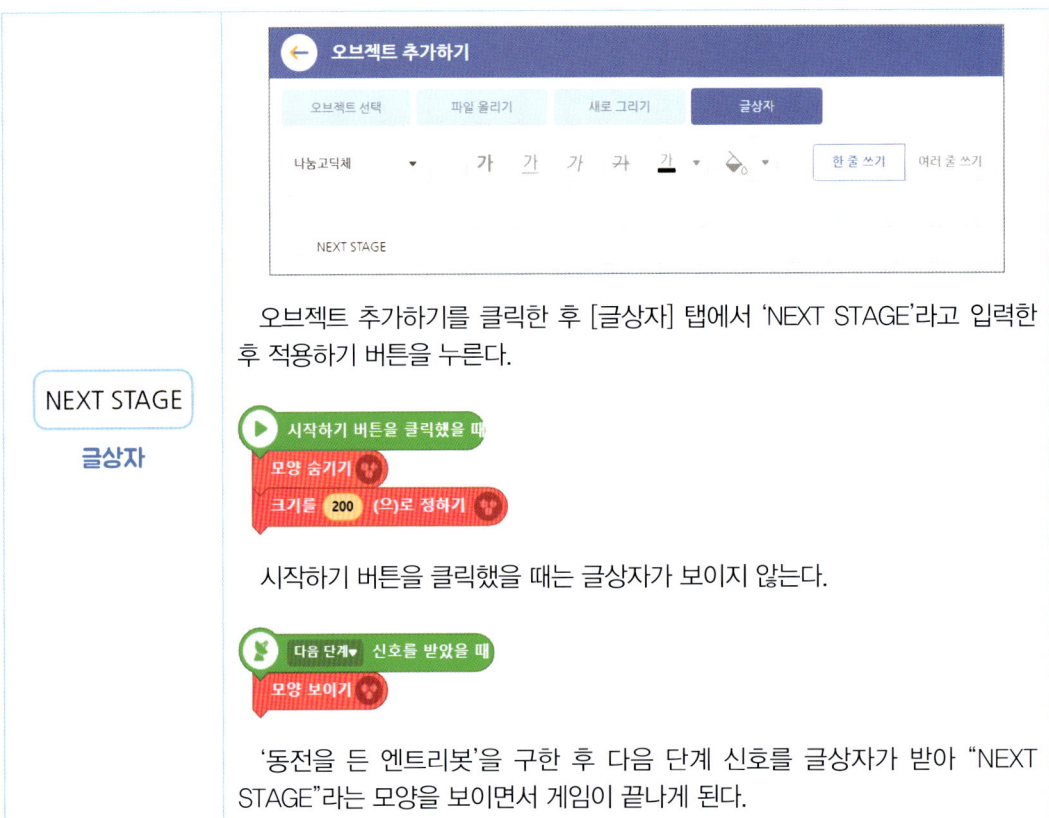

| NEXT STAGE 글상자 | 오브젝트 추가하기를 클릭한 후 [글상자] 탭에서 'NEXT STAGE'라고 입력한 후 적용하기 버튼을 누른다. |

시작하기 버튼을 클릭했을 때는 글상자가 보이지 않는다.

'동전을 든 엔트리봇'을 구한 후 다음 단계 신호를 글상자가 받아 "NEXT STAGE"라는 모양을 보이면서 게임이 끝나게 된다.

메이커 더하기

블록 만들기

블록을 조립하여 나만의 얼굴인식 스캐너를 만들어 보자.

대장장이보드(스마트버전)

대장장이보드(빅버전)

작동은 이렇게!

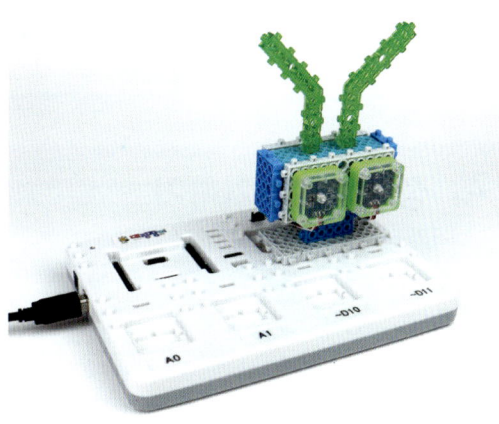

'행복', '놀람', '무표정', '슬픔' 감정을 표현하여 오브젝트를 움직이고 대장장이보드 OLED에 감정 단어가 표시되는지 확인한다.

생각 정리하기

1 더 나아가기

인공지능 모델학습하기로 '가위', '바위', '보' 모델을 만든 후 대결하여 이기면 "Win"을 OLED에 표시하고, 졌을 땐 "Lose"라고 표시하도록 코드를 작성해 보자.

문제해결을 위한 알고리즘 설계

2 정리하고 평가하기

프로그램은 잘 실행되었는가?		
사용한 센서 이름을 적어봅시다.	핀 번호	센서 이름
이번 수업에서 알게 된 점을 정리해 봅시다.		

3 완성된 코드

자동차 탄 엔트리봇

```
시작하기 버튼을 클릭했을 때
얼굴▼ 인식 시작하기▼
인식된 얼굴▼ 보이기▼
감정스캐너 조종법을 알려드립니다. 을(를) 2 초 동안 말하기▼
표정으로 게임을 컨트롤 하세요! 을(를) 1 초 동안 말하기▼
위: 슬픔, 아래: 행복, 오른쪽: 놀람, 왼쪽: 무표정 을(를) 2 초 동안 말하기▼
감정을 스캔하는 게임을 시작합니다. 을(를) 1 초 동안 말하기▼
계속 반복하기
    1▼ 번째 얼굴의 감정▼ 을(를) 말하기▼
    만일 1▼ 번째 얼굴의 감정▼ = 행복 (이)라면
        이동 방향을 180° (으)로 정하기
        이동 방향으로 5 만큼 움직이기
        LCD화면 첫 번째▼ 줄에 happy 나타내기
    만일 1▼ 번째 얼굴의 감정▼ = 놀람 (이)라면
        이동 방향을 90° (으)로 정하기
        이동 방향으로 5 만큼 움직이기
        LCD화면 첫 번째▼ 줄에 surprise 나타내기
    만일 1▼ 번째 얼굴의 감정▼ = 무표정 (이)라면
        이동 방향을 270° (으)로 정하기
        이동 방향으로 5 만큼 움직이기
        LCD화면 첫 번째▼ 줄에 expressionless 나타내기
    만일 1▼ 번째 얼굴의 감정▼ = 슬픔 (이)라면
        이동 방향을 0° (으)로 정하기
        이동 방향으로 5 만큼 움직이기
        LCD화면 첫 번째▼ 줄에 sorrow 나타내기
    만일 미로(4)▼ 에 닿았는가? (이)라면
        LCD화면 첫 번째▼ 줄에 Game Over! 나타내기
        모든▼ 코드 멈추기
```

엔트리 동전

```
시작하기 버튼을 클릭했을 때
이동 방향을 180° (으)로 정하기
2 번 반복하기
    자신▼ 의 복제본 만들기
    이동 방향으로 63 만큼 움직이기
```

```
복제본이 처음 생성되었을때
계속 반복하기
    만일 자동차 탄 엔트리봇▼ 에 닿았는가? (이)라면
        점수▼ 에 10 만큼 더하기
        이 복제본 삭제하기
```

LESSON 16 화재감지 원격 제어장치 만들기

 LM35센서로 실내온도를 파악하고 인공지능 사물인식 기능과 블루투스로 화재의 원인을 스마트폰에 알리는 프로그램을 만들어보자.

문제 상황

　전기의 편리함 뒤에는 화재라는 위험이 도사리고 있다. 전열기구 사용에 있어서 부주의함, 문어발식 콘센트 사용은 화재로 이어져 소중한 보금자리를 잃고 크나큰 마음의 상처를 입힐 수 있다. 화재 발생 시 위험을 알리고 화재원인을 신속히 파악한다면 피해를 최소화할 수 있을 것이다. LM35센서를 통해 실내온도를 측정하여 온도가 비정상적으로 높아질 경우 인공지능 사물인식 기능을 통해 화재의 원인을 찾고 스마트폰으로 파악한 원인을 전달하여 화재진압에 효율성을 더할 수 있는 프로그램을 만들어 보자.

 소스 코드 http://naver.me/xy2bnUtd

생각 열기

1 알고 보자! 피지컬 부품의 세계 : 온도센서(LM35)

- LM35는 0도~100도까지 측정이 가능하나 빠른 온도 변화를 파악하기 원할 때는 적합하지 않다.
- LM35센서에 5V의 전압을 걸어주면 현재 온도값이 일정한 전압으로 출력된다. 전압을 측정하면 온도를 알아낼 수 있어 섭씨온도를 측정할 수 있는 센서다.

2 대장장이보드 준비

대장장이보드의 종류와 상관없이 A0핀에 온도센서(LM35), 블루투스 전용핀에 블루투스(Bluethooth)를 연결한다.

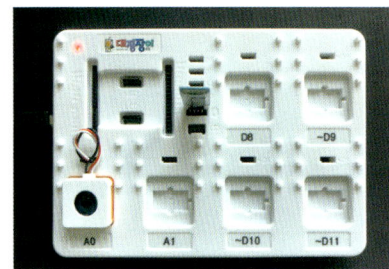
대장장이보드(스마트버전)

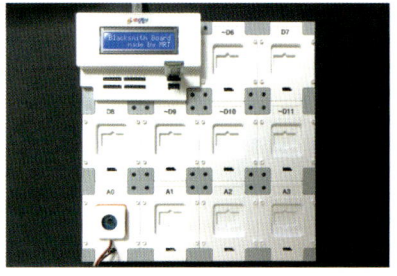
대장장이보드(빅버전)

3 알고리즘 확인

1. 온도센서(LM35)값이 30이하일 경우 '실내온도 적정, 화재위험 없음' 이라고 알린다.
2. 온도센서(LM35)값이 30초과하도록 A0핀에 연결한 LM35를 체온을 이용하여 온도를 높인다.
3. 가스레인지 위 빨간 냄비에서 연기가 나고 불이 붙는다.
4. 경보음이 울리며 가스레인지 아래 태블릿 오브젝트에 '화재발생!'이라고 바뀐다.
5. 인공지능 사물 인식을 통해 원인을 찾기 위해 웹캠에 '전자레인지, 스마트폰, TV'를 인식시킨다.
6. 사물 중 전자레인지가 인식될 경우 블루투스 TX핀(스마트폰 블루투스 통신 앱)에 'the cause of a fire : microwave'(화재원인 : 전자레인지)라고 데이터를 보낸다.
7. 핸드폰이 인식되면 'the cause of a fire : smartphone'(화재원인 : 스마트폰), 텔레비전이 인식되면 'the cause of a fire : TV'(화재원인 : TV)라고 데이터를 보낸다.
8. 스마트폰 블루투스 통신 앱에 들어온 데이터를 확인한 후 1,2,3 값 중에 하나를 입력한다.(전자레인지면 1, 스마트폰이면 2, TV면 3을 선택하여 대장장이보드에게 데이터를 보낸다.)
9. 대장장이보드에 데이터를 보내면 체크박스가 확인한 후 '글상자'로 화재원인 신호를 보낸다.
10. 화재원인이 우측상단에 표시된다.

프로그램 도전하기

배경과 오브젝트 준비

1 배경 준비하기

'부엌(3)' 오브젝트를 배경으로 준비한다.

2 오브젝트 준비하기

'글상자', '와이파이', '체크박스', '태블릿', '불(2)', '연기(1)', '빨간 냄비' 오브젝트를 추가한다. '태블릿' 오브젝트 모양을 추가해 '화재위험 없음'과 '화재발생'을 알리는 스마트한 화재 알림 시스템을 표현해보자.

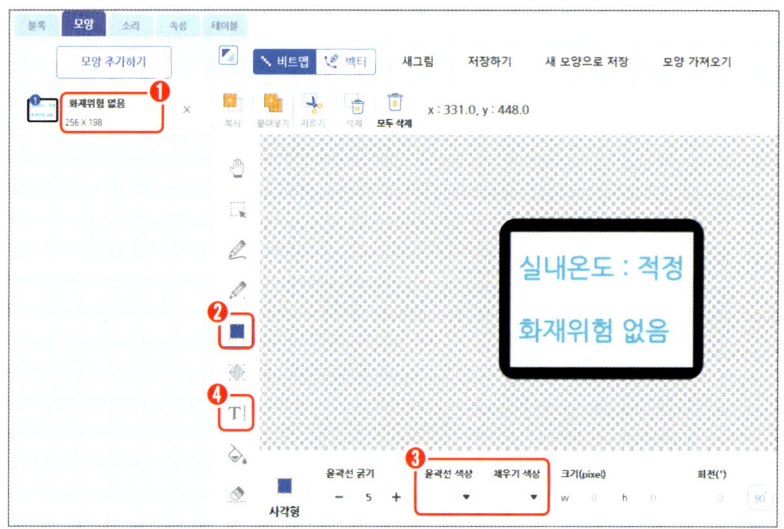

[모양]탭 '태블릿_1'을 ❶ '화재위험 없음'으로 고친 후 ❷ 사각형을 선택하여 태블릿 안쪽 사각형을 그린다. '태블릿'은 안이 비어있는 오브젝트이므로 ❸ 윤곽선과 채우기 색상을 하얀색으로 고쳐 사각형을 그린 후 ❹ 글상자를 선택한 후 "실내온도 : 적정 화재위험 없음"이라고 적는다.

'태블릿_1' 모양을 한 개 더 추가하여 이름을 '화재발생'으로 고친 후 위와 동일한 방법으로 "화재발생! 위치 : 1층 주방 전기차단 119신고 완료!"라고 적는다.

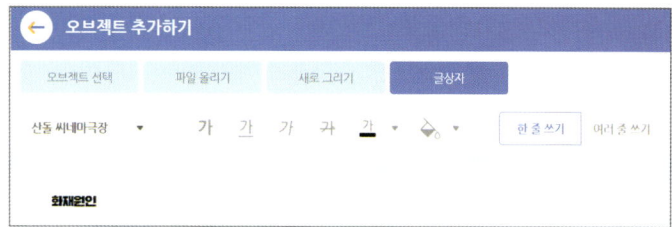

글상자를 추가해 보자. '+' 오브젝트 추가하기를 클릭한 후 [글상자] 탭에서 '화재원인'이라고 쓴 후 글자체와 글자색, 글자바탕을 원하는 대로 조정한 후 적용하기를 누른다.

블루투스 연결하기

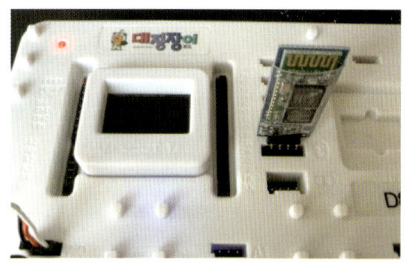 

대장장이보드 블루투스 전용연결 포트에 블루투스(HC-06)를 연결한다. 참고로 블루투스는 대장장이보드 센서에 포함되어 있지 않으며 별도로 구매해야 한다. 대장장이보드와 스마트폰을 블루투스로 연동하여 명령을 내리는 것이므로 스마트폰에 Bluetooth 조작이 가능한 앱이 필요하다.

1. 플레이스토어에서 'Bluethooth'라고 검색하여 'Bluetooth Terminal' 앱을 설치한다.
2. 안드로이드 스마트폰 블루투스를 실행하여 해당 디바이스를 검색하여 연결한다(블루투스 이름을 설정하지 않은 경우는 HC-06으로 검색된다).
3. 블루투스 연결 요청이라는 창이 뜨면 비밀번호 '1234'를 입력한다(안될 경우는 '0000'을 입력).

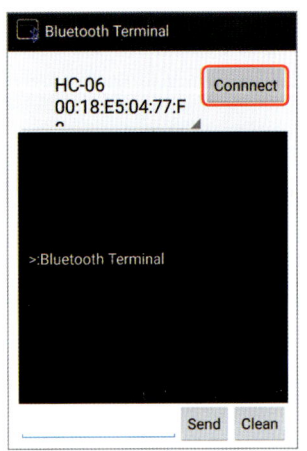
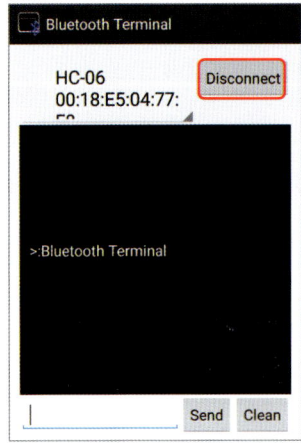

4. 앱을 실행한 후 해당 모듈을 선택하여 Connect를 눌러 연결한다.
5. 블루투스 터미널에 Disconnect라고 표시된 것을 확인한다.
6. 대장장이보드에 연결한 블루투스가 깜빡이지 않고 빨간 불이 계속 들어오면 연결된 것이다.

4 코딩하기

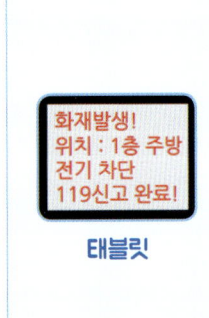

태블릿

'태블릿' 오브젝트는 '부엌' 내부의 온도를 파악해 화재 위험을 알려주는 장치다. LM35센서를 사용해 실제 온도를 측정하며 오브젝트의 변화를 살펴볼 수 있도록 '변수'를 만들어 준다.

[속성] 탭 ➡ 변수 ➡ 변수 추가하기에 'LM35온도센서값'이라고 만든 후 확인 버튼을 누른다. 자료 블록 카테고리와 오른쪽 상단에서 'LM35온도센서값' 변수가 생성된 것을 확인할 수 있다. A0핀에 LM35센서를 연결한 후 0~1023에서 0~500으로 값을 바꾼다. 센서의 특성상 0~500으로 바꾸면 오차가 있긴 하지만 실온과 비슷한 값을 얻을 수 있게 된다. 대장장이보드에는 온도를 측정할 수 있는 N.T.C.T도 있다. 두 센서는 온도를 표현하는 방법에 차이가 있다.

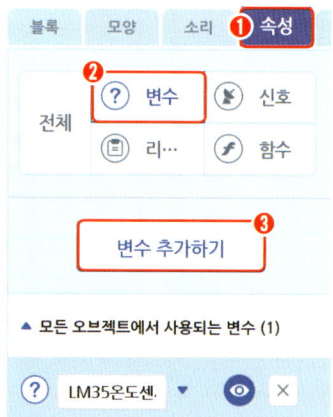

실제 온도를 표현할 수 있는 LM35는 온도를 쉽게 올릴 수 없기 때문에 오브젝트 변화를 표현하기가 어렵다. 대신 N.T.C.T의 경우 체온만으로도 센서값을 크게 변화시킬 수 있기 때문에 온도 변화 결과물을 표현하기에 적합하다.

센서값이 변할 때마다 우측 상단에서 변한 센서값을 확인할 수 있다. 앞에서도 설명한 바와 같이 'LM35센서값'은 온도 변화가 쉽지 않은 센서다. 실제 화재가 발생할 경우 온도는 100도를 넘어가지만 교재에서는 30도보다 클 경우라고 조건을 두고 코드를 작성할 것이다. 센서마다 차이가 있으므로 실제로 체온을 가했을 때 온도가 변하는 정도를 확인하여 온도값을 입력하길 바란다.

'LM35온도센서값'이 30보다 클 경우에는 '화재발생' 모양으로 바꾸고 30보다 작을 경우는 '화재위험 없음'으로 모양을 바꾼다.

와이파이

　'와이파이' 오브젝트는 부엌에서 일어난 화재의 원인을 인공지능 사물 인식 기능이 파악하면 블루투스 통신을 통해 스마트폰에 알려주는 기능을 하도록 코드를 작성한 것이다. 우선 시작하기 버튼을 클릭하면 LCD화면에 "Fire Checking System On"이라고 표시되면서 화재가 발생하는지를 확인하고 있음을 알린다. 와이파이 신호가 잡히는 것을 표현하기 위해 다음 모양으로 바꾼다. 모양이 너무 빨리 바뀌지 않도록 0.2초 기다리기 블록을 사용한다. 블루투스는 근거리 통신으로 사용할 수 있는 것이므로 위의 상황은 가상으로 표현한 것이다.

인공지능 사물인식 기능을 사용하기 위해서 인공지능 블록 카테고리에서 'AI 블록'을 불러온다.

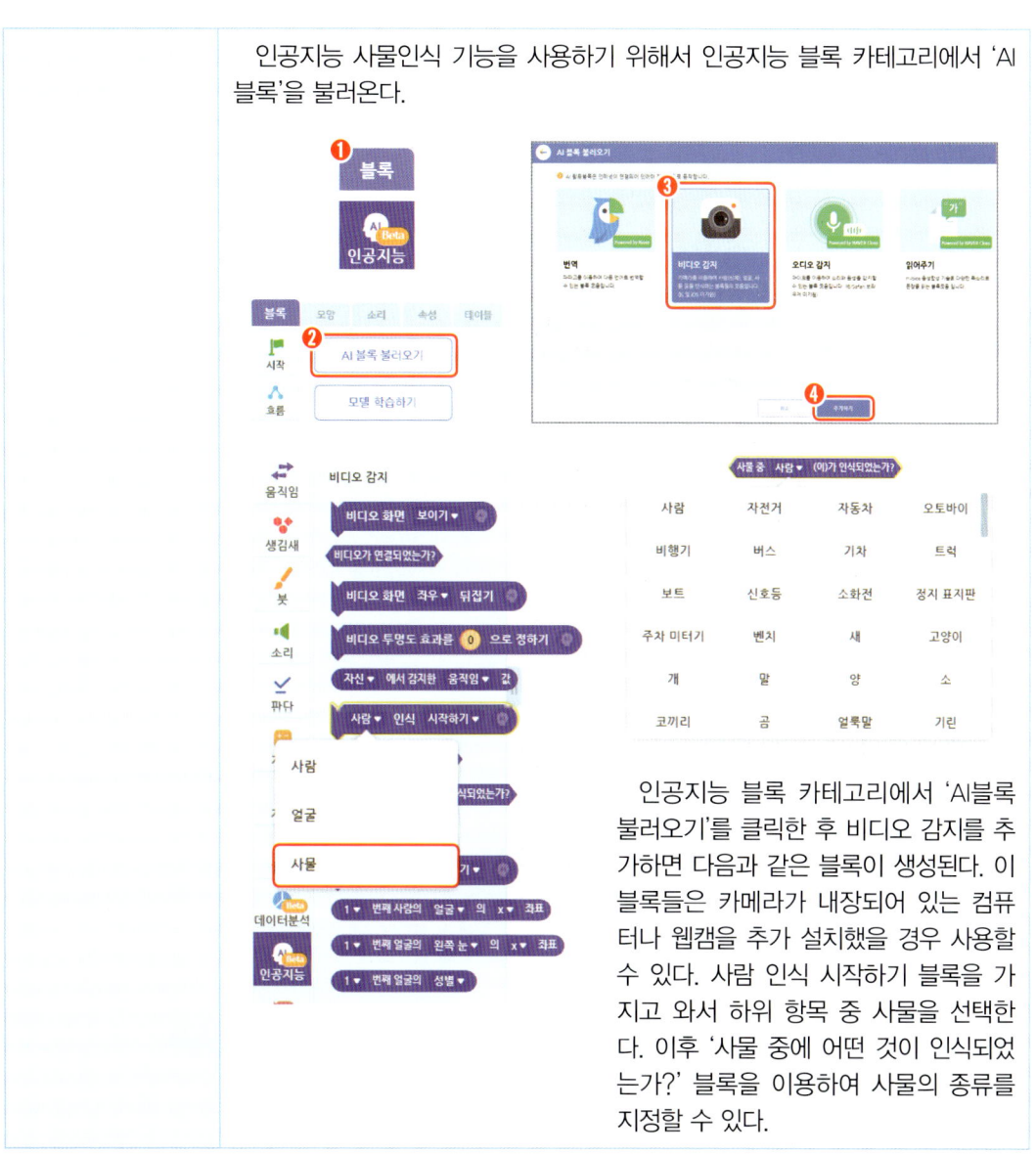

인공지능 블록 카테고리에서 'AI블록 불러오기'를 클릭한 후 비디오 감지를 추가하면 다음과 같은 블록이 생성된다. 이 블록들은 카메라가 내장되어 있는 컴퓨터나 웹캠을 추가 설치했을 경우 사용할 수 있다. 사람 인식 시작하기 블록을 가지고 와서 하위 항목 중 사물을 선택한다. 이후 '사물 중에 어떤 것이 인식되었는가?' 블록을 이용하여 사물의 종류를 지정할 수 있다.

이번 강의에서는 집에 설치된 인공지능 사물 인식 기능이 화재의 원인을 분석하도록 프로그래밍할 것이므로 집에서 화재가 일어날 수 있는 사물을 지정해 보자.

전자레인지, 핸드폰, TV를 화재 원인이라고 가정해 본다. 카메라에 전자레인지가 인식되면 대장장이보드가 블루투스 TX핀에 'the cause of a fire : microwave'(화재원인 : 전자레인지)라고 데이터를 보낸다.

핸드폰일 경우 'the cause of a fire : smartphone'(화재원인 : 스마트폰), TV이면 'the cause of a fire : TV'(화재원인 : TV)라는 데이터를 블루투스에게 보낸다.

'와이파이' 오브젝트처럼 대장장이보드에서 블루투스에 문자를 보내기 위해서는 '블루투스 TX3핀에 데이터 보내기' 블록을 사용하고 반대로 '체크박스' 오브젝트처럼 블루투스에서 대장장이보드로 데이터를 보내기 위해서는 '블루투스 RX2핀 데이터 값' 블록을 이용해야 한다.

블루투스 RX2핀 데이터값에 따라 '글상자' 오브젝트에 신호를 보내기 위해 신호를 만들어 보자.

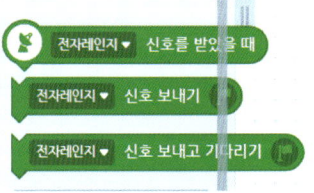

[속성] 탭에 신호 ➡ 신호추가하기를 한 후 '전자레인지', '스마트폰', 'TV'를 각각 입력한 후 확인 버튼을 누른다.

시작 블록 카테고리에 신호 블록이 추가된 것을 볼 수 있다.

'LM35온도센서값'이 30보다 작으면 '체크박스_해제' 모양이 되고 30보다 크면 '체크박스_체크'로 모양이 바뀌어 버튼이 활성화된 듯 연출된다. [속성] 탭에서 '화재원인' 변수를 만들어 실행 화면에 블루투스에서 받은 데이터 값을 표시할 수 있도록 하자. 이때 '체크박스' 오브젝트는 블루투스로부터 데이터 값을 받아 '화재원인' 글상자에 신호를 보내는데 블루투스 RX핀 데이터 값이 1이면 '전자레인지' 신호, 2면 '스마트폰' 신호, 3이면 'TV'신호를 보내고 2초를 기다린다. '체크박스' 오브젝트 코드에서 의도하고자 한 것은 대장장이보드에서 스마트폰 블루투스 통신 앱 화면으로 보낸 화재의 원인을 다시 스마트폰에서 엔트리 프로그램으로 보내어 화면에 표현하고자 한 것이다. 이것은 대장장이보드와 블루투스가 쌍방향으로 통신을 주고받기 때문에 가능한 것이다.

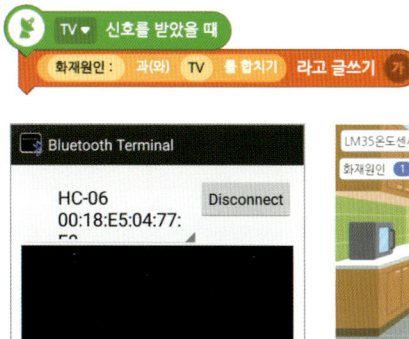

'TV' 신호를 받으면 왼쪽 상단 '화재원인'인 글상자가 '화재원인 : TV'로 바뀐다.

이 신호들은 블루투스가 보낸 데이터 값을 오브젝트 변화로 이를 확인할 수 있게 한 것이다.

불(2)

'불(2)' 오브젝트는 시작하기 버튼을 클릭했을 때는 보이지 않다가 'LM35온도 값'이 30보다 크면 모양이 보인다. '불(2)' [모양]탭을 확인하면 5개의 모양이 있다. 다음 모양으로 바꾸기와 0.1초 기다리기 블록을 넣으면 불이 타오르는 것 같은 효과를 줄 수 있다.

LESSON 16 화재감지 원격 제어장치 만들기 **223**

연기(1)

'연기(1)' 오브젝트를 추가하면 흰색이다. 화재가 났을 때 시커먼 연기를 연출하기 위해 [모양] 탭의 이미지 편집창에서 가공을 한다. '채우기'탭을 선택한 후 채우기 색상을 진한 회색으로 설정하여 편집창 연기 모양을 클릭하여 안을 채워준다. 큰 이미지와 작은 동그라미 두 군데를 진한 회색으로 채운 후 저장하기를 눌러준다. 오브젝트 창에 연기 색깔이 바뀐 것을 확인할 수 있다.

'연기(1)' 오브젝트는 시작하기 버튼을 클릭했을 때는 모양이 보이지 않는다. 만약 시작부터 모양이 보인다면 'LM35온도센서값'이 30보다 크기 때문이다. 'LM35온도센서값'이 30보다 크면 '연기(1)' 오브젝트의 모양이 보이는데 좀 더 자연스러운 연기를 연출하기 위해 투명도를 적절하게 준다. 'LM35온도센서값'에 0.5을 곱했는데 눈으로 확인하며 수식을 조절해도 무관하다. 같은 방식으로 연기의 크기도 조절하였는데 온도가 높으면 더 큰 연기가 뿜어져 나오도록 하는 식이다. 'LM35온도센서값'에 3를 곱하여 '연기(1)'의 크기를 정해준다.

메이커 더하기

1 블록 만들기

블록을 조립하여 화재감지 원격제어 장치를 만들어보자.

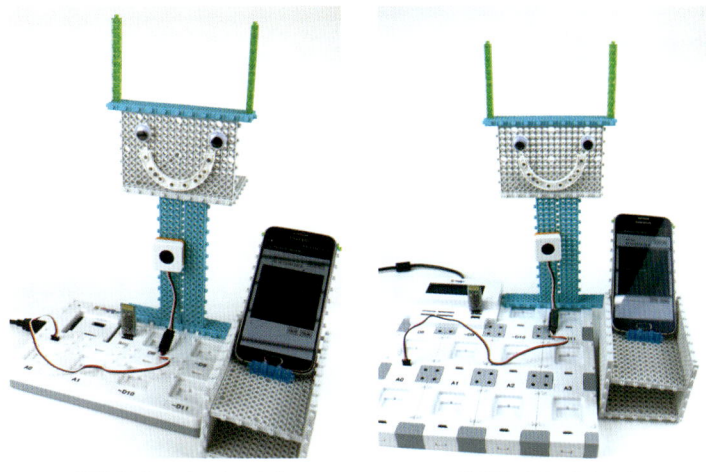

대장장이보드(스마트버전)　　　　대장장이보드(빅버전)

2 작동은 이렇게!

　A0핀에 연결한 LM35센서값이 30보다 크면 웹캠으로 핸드폰을 인식시켜 'Bluetooth Terminal' 앱에 'the cause of a fire : smartphone' 데이터가 들어오는지 확인한다. 이후 'Bluetooth Terminal' 앱에 숫자 '2'를 입력하여 대장장이보드에게 보낸 데이터가 '화재원인 : 스마트폰'이라고 엔트리 화면에 찍히는지 확인한다.

생각 정리하기

1. 더 나아가기

대장장이보드와 스마트폰 'Bluetooth Terminal' 앱을 연동시켜 'a' 문자를 보내면 앞으로, 'b' 문자를 보내면 뒤로 움직이는 자동차를 만들어보자. 이러한 원리를 통해 '무선조종 자동차 장난감'의 원리를 이해할 수 있다. 더 확장하여 '미로' 오브젝트를 추가하고 좌우 방향으로 돌릴 수 있는 코딩을 추가하여 '미로를 통과하는 무선조종 자동차'도 프로그래밍 할 수 있을 것이다.

문제해결을 위한 알고리즘 설계

2. 정리하고 평가하기

프로그램은 잘 실행되었는가?		
	핀 번호	센서 이름
사용한 센서 이름을 적어봅시다.		
이번 수업에서 알게 된 점을 정리해 봅시다.		

3 완성된 코드

태블릿	
화재발생! 위치 : 1층 주방 전기 차단 119신고 완료!	시작하기 버튼을 클릭했을 때 계속 반복하기 　LM35온도센서값▼ 를 아날로그 A0▼ 번 핀 센서 값의 범위를 0 ~ 1023 에서 0 ~ 500 로 바꾼 값 (으)로 정하기 　태블릿_1▼ 모양으로 바꾸기 　만일 LM35온도센서값▼ 값 > 30 (이)라면 　　태블릿_2▼ 모양으로 바꾸기
와이파이	시작하기 버튼을 클릭했을 때 LCD화면 첫 번째▼ 줄에 Fire Checking 나타내기 LCD화면 두 번째▼ 줄에 System ON 나타내기 비디오 화면 보이기▼ 사물▼ 인식 시작하기 계속 반복하기 　다음▼ 모양으로 바꾸기 　0.2 초 기다리기 　만일 LM35온도센서값▼ 값 > 30 (이)라면 　　소리 사이렌 소리▼ 재생하기 　　만일 사물 중 전자레인지▼ (이)가 인식되었는가? (이)라면 　　　블루투스 TX 3 핀에 the cause 데이터 보내기 　　　블루투스 TX 3 핀에 of a fire 데이터 보내기 　　　블루투스 TX 3 핀에 : microwave 데이터 보내기 　　만일 사물 중 핸드폰▼ (이)가 인식되었는가? (이)라면 　　　블루투스 TX 3 핀에 the cause 데이터 보내기 　　　블루투스 TX 3 핀에 of a fire 데이터 보내기 　　　블루투스 TX 3 핀에 : smartphone 데이터 보내기 　　만일 사물 중 텔레비전▼ (이)가 인식되었는가? (이)라면 　　　블루투스 TX 3 핀에 the cause 데이터 보내기 　　　블루투스 TX 3 핀에 of a fire 데이터 보내기 　　　블루투스 TX 3 핀에 : TV 데이터 보내기

체크박스	시작하기 버튼을 클릭했을 때 계속 반복하기 　체크박스_해제 ▼ 모양으로 바꾸기 　만일 〈 LM35온도센서값 ▼ 값 > 30 〉(이)라면 　　체크박스_체크 ▼ 모양으로 바꾸기 　　화재원인 ▼ 를 블루투스 RX 2 핀 데이터 값 (으)로 정하기 　　만일 〈 블루투스 RX 2 핀 데이터 값 = 1 〉(이)라면 　　　전자레인지 ▼ 신호 보내기 　　　2 초 기다리기 　　만일 〈 블루투스 RX 2 핀 데이터 값 = 2 〉(이)라면 　　　스마트폰 ▼ 신호 보내기 　　　2 초 기다리기 　　만일 〈 블루투스 RX 2 핀 데이터 값 = 3 〉(이)라면 　　　TV ▼ 신호 보내기 　　　2 초 기다리기
화재원인 글상자	전자레인지 ▼ 신호를 받았을 때 　화재원인 : 과(와) 전자레인지 를 합치기 라고 글쓰기 스마트폰 ▼ 신호를 받았을 때 　화재원인 : 과(와) 스마트폰 을 합치기 라고 글쓰기 TV ▼ 신호를 받았을 때 　화재원인 : 과(와) TV 를 합치기 라고 글쓰기
불(2)	시작하기 버튼을 클릭했을 때 계속 반복하기 　모양 숨기기 　만일 〈 LM35온도센서값 ▼ 값 > 30 〉(이)라면 　　모양 보이기 　　다음 ▼ 모양으로 바꾸기 　　0.1 초 기다리기
연기(1)	시작하기 버튼을 클릭했을 때 계속 반복하기 　모양 숨기기 　만일 〈 LM35온도센서값 ▼ 값 > 30 〉(이)라면 　　모양 보이기 　　투명도 ▼ 효과를 LM35온도센서값 ▼ 값 x 0.5 (으)로 정하기 　　크기를 LM35온도센서값 ▼ 값 x 3 (으)로 정하기

LESSON 17 내가 만든 재난 알리미

 온도센서(N.T.C.T)로 재난 알리미를 만들고 데이터분석을 활용해 지역별 평균기온을 그래프로 표현하는 프로그램을 만들어 보자.

문제 상황

   재난 경보 알리미는 많은 사람들에게 태풍, 산불, 바이러스 등 시각을 다투는 각종 위험과 관련한 정보를 제공함으로써 재해 및 사고 피해를 줄일 수 있도록 한다. 이번 강의에서는 온도센서(N.T.C.T)를 활용해 기온이 적정 수준을 넘으면 사람들에게 폭염 주의 알림을 보내는 시스템을 만들어 보자. 더 나아가 각 시도의 월평균 기온 데이터를 활용해 8월의 지역별 평균 기온을 한눈에 볼 수 있는 프로그램을 만들어 보자.

 소스 코드 http://naver.me/FY7tZllb

생각 열기

1 데이터 분석

- 데이터는 오랜 기간 동안 수집되고 축적된 유용한 정보를 말한다. 데이터에서 원인과 결과를 찾고 그 안에서 규칙을 발견하면 아직 일어나지 않은 일을 예측하는 데 도움을 준다. 데이터를 보고, 가공하고, 다양한 방법으로 표현하고, 그 의미를 찾는 과정을 데이터 분석이라고 한다.
- 엔트리 블록꾸러미의 [테이블] 탭에서는 데이터 분석과 관련한 네 가지 기능을 제공하고 있다.

  ① **테이블 추가하기**
  테이블은 데이터가 담겨 있는 표이다. 이미 만들어진 테이블 중에 관심 있는 데이터를 추가해서 사용하거나 직접 테이블을 만들어 사용할 수 있다. '요약, 테이블, 차트' 탭은 테이블을 추가한 후 활성화된다.

  ② **요약 탭**
  테이블에 대한 간단한 정보(데이터의 개수, 종류, 추가된 차트 등)를 알 수 있다.

  ③ **테이블 탭**
  테이블에 있는 실제 데이터를 확인할 수 있는 탭으로, 데이터를 수정하거나 삭제할 수 있다.

  ④ **차트 탭**
  데이터를 여러 형태의 차트(막대, 꺾은선, 원형, 분산형 그래프)로 표현하여 눈으로 잘 볼 수 있게 시각적으로 표현한다.

2 대장장이보드 준비

- 스마트버전은 대장장이보드 왼쪽 상단의 'LED'라고 쓰인 핀에 OLED를 연결한다.
- 대장장이보드의 종류와 상관없이 A0핀에 온도센서(N.T.C.T), D8핀에 버저(BUZZER), D9핀에 LED-R를 연결한다.

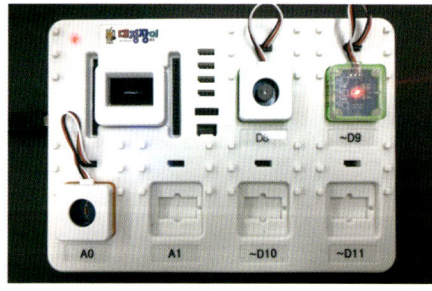
대장장이보드(스마트버전)

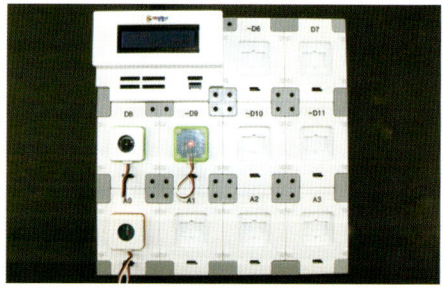
대장장이보드(빅버전)

3 알고리즘 확인

장면1
재난 경보 알리미

1. 'A0핀 센서값'을 측정하여 가장 큰 값과 가장 작은 값을 알아본다.
2. 측정된 센서값 사이에서 재난 상황을 판단하는 기준값을 설정한다.
3. 'A0핀 센서값'이 기준값 이상이면 '재난 경보' 신호를 보내고, 기준값 미만이면 '경보 해제' 신호를 보낸다.
4. '재난 경보' 신호를 받았을 때 D8핀과 D9핀에 연결된 버저(Buzzer)와 LED-R이 켜졌다 꺼지기를 반복한다. 이때 스마트버전의 OLED는 화면에 'DANGER' 글자가 나타난다.
5. '경보 해제' 신호를 받았을 때 D8핀과 D9핀에 연결된 버저(Buzzer)와 LED-R의 작동을 멈춘다. 이때 스마트버전의 OLED는 화면에 'NICE DAY' 글자가 나타난다.
6. '해변에 간 엔트리봇' 오브젝트를 클릭하면 장면 2로 전환된다.

장면2
2019 지역별 평균 기온

1. 장면 2가 시작하면 '월평균 기온' 차트가 열린다.
2. '해변에 간 엔트리봇'이 지도에서 알고 싶은 지역의 그림 오브젝트를 클릭하도록 안내한다.
3. 마우스포인터가 지역 오브젝트에 닿으면 색이 바뀐다.
4. 오브젝트 색이 바뀌었을 때 클릭하면 2019년 해당 지역의 평균 기온을 말한다.

프로그램 도전하기(장면1)

배경과 오브젝트 준비

① 센서값을 측정하여 기준값 설정하기

폭염 기준에 미치지 않는 온도에서는 재난 경보 문자를 전송하지 않다가 기준 이상의 온도에 도달하는 순간 문자가 전송되어야 한다. 이를 위해서는 온도 센서값의 범위를 눈으로 확인하고 경보 알림 기준값이 되는 온도를 설정해야 한다. 계속 변하는 센서값을 오브젝트를 통해 알 수 있도록 아래와 같이 코드를 작성해보자. 시작하기 버튼을 클릭한 후 손가락으로 온도센서의 가운데 움푹 들어간 부분을 살짝 손을 대어 체온으로 온도를 올린 후 센서에서 손을 떼면서 값의 변화를 살펴본다.

손가락을 대기 전 가장 작은 값과 손가락을 댄 후의 가장 큰 값을 확인해 보자. 최솟값과 최댓값 사이에서 적절한 기준값을 설정하면 그 값을 기준으로 '경보 미발송 온도', '경보 발송 온도'로 구분할 수 있을 것이다.

잠깐! 온도센서(N.T.C.T)는 환경에 따라 센서값이 다르게 나타난다. 그러므로 코드를 작성할 때 직접 센서의 최댓값과 최솟값을 확인하고 실제 환경에 맞는 기준값을 설정해야 한다.
예) 손가락을 대기 전 약 550, 누른 후의 값은 약 650 정도로 측정이 되었다면 기준값을 그 중간인 600으로 정하면 적절하다.

2 오브젝트 준비하기

장면 1에 '스마트폰' 오브젝트를 추가한다.

'스마트폰' 오브젝트의 [모양] 탭에서 '스마트폰_틀', '스마트폰_켜짐' 모양은 불필요하니 삭제한다. '스마트폰_꺼짐' 모양은 복제하여 한 개를 더 만든다. 복제된 '스마트폰_꺼짐1'은 '스마트폰_켜짐'으로 이름을 수정하여 구분이 쉽도록 한다.

스마트폰_꺼짐   스마트폰_켜짐

'스마트폰_꺼짐' 모양을 선택한 후 오른쪽의 모양 편집창에서 '재난 경보 알리미' 글자를 넣는다.
'스마트폰_켜짐' 모양을 선택했을 때는 "오늘 12시 강원도 경포대 폭염경보 최고 35도 이상. 야외활동 자제 충분한 물마시기 등 건강에 유의 바람" 등의 재난 문자 안내문을 넣는다.
기준값 미만일 때와 이상일 때 보이는 스마트폰의 두 화면이 완성되었다.

3 코딩하기

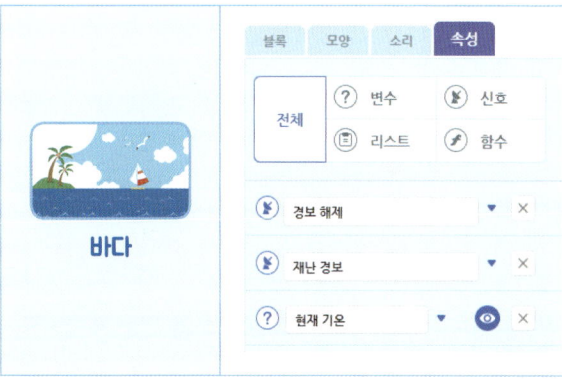

'바다' 오브젝트는 장면 1에서 실시간 온도 센서값을 보여주고 센서값이 기준 이상이면 '재난 경보' 신호를, 기준 미만이면 '경보 해제' 신호를 보낸다.
[속성] 탭에서 변수를 선택하여 '현재 기온' 변수를 만든다. 이 '현재 기온' 변수에는 실시간 변하는 온도 센서값을 담을 것이다.
[속성] 탭에서 신호를 선택해 '재난 경보' 신호와 '경보 해제' 신호를 두 개 만든다.

'현재 기온' 변수를 A0핀에서 측정되는 온도 센서값으로 정한다.

센서값이 600 이상이면 '재난 경보' 신호를, 600 미만이면 '경보 해제' 신호를 보내고 1초를 기다린다. '1초 기다리기' 블록을 사용하면 '바다' 오브젝트로부터 신호를 받은 오브젝트들이 명령을 수행할 수 있는 시간적 여유를 줄 수 있다. '1초 기다리기' 블록이 없다면 '바다' 오브젝트가 계속해서 매우 빠른 속도로 신호를 보내게 된다.

와이파이

'재난 경보' 신호를 받았을 때 '와이파이' 오브젝트는 다음 모양으로 바꾸고 0.3초 기다린다. D9핀 LED-R이 켜지고 D8핀 버저가 0.2초 울린 후 LED-R이 꺼진다. 조립된 모든 블록이 위에서부터 순차적으로 실행되는데 대략 0.5초의 시간이 걸린다. '바다' 오브젝트가 '와이파이' 오브젝트에 1초 간격으로 신호를 보내기 때문에 다음 신호가 도착하기 전에 모든 코드를 실행할 수 있다.

'경보 해제' 신호를 받으면 '와이파이' 오브젝트의 다른 코드를 멈추게 했으므로 '와이파이' 모양과 LED-R, 버저에는 아무 변화가 없다.

스마트폰

'재난 경보' 신호를 받았을 때 스마트버전의 OLED 화면에 'DANGER' 글자가 나타나고 '스마트폰_켜짐' 모양으로 바뀐다.

'경보 해제' 신호를 받았을 때 스마트버전의 OLED 화면에 'NICE DAY' 글자가 나타나고 '스마트폰_꺼짐' 모양으로 바뀐다.

※ 대장장이보드 빅버전 센서키트에는 OLED가 없는 대신 보드 자체에 LCD가 내장되어 있다. 위의 OLED 블록 대신 아래의 LCD 관련 블록을 사용해 해당하는 글자를 넣으면 된다.

해변에 간
엔트리봇

장면 1을 시작하면 학습자에게 온도를 측정해 볼 수 있는 5초의 시간을 준 후 '해변에 간 엔트리봇'은 왼쪽 화면 밖에서 등장한다. 미끄러지듯 튜브를 타고 등장하도록 3초 동안 x좌표만 440만큼 이동하도록 코딩한다.

'해변에 간 엔트리봇' 오브젝트가 등장하여 자리에 멈춘 다음 "날씨가 많이 덥죠?", "작년 8월 평균 기온은 어땠는지 알아볼까요?", "이동하려면 저를 클릭하세요."를 적절한 속도로 말하도록 한다.

'해변에 간 엔트리봇' 오브젝트는 클릭하면 다음 장면으로 넘어간다.

실행 화면 위쪽의 '+' 버튼을 클릭하여 장면 2를 추가한다.

'해변에 간 엔트리봇' 오브젝트를 클릭하면 장면 2를 시작할 수 있도록 위와 같이 코드를 작성한다.

프로그램 도전하기(장면2)

배경과 오브젝트 준비

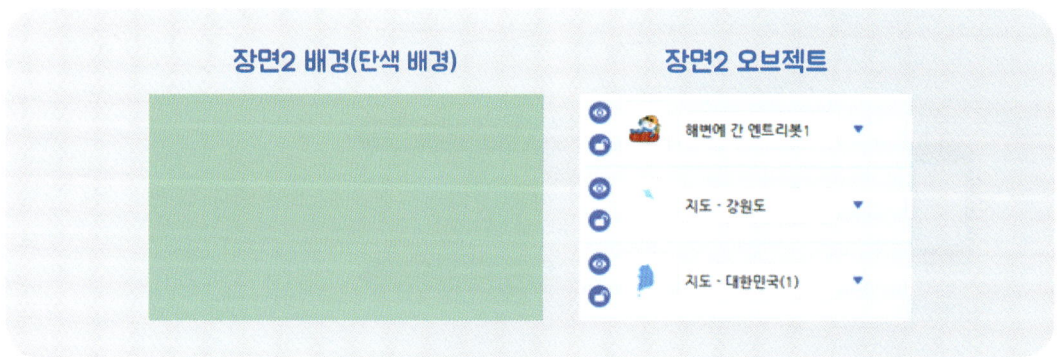

① 테이블 추가하여 차트 만들기

테이블을 추가하여 데이터를 차트로 표현해보자. 오른쪽과 같이 블록꾸러미의 [테이블] 탭을 선택하면 월평균 기온에 대한 테이블을 추가할 수 있다.

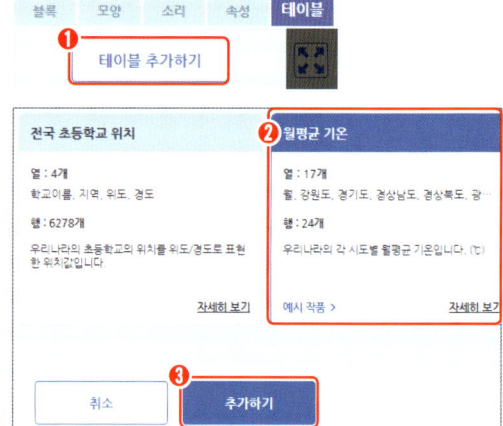

오른쪽의 [테이블] 탭을 선택하면 상세한 자료를 확인할 수 있다. 이번 강의에서는 2019년의 자료만 필요하므로 1열의 데이터 중 2018년 자료인 1~12행은 마우스 오른쪽 버튼을 눌러 행 삭제하기를 선택하여 지운 후 저장하기를 클릭한다.

불필요한 자료를 모두 지우고 2019년의 자료만 남기면 이번 프로그램에서 필요한 강원도의 8월 기온 데이터는 8번째 행에 위치한 것을 확인할 수 있다.

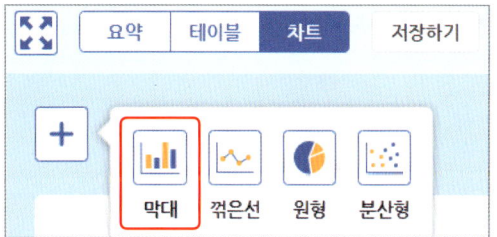

오른쪽의 [차트] 탭을 선택하면 자료를 표현할 수 있는 네 가지(막대/꺾은선/원형/분산형) 차트를 확인할 수 있다. 각 지역의 월별 평균 기온을 나타내는 차트로는 막대 그래프를 선택하는 것이 적절하다.

다음으로는 차트의 가로축과 표현 값을 설정해주어야 한다. 가로축은 '월'을 선택하고 표현 값은 '모두'를 선택하면 2019년 전국의 월평균 기온 차트가 생성된 것을 확인할 수 있다. '저장하기'를 클릭하여 차트를 저장한다.

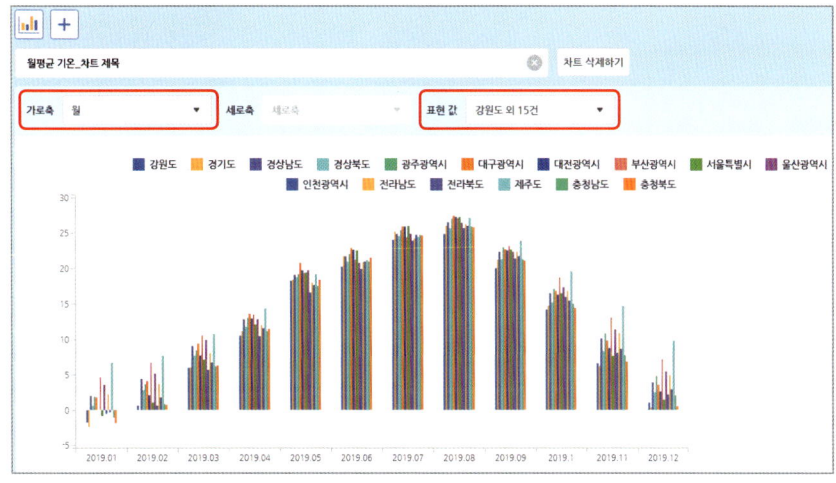

LESSON 17 내가 만든 재난 알리미 237

2 오브젝트 준비하기

'단색 배경' 오브젝트의 [모양] 탭에서 상단에 '2019년 지역별 8월 평균 기온'으로 제목을 써서 준비한다.

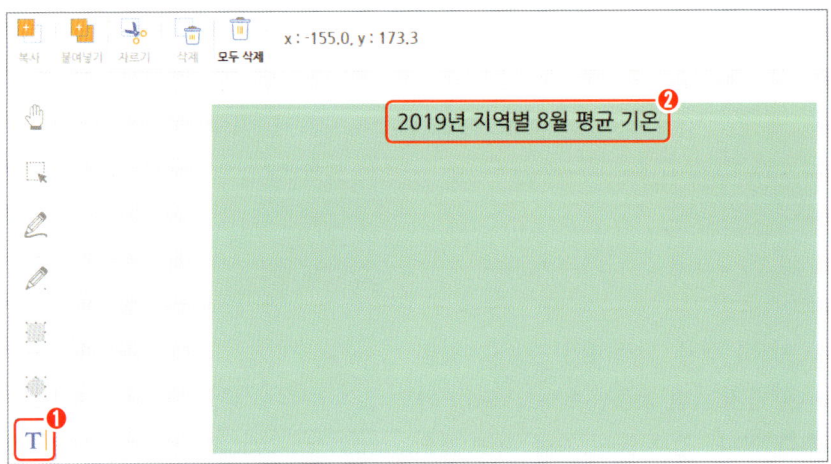

'지도 – 대한민국(I)' 오브젝트와 '지도 – 강원도' 오브젝트를 추가한다.

방향과 좌표를 수정하지 않고 오브젝트 목록창에서 두 개 오브젝트의 크기만 200으로 동일하게 수정한다. 한반도 모양의 '지도 – 대한민국(I)' 오브젝트 위에서 강원도의 위치에 '지도 – 강원도' 오브젝트가 저절로 겹쳐진다.

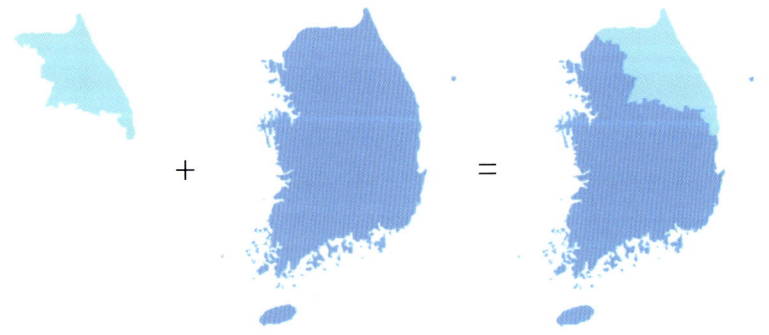

'지도 – 강원도' 오브젝트가 보이지 않는다면 오브젝트 목록창에서 오브젝트를 드래그 앤 드롭하여 순서를 바꾸어보자. 강원도 모양이 한반도 모양 앞에 있기 위해서는 오브젝트 목록창에서 '지도 – 강원도' 오브젝트가 반드시 '지도 – 대한민국(I)' 오브젝트 보다 위에 위치해야 한다.

3 코딩하기

단색 배경	장면이 시작되었을 때 변수 현재 기온▼ 숨기기	
	장면 2가 시작되었을 때 장면 1에서 온도 센서값을 나타내던 '현재 기온' 변수는 불필요해진다. 변수를 숨길 수 있도록 코드를 작성한다.	
해변에 간 엔트리봇	장면이 시작되었을 때 테이블 월평균 기온▼ 의 차트 창 열기 알아보고 싶은 지역을 클릭하세요. 을(를) 10 초 동안 말하기▼	
	장면 1에서 안내자 역할을 하였던 '해변에 간 엔트리봇'을 다시 활용해보자. 장면 2에서도 장면이 시작하면 차트 창을 열고, "알아보고 싶은 지역을 클릭하세요."를 10초 동안 말하도록 한다.	
지도-강원도	테이블 월평균 기온▼ 8 번째 행의 강원도▼ 값	
	테이블 값을 불러오기 위해 데이터분석 블록 카테고리에서 위와 같은 블록을 끌어온다. 강원도 열의 8번째 행(2019년 8월 평균 기온) 값이 필요하므로 위와 같이 설정한다.	

시각적인 효과를 위하여 '강원도' 오브젝트가 마우스 포인터에 닿으면 색이 바뀌도록 코드를 작성해보자. 색깔 효과 블록에서 오브젝트의 기본색은 100이다. 만약 마우스 포인트에 닿았으면 색깔 효과를 0으로, 그렇지 않으면 원래 색인 100으로 설정하면 된다.

색이 변한 상태에서 '마우스를 클릭했는가?' 조건을 또 만족한다면 강원도 8월 평균 기온값을 말하도록 해보자. 위에서 설정한 테이블 관련 블록에 안녕! 과(와) 엔트리 를 합치기 블록을 사용하면 자연스러운 문장을 만들 수 있다.

'마우스 포인터에 닿았는가?'와 '마우스를 클릭했는가?' 두 조건이 모두 참이면 추가된 테이블에서 8번째 행(8월 평균 기온) 강원도 값을 불러와 '강원도의 2019년 8월의 평균 기온'을 말해준다.

강원도뿐만 아니라 다른 지역 모양의 오브젝트들도 추가해서 같은 방식으로 코드를 작성하면 보다 풍성한 프로그램을 만들 수 있다.

메이커 더하기

1. 블록 만들기

블록을 조립하여 재난 알림 전광판이 설치된 스마트 수영장을 만들어 보자.

대장장이보드(스마트버전)

대장장이보드(빅버전)

2. 작동은 이렇게!

연결된 온도센서에 손가락을 대어 온도를 높인다. 온도가 높아짐에 따라 스마트버전의 OLED 또는 빅버전의 LCD, 버저, LED가 어떻게 작동하는지 살펴본다.

LESSON 17 내가 만든 재난 알리미 241

생각 정리하기

더 나아가기

우리 생활에서 데이터 분석을 활용하고 있는 다양한 예를 찾아보자. 그리고 데이터 분석을 이용하면 더욱 편리해질 수 있는 부분을 생각해 보고 그 이유를 설명해보자.

우리 생활에서 데이터 분석을 활용하고 있는 예

정리하고 평가하기

프로그램은 잘 실행되었는가?		
사용한 센서 이름을 적어봅시다.	핀 번호	센서 이름
이번 수업에서 알게 된 점을 정리해 봅시다.		

3 완성된 코드

오브젝트	코드
바다	▶ 시작하기 버튼을 클릭했을 때 계속 반복하기 　현재 기온▼ 를 아날로그 A0▼ 번 핀 센서 값 (으)로 정하기 　만일 아날로그 A0▼ 번 핀 센서 값 ≥ 600 (이)라면 　　재난 경보▼ 신호 보내기 　　1 초 기다리기 　아니면 　　경보 해제▼ 신호 보내기 　　1 초 기다리기
와이파이	🎯 재난 경보▼ 신호를 받았을 때 다음▼ 모양으로 바꾸기 0.3 초 기다리기 디지털 9▼ 번 핀 켜기▼ 디지털 8▼ 번 핀의 버저를 도▼ 3▼ 음으로 0.2 초 연주하기 디지털 9▼ 번 핀 끄기▼ 🎯 경보 해제▼ 신호를 받았을 때 자신의 다른▼ 코드 멈추기
해변에 간 엔트리봇	▶ 시작하기 버튼을 클릭했을 때 x: -290 y: -61 위치로 이동하기 5 초 기다리기 3 초 동안 x: 440 y: 0 만큼 움직이기 1 초 기다리기 날씨가 많이 덥죠? 을(를) 4 초 동안 말하기▼ 작년 8월의 평균 기온은 어땠는지 알아볼까요? 을(를) 5 초 동안 말하기▼ 이동하려면 저를 클릭하세요 을(를) 5 초 동안 말하기▼ 🟢 오브젝트를 클릭했을 때 장면 2▼ 시작하기

LESSON 17 내가 만든 재난 알리미

LESSON 18 따라하며 익히는 빅데이터 활용

 자석센서(Reed)와 적외선센서(IR)를 이용하여 스마트폰 이용 횟수 측정기를 만들고 이와 관련된 데이터를 가공하여 그래프로 표현해보자.

문제 상황

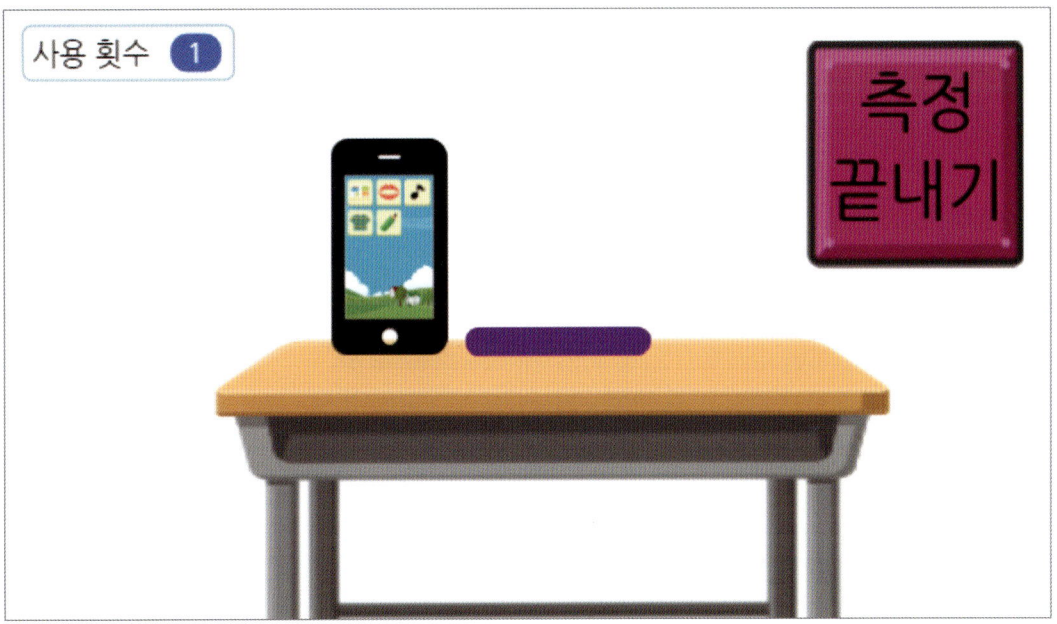

"나는 하루에 몇 번이나 스마트폰을 들여다보고 있을까?" 현대인의 스마트폰 과의존 증상은 다양한 연령에서 나타난다. 이번 강의에서는 스마트폰을 사용하기 위해 들어 올린 횟수를 누적 측정하여 하루 동안 이용 횟수가 기록되는 '스마트폰 이용 측정기'를 만들어보자. 더 나아가 통계청에서 스마트폰 과의존과 관련된 데이터를 검색하여 가공하는 방법을 익혀 나의 스마트폰 사용 정도가 같은 연령대 및 다른 연령대와 비교하여 어느 정도에 해당하는지 한눈에 알아볼 수 있도록 그래프로 표현해보자.

 소스 코드 http://naver.me/xlOvEwhb

생각 열기

1. 데이터 가공과 표현

- 오랜 기간 동안 사람들의 관심사나 생각을 읽어 내기 위한 시도들이 각계각층에서 끊임없이 이루어졌다. IT기술의 발전으로 대용량의 데이터를 수집, 분석, 가공하는 일이 가능해지면서 사회 여러 분야에서 데이터를 통해 상황을 진단하고 앞을 예측하는 등 데이터의 활용 범위가 점차 넓어지고 있다.
- 우리는 데이터가 넘치는 이른바 빅데이터(Big Data) 세상에서 살고 있다. 하루에도 수많은 사용자가 무심코 검색하는 정보들이 빅데이터로 수집되기도 하고, 이렇게 수집된 데이터가 다시 사용자에게 돌아와 '쓸모 있는' 정보로 제공되기도 한다. 이렇듯 수많은 데이터가 쏟아지는 세상에서 우리는 필요한 데이터를 가려내어 활용할 줄 아는 능력이 필요한 시점이다.
- 실제로 많은 기관에서는 사용자들이 원하는 정보를 생산할 수 있도록 다양한 종류의 데이터를 제공하고 있다. 이러한 데이터가 '쓸모 있는' 정보가 되려면 사용자가 이해할 수 있도록 처리하는 과정이 필요한데 이 과정을 데이터 가공이라고 한다.
- 통계청은 신뢰할 수 있는 통계 정보를 제공하는 대표적인 국가기관이다. 이번 강의에서는 통계청에서 제공하는 데이터 중에서 우리가 필요한 데이터를 검색·선택하여 간단히 꺾은선 그래프로 데이터를 표현해 보자.

2. 대장장이보드 준비

대장장이보드의 종류와 상관없이 A1핀에 적외선센서(IR), D10핀에 자석센서(Reed)를 연결한다.

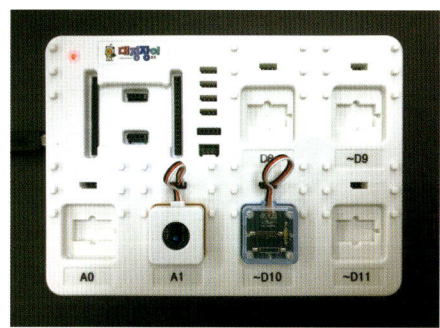
대장장이보드(스마트버전)

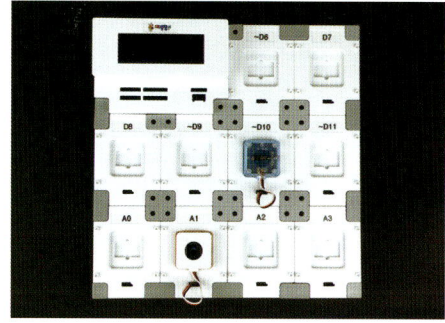
대장장이보드(빅버전)

3 알고리즘 확인

장면1
스마트폰 이용 횟수 측정

1. 안내하는 남학생의 말이 끝날 때까지 '스마트폰', '판', '책상', '배터리(2)', '색깔 상자(측정 시작, 측정 끝내기)' 오브젝트는 모양을 숨겼다가 말이 끝나면 모양을 보인다.
2. A1핀 센서를 손으로 가렸을 때 최댓값, 뗐을 때의 최솟값을 확인하고 중간 정도의 값을 기준값으로 설정한다. 기준값 미만이면 물건을 올려놓지 않은 상태, 기준값 이상이면 물건을 올려놓은 상태로 인식한다.
3. 두 가지 조건 ① D10핀 자석센서(Reed)에 자석이 닿았다. ② A1핀 적외선(IR) 센서값이 기준값 이상이다. 중 하나라도 만족하지 않으면 '사용 횟수' 변수에 1을 더한다.
4. '배터리(2)' 오브젝트는 두 가지 조건 ①, ②을 모두 만족하면 충전 중인 모양으로 변한다.
5. D10핀 자석센서(Reed)에 자석이 닿으면 스마트폰 화면이 꺼짐, 닿지 않으면 스마트폰 화면이 켜짐 모양으로 변하도록 모양을 설정한다.
6. 측정시작이 적힌 '색깔 상자1' 오브젝트는 클릭하면 사라지고 측정 끝내기 '색깔 상자2' 오브젝트가 보인다.
7. 측정 끝내기 '색깔 상자2'를 클릭하면 측정을 멈추고 장면 2로 전환된다.

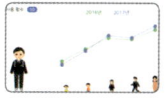
장면2
2016~2017 평균 스마트폰 이용 횟수 그래프

1. 장면 2가 시작하면 '학생(3)' 오브젝트가 안내 사항을 16초 동안 말한다.
2. '유치원생(6)', '어린이(1)', '학생(1)', '학생(4)', '원피스입은 사람', '제목' 오브젝트는 16초 동안 모습을 숨겼다가 해당 위치에서 모습을 보인다.
3. '2016' 오브젝트는 17초 동안 모습을 숨겼다가 학생(3)의 말이 끝나면 모습을 보이고 '2016 평균 스마트폰 이용 횟수' 그래프를 4초 동안 그린다.
4. '2017' 오브젝트는 22초 동안 모습을 숨겼다가 2016 그래프가 다 그려지면 모습을 보이고 '2017 평균 스마트폰 이용 횟수' 그래프를 4초 동안 그린다.
5. '얼굴(남)' 오브젝트는 모습을 숨겼다가 27초 기다린 후 모습을 보이고 사용자의 측정기록을 그래프에 표시한다.

프로그램 도전하기(장면1)

배경과 오브젝트 준비

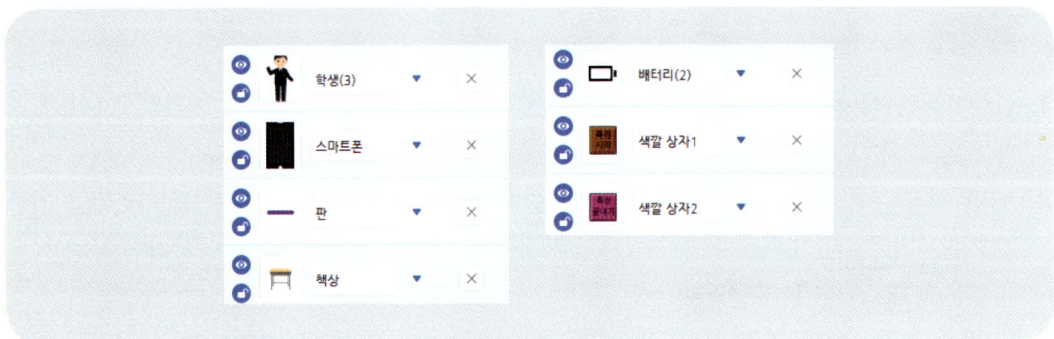

⚙️ 1 센서값을 측정하여 기준값 설정하기

적외선 센서는 물체가 센서에 가까울수록 반사되어 되돌아가는 적외선 양이 많아져 값이 커진다. 이것을 확인하기 위해서 적외선 센서값 변화를 눈으로 확인하고 물건을 올려두지 않았을 때와 올려두었을 때 값이 어느 정도인지를 직접 알아보도록 하자.

말하기 블록을 사용해 계속 변하는 센서값을 확인해 보자. 시작하기 버튼을 클릭했을 때 적외선센서에 손을 가까이 가져갔다가 떼면서 값의 변화를 살펴본다.

손으로 가리기 전의 가장 작은 값과 손으로 가린 후의 가장 큰 값을 확인해 보자.

최솟값과 최댓값 사이에서 적절한 기준값을 설정하면 그 값을 기준으로 '물건 없음', '물건 있음'을 판단할 수 있다. 기준값을 정했다면 말하기 블록은 삭제해도 된다.

⚙️ 2 오브젝트 준비하기

장면 1에 '색깔 상자' 오브젝트를 추가한다. '색깔 상자' 오브젝트를 선택한 후 [모양]탭 편집창에서 '측정시작' 글자를 넣는다. 이 오브젝트를 클릭하면 측정을 시작하도록 코딩할 것이다.

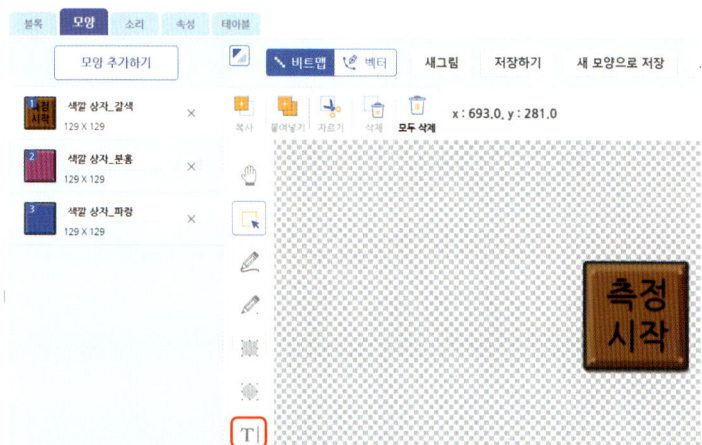

　장면 1에 '색깔 상자' 오브젝트를 한 개 더 추가한다. 오브젝트를 선택한 후 [모양] 탭에서 두 번째의 '색깔 상자_분홍' 모양을 선택한 후 블록으로 돌아온다. 기본 모양이 분홍으로 설정되어 갈색의 '측정 시작' 색깔 상자와 구분할 수 있게 된다. 오른쪽 모양 편집창에서 '측정 끝내기'라고 적는다. 이 오브젝트는 측정을 시작하면 모습을 보이고 오브젝트를 클릭하면 측정을 끝내고 장면 2로 전환되게 코딩할 것이다.

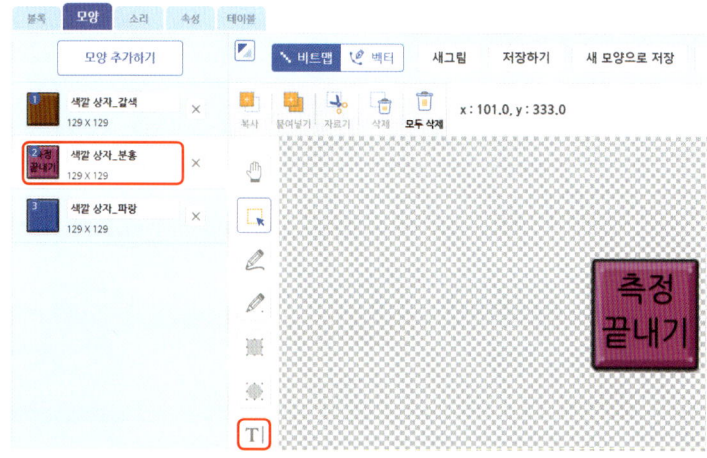

　오브젝트 목록창에서 해당 오브젝트를 '색깔 상자1'과 '색깔 상자2'로 이름을 바꾼다.

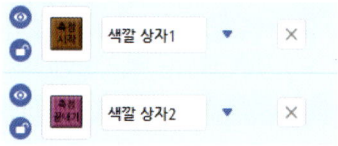

3 코딩하기

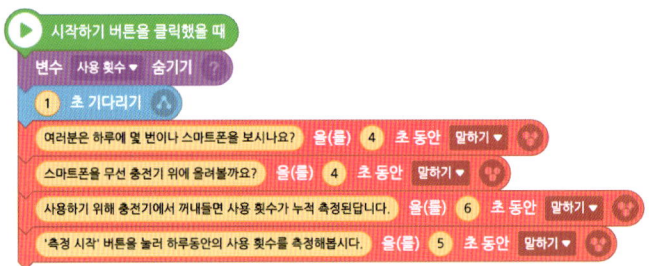

학생(3)

'학생(3)' 오브젝트는 장면 1에서 프로그램을 안내하는 역할을 한다.

사용자가 스마트폰을 들어 올릴 때마다 횟수를 누적하여 기록할 수 있는 '사용 횟수' 변수를 [속성] 탭에서 추가한다. 이 '사용 횟수' 변수는 시작하기 버튼을 클릭했을 때에는 모습을 숨기고 있다.

시작하기 버튼을 클릭하면 '학생(3)'이 "여러분은 하루에 몇 번이나 스마트폰을 보시나요?", "스마트폰을 무선 충전기 위에 올려볼까요?", "사용하기 위해 충전기에서 꺼내들면 사용 횟수가 누적 측정된답니다.", "'측정 시작' 버튼을 눌러 하루동안의 사용 횟수를 측정해봅시다"와 같은 안내말을 하도록 코드를 작성한다(총 20초).

[속성] 탭에서 '측정시작' 신호를 만든다. 사용자가 측정시작 '색깔 상자' 오브젝트를 클릭하면 '측정시작' 신호를 받아서 '학생(3)' 오브젝트 모습을 숨긴다.

측정시작 '색깔 상자' 오브젝트를 클릭하면 횟수 측정을 시작한다.

색깔 상자1

시작하기 버튼을 클릭하면 측정시작 '색깔 상자' 오브젝트는 모양을 숨긴 채 '학생(3)' 오브젝트가 말하기를 기다렸다가 21초 후에 모양을 보이게 코드를 작성한다.

'색깔 상자' 오브젝트를 클릭하면 색깔 효과를 0으로 정한다.

'색깔 상자' 오브젝트 클릭을 해제하면 색깔 효과를 원래대로 100으로 정하고 모양을 숨긴 후 '학생(3)' 오브젝트에 '측정시작' 신호를 보낸다.

책상

'책상' 오브젝트는 '학생(3)' 오브젝트가 말을 끝내면 모습을 보인다. 스마트폰과 이용 횟수 측정기를 올려 둘 곳으로 이용되는 오브젝트이다. 측정시작 '색깔 상자' 오브젝트가 보낸 '측정시작' 신호를 받으면 적절한 곳에서 모양을 보이도록 한다. 예시에서는 크기를 307.7, x좌표를 10.2, y좌표를 −96.7로 설정하였다.

판

'판' 오브젝트는 자석이 달린 스마트폰이 자석센서에서 떨어질 때마다 횟수를 누적 기록하는 무선 충전기 역할을 한다. 예시에서는 '판' 오브젝트의 위치를 x:12.2, y:10.8, 크기를 49.6으로 설정하였다.

시작하기 버튼을 클릭했을 때는 모양을 숨기고 있다가 '측정시작' 신호를 받으면 모습을 보이고 '사용 횟수' 변수를 0으로 정한다.

두 조건 ①자석센서 위에 자석을 올려놓으면 D10핀 센서값이 10이다. ②적외선센서 앞에 물건이 있어 A1핀 센서값이 900초과이다. 이 두 조건 중 하나라도 만족하지 않는다면 '사용 횟수' 변수에 1을 추가하고 3초를 기다린다. 3초가 흘렀을 때에도 두 조건 중 하나라도 만족을 하지 않으면 사용 횟수가 1회 더 증가한다.

D10핀에 연결된 자석 센서값에 따라 '스마트폰' 오브젝트의 방향과 모양을 바꾸는 코드를 작성해보자.

시작하기 버튼을 클릭하면 '스마트폰' 오브젝트는 모양을 숨긴다.

'측정시작' 신호를 받으면 모양을 숨기고 있던 '스마트폰' 오브젝트와 '사용 횟수' 변수가 모습을 보인다.

D10핀 센서값이 1이라면 자석이 달린 스마트폰이 자석센서에 놓여있다는 의미이다. 이때 스마트폰은 충전 중이므로 '스마트폰_꺼짐' 모양으로 바뀌어야 한다. 스마트폰이 '판' 오브젝트 위에 놓인 모양이 되도록 x:12, y:20으로 위치를 이동시키고 방향은 90도로 정한다.

D10핀 센서값이 1이 아니라면 자석이 달린 스마트폰이 자석센서에서 떨어졌다는 의미이다. 이때 스마트폰은 사용 중이므로 '스마트폰_켜짐' 모양으로 바뀌어야 한다. 스마트폰을 사용하기 위해 들어 올린 모습으로 보일 수 있게 x:-64, y:31 위치로 이동시키고 방향은 0도로 정한다.

'배터리(2)' 오브젝트는 스마트폰을 내려놓으면 충전 중인 상태를 나타내기 위한 것이다.

시작하기 버튼을 클릭하면 모양을 숨긴다.

'측정시작' 신호를 받으면 '배터리(2) 0%' 모양으로 바꾼다.
두 조건 ①자석이 자석센서에 붙어 D10핀 센서값이 1이다. ②적외선센서 앞을 물건이 가린 상태로 A1핀 센서값이 900초과이다. 두 조건을 만족한다면 0.3초 간격으로 다음 모양으로 바꾸면서 배터리가 충전 중인 모습으로 바뀐다. 두 조건 중에 하나라도 충족하지 않는다면 '배터리' 오브젝트는 모습을 숨긴다.

색깔 상자2

시작하기 버튼을 클릭했을 때 측정끝내기 '색깔 상자2' 오브젝트는 모양을 숨겼다가 '측정시작' 신호를 받으면 0.5초 기다린 후 모양을 보인다. 측정끝내기 '색깔 상자2' 오브젝트를 클릭하면 색깔 효과를 0으로 정하여 시각적 효과를 준다.

실행 화면 위쪽의 '+' 버튼을 클릭하여 장면 2를 추가한다. 오브젝트 클릭을 해제하면 원래 색깔인 100으로 돌아오고 0.5초 후 장면 2로 전환한다.

프로그램 도전하기(장면2)

배경과 오브젝트 준비

1 통계청 홈페이지에 방문하여 필요한 데이터 찾기

통계청 누리집(홈페이지)에 방문한다(http://kostat.go.kr/).

시작 화면의 '통계포털(KOSIS)-국내통계'를 클릭하면 국내의 주제별 통계조사 데이터를 확인할 수 있다.

스마트폰 이용 실태를 알아보기 위해 통계목록 검색창에 '스마트폰'을 검색한 후 '스마트폰 과의존 실태조사'를 클릭한다.

'스마트폰 과의존 실태조사'의 2016년 이후 조사 자료 중 '스마트폰 1일평균 이용횟수'를 클릭한다.

이번 강의에서 위 데이터를 이용하여 그래프를 만들 때 필요한 부분은 '유치원생/초등학생/중학생/고등학생/대학생'의 주중 1일 평균 스마트폰 이용 횟수이다.

통계표에서 원하는 자료만 쉽게 보려면 [응답자특성별]탭에서 '학령별'만 선택, [이용시기별]탭에서 '주중'만 선택, [이용횟수별]탭에서 '평균'만을 선택, [시점]탭에서 '2016~2017'로 선택하고 통계표를 조회하면 원하는 자료만 간추려진 데이터를 얻을 수 있다.

조회된 화면에서 일반사용자군의 2016~2017 주중 평균 횟수를 확인하면 다음과 같다.

응답자특성별(1)	응답자특성별(2)	응답자특성별(3)	2017 주중 평균(회)	2016 주중 평균(회)
학령별	유치원생	소계	7.0	9.1
		과의존 위험군	23.1	9.1
		일반사용자군	3.5	9.1
	초등학생	소계	15.0	16.3
		과의존 위험군	23.0	25.3
		일반사용자군	12.7	13.4
	중학생	소계	24.3	22.9
		과의존 위험군	21.5	30.3
		일반사용자군	25.8	18.6
	고등학생	소계	23.1	22.0
		과의존 위험군	19.6	27.8
		일반사용자군	24.4	19.3
	대학생	소계	29.8	27.7
		과의존 위험군	36.4	31.8
		일반사용자군	27.7	26.5

엔트리로 돌아와 조회된 통계정보를 활용하여 테이블을 추가해보자.

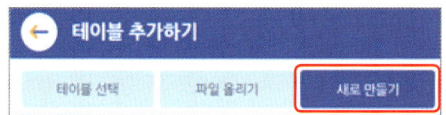

블록꾸러미의 [테이블]탭에서 '테이블 추가하기'를 클릭하고 '새로 만들기'를 선택한다.

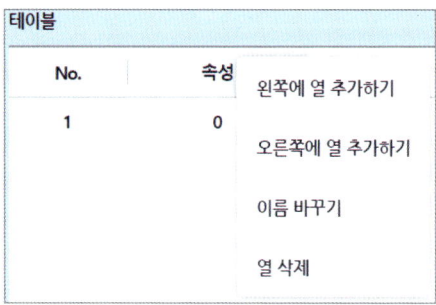

만들어진 테이블에서 '속성'을 선택하여 오른쪽 마우스를 클릭하면 열을 추가하거나 이름을 수정할 수 있다. 같은 방법으로 첫 번째 행의 '1'을 선택하여 오른쪽 마우스를 클릭하면 행을 추가할 수 있다.

1일 평균 스마트폰 이용 횟수						
No.	연도	유치원생	초등학생	중학생	고등학생	대학생
1	2016	9.1	13.4	18.6	19.3	26.5
2	2017	3.5	12.7	25.8	24.4	27.7

열 6개, 행 2개를 추가하여 위와 같이 통계청에서 검색한 데이터가 담긴 표를 작성해 보자.

2 오브젝트 준비하기

작성한 테이블 데이터를 그래프로 그리기 위해서 원 2개가 필요하다. 한 개는 2016년 수치를 그릴 것이고, 나머지 한 개는 2017년 수치를 그릴 것이다.

오브젝트를 추가하는 '+' 버튼을 클릭한 후 상단의 [새로 그리기] 탭을 클릭한다.

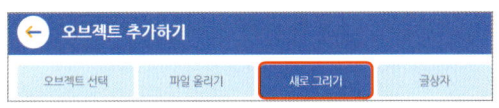

새로 열린 모양 편집창에서 원 그리기를 선택하고 윤곽선이 없는 연두색 원 한 개를 그린 후 저장한다. 오브젝트 목록창에서 구분이 쉽도록 이름을 '2016'으로 바꾼다.

같은 방법으로 파란색 원을 추가하여 오브젝트 이름을 '2017'로 바꾼다. 오브젝트 목록창에는 두 개의 원 오브젝트가 생성되었다.

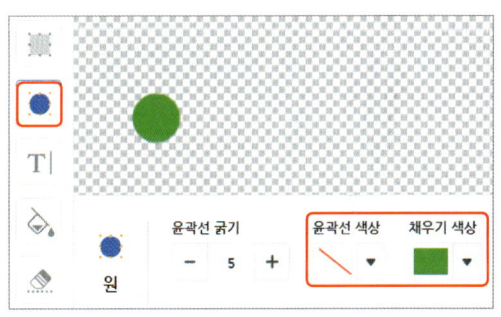

같은 방법으로 '+' 버튼을 클릭해 오브젝트 추가하기의 [새로 그리기] 탭을 클릭하여 표의 제목이 되는 '2016년 2017년' 글자를 입력한다. 그

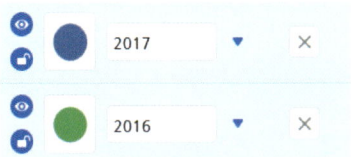

래프를 색으로 구분할 수 있게 '2016'은 연두색으로 '2017'은 파란색으로 글자를 입력한다. 오브젝트 목록에서 구분하기 쉽도록 오브젝트 이름을 '제목'으로 바꾼다.

'얼굴(남)' 오브젝트를 추가하고 [모양] 탭에서 '모양 가져오기'를 클릭한다. '방향버튼_위' 모양을 가져와 90도 회전하고 '얼굴(남)' 오브젝트 옆에 붙여 저장한다.

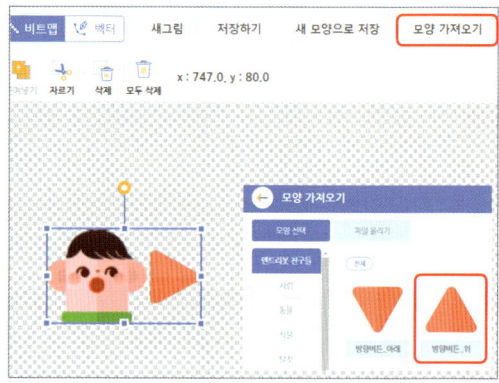

3 코딩하기

장면 2에서 '학생(3)' 오브젝트는 측정의 결과를 안내하는 역할을 한다.

"하루동안 ( )번을 사용하셨군요!"라는 문장을 말하도록 위와 같이 코드를 만든다.

학생(3)

장면 2가 시작되었을 때 "하루동안 ( )번을 사용하셨군요!", "다음은 2016~2017년 동안 유치원생부터 대학생까지", "학생들의 평일 평균 스마트폰 사용 횟수를 나타낸 표입니다.", "자신의 스마트폰 이용 실태를 점검하고 반성해봅시다."라는 안내말을 16초 동안 하도록 코드를 작성한다.

제목
유치원생(6)
어린이(1)
학생(1)
학생(4)
원피스입은 사람

'제목', '유치원생(6)', '어린이(1)', '학생(1)', '학생(4)', '원피스입은 사람' 오브젝트를 추가한다. 장면 2가 시작하면 모양을 숨기고 '학생(3)'이 말하는 16초 동안 기다렸다가 모습을 보인다.

'유치원생(6)', '어린이(1)', '학생(1)', '학생(4)', '원피스입은 사람' 5개의 오브젝트는 그래프에서 가로축의 항목이 된다. 이 5개의 오브젝트를 그래프의 가로축 위치에 같은 간격과 적절한 크기로 조정하여 배치한다. 예시에서는 x좌표를 '유치원생(6)'은 -60, '어린이(1)'은 10, '학생(1)'은 80, '학생(4)'는 150, '원피스입은 사람'은 220으로 서로 70의 간격을 두고 배치하였다.

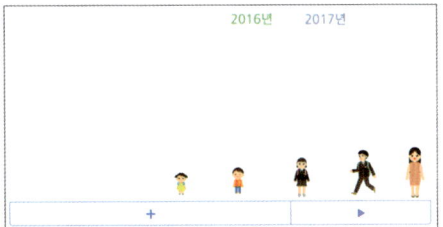

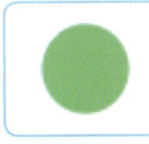

2016

미리 만들어 둔 연두색 원 모양의 '2016' 오브젝트는 2016의 데이터를 그래프로 그리는 역할을 한다.

만들어 둔 테이블에서 2016년 유치원생 데이터를 불러오기 위해서 데이터분석 블록 기대고리에서 위 블록을 사용한다.

장면 2가 시작하면 모양을 숨기고 '학생(3)'이 말하는 동안 17초를 기다린다.
'2016' 오브젝트는 '유치원생' 항목을 시작으로 5개 가로축 각 항목에 해당하는 값을 그래프로 보여주고자 한다. '2016' 오브젝트 첫 x좌표값은 '유치원생' 오브젝트의 x좌표값(-60)을 입력한다. y좌표는 각 항목 간의 확연한 차이를 보여주기 위해 '(2016년 유치원생의 값)×5-80'의 계산식을 사용해 그래프 세로 간격을 넓게 조정했다. 이 식은 모든 오브젝트에 동일하게 적용하여 일정한 비율로 간격을 조정한 것이므로 그래프가 왜곡되지 않는다.

'2016' 오브젝트는 '유치원생' 항목의 y값 위치에 도장 찍기를 시작으로 각 항목의 y값에 점을 찍어 표시한다. 붓색도 오브젝트 색과 같은 연두색으로 정하고 선을 그리기를 시작할 것이다.

1초 동안 (10, (2016년 초등학생의 값)X5−80)에 위치로 선을 그리기며 이동한다. '초등학생' 항목 y좌표에 도장을 찍고 '중학생' 그래프 좌표인 (80, (2016년 중학생의 값)X5−80)으로 이동한다. 같은 방법으로 '고등학생'과 '원피스를 입은 사람'의 좌표까지 이동하며 그래프를 그린다. 2016년의 그래프를 그리는데 총 4초가 걸린다.

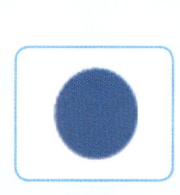

2017

'2017' 오브젝트는 '학생(3)'이 말하는 시간과 '2016' 그래프가 그려지는 시간인 22초 동안 모양을 숨기고 기다려야 한다.

'2016' 오브젝트와 마찬가지로 '2017' 오브젝트도 코드를 작성하고 블록 안의 행과 열을 바르게 입력한다.

파란색 데이터분석 블록을 사용할 때 2017년 데이터이므로 2번째 행을 입력해야 한다는 걸 유념해야 할 것이다.

얼굴(남)

'얼굴(남)'은 '학생(3)'의 안내말, '2016' 그래프 그리기, '2017' 그래프 그리기가 끝날 때까지 총 27초 동안 모습을 숨기고 기다린다. x좌표는 −95로 정하고 y좌표는 ('사용 횟수'변수 값)X5−80 으로 입력한다. 이 수식은 자신의 사용량이 '초등학생'부터 '대학생'까지 견주어 어느 정도에 해당하는지를 확인하기 위해 2016, 2017의 각 항목을 표시하는 수식과 동일하게 입력한다. '사용 횟수'에 따라 해당 위치로 옮겨가 '얼굴(남)' 오브젝트는 모양을 보인 후 "나의 측정기록은 여기!" 라고 말한다.

메이커 더하기

1 블록 만들기

블록을 조립하여 나만의 스마트폰 이용 횟수 측정기를 만들어 보자.

대장장이보드(스마트버전)

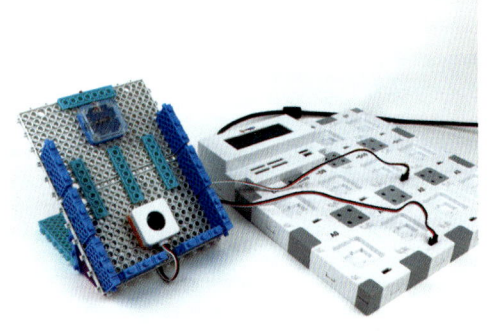
대장장이보드(빅버전)

2 작동은 이렇게!

자석센서와 적외선센서를 갖춘 판에 자석을 부착한 휴대폰을 올려놓자. 들어 올릴 때마다 횟수가 1회 증가하는지 확인해 본다.

생각 정리하기

 더 나아가기

우리 생활에서 빅데이터를 이용하고 있는 분야를 찾아 조사해보자. 빅데이터를 활용했을 때의 이점과 주의해야 할 점에 대해서도 함께 고민해보자.

우리 생활에서 빅데이터가 이용되는 분야

2 정리하고 평가하기

프로그램은 잘 실행되었는가?		
사용한 센서 이름을 적어봅시다.	핀 번호	센서 이름
이번 수업에서 알게 된 점을 정리해 봅시다.		

3 완성된 코드

오브젝트	코드 설명
학생(3)	시작하기 버튼을 클릭했을 때 변수 사용 횟수▼ 숨기기 1 초 기다리기 여러분은 하루에 몇 번이나 스마트폰을 보시나요? 을(를) 4 초 동안 말하기▼ 스마트폰을 무선 충전기 위에 올려볼까요? 을(를) 4 초 동안 말하기▼ 사용하기 위해 충전기에서 꺼내들면 사용 횟수가 누적 측정됩니다. 을(를) 6 초 동안 말하기▼ '측정 시작' 버튼을 눌러 하루동안의 사용 횟수를 측정해봅시다. 을(를) 5 초 동안 말하기▼ 측정시작▼ 신호를 받았을 때 모양 숨기기
스마트폰	시작하기 버튼을 클릭했을 때 모양 숨기기 측정시작▼ 신호를 받았을 때 모양 보이기 변수 사용 횟수▼ 보이기 계속 반복하기 　만일 디지털 10▼ 번 핀 센서 값 (이)라면 　　스마트폰_꺼짐▼ 모양으로 바꾸기 　　x: 12 y: 20 위치로 이동하기 　　방향을 90° (으)로 정하기 　아니면 　　스마트폰_켜짐▼ 모양으로 바꾸기 　　x: -64 y: 31 위치로 이동하기 　　방향을 0° (으)로 정하기
판	시작하기 버튼을 클릭했을 때 모양 숨기기 측정시작▼ 신호를 받았을 때 모양 보이기 사용 횟수▼ 를 0 (으)로 정하기 측정시작▼ 신호를 받았을 때 모양 보이기 사용 횟수▼ 를 0 (으)로 정하기 계속 반복하기 　만일 디지털 10▼ 번 핀 센서 값 그리고 아날로그 A1▼ 번 핀 센서 값 > 900 (이)가 아니다 (이)라면 　　사용 횟수▼ 에 1 만큼 더하기 　　3 초 기다리기

LESSON 18 따라하며 익히는 빅데이터 활용

264 CHAPTER 3 자유자재 AI 코딩!

학생(3)		장면이 시작되었을 때 하루동안 총 과(와) 사용 횟수▼ 값 를 합치기 과(와) 변을 사용하셨군요! 를 합치기 을(를) 4 초 동안 말하기▼ 다음은 2016~2017년 동안 유치원생부터 대학생까지 을(를) 4 초 동안 말하기▼ 학생들의 평일 평균 스마트폰 사용 횟수를 나타낸 표입니다. 을(를) 4 초 동안 말하기▼ 자신의 스마트폰 이용 실태를 점검하고 반성해봅시다. 을(를) 4 초 동안 말하기▼
제목 유치원생(6) 어린이(1) 학생(1) 학생(4) 원피스입은 사람		장면이 시작되었을 때 모양 숨기기 16 초 기다리기 모양 보이기
2016		장면이 시작되었을 때 모양 숨기기 17 초 기다리기 x: -60 y: 테이블 1일 평균 스마트폰 이용 횟수▼ 1 번째 행의 유치원생▼ 값 × 5 - 80 위치로 이동하기 모양 보이기 도장 찍기 붓의 색을 (으)로 정하기 그리기 시작하기 1 초 동안 x: 10 y: 테이블 1일 평균 스마트폰 이용 횟수▼ 1 번째 행의 초등학생▼ 값 × 5 - 80 위치로 이동하기 도장 찍기 1 초 동안 x: 80 y: 테이블 1일 평균 스마트폰 이용 횟수▼ 1 번째 행의 중학생▼ 값 × 5 - 80 위치로 이동하기 도장 찍기 1 초 동안 x: 150 y: 테이블 1일 평균 스마트폰 이용 횟수▼ 1 번째 행의 고등학생▼ 값 × 5 - 80 위치로 이동하기 도장 찍기 1 초 동안 x: 220 y: 테이블 1일 평균 스마트폰 이용 횟수▼ 1 번째 행의 대학생▼ 값 × 5 - 80 위치로 이동하기

LESSON 18 따라하며 익히는 빅데이터 활용

2017	장면이 시작되었을 때 모양 숨기기 22 초 기다리기 x: -60 y: 테이블 1일 평균 스마트폰 이용 횟수 ▼ 2 번째 행의 유치원생 ▼ 값 x 5 - 80 위치로 이동하기 모양 보이기 도장 찍기 붓의 색을 ■ (으)로 정하기 그리기 시작하기 1 초 동안 x: 10 y: 테이블 1일 평균 스마트폰 이용 횟수 ▼ 2 번째 행의 초등학생 ▼ 값 x 5 - 80 위치로 이동하기 도장 찍기 1 초 동안 x: 80 y: 테이블 1일 평균 스마트폰 이용 횟수 ▼ 2 번째 행의 중학생 ▼ 값 x 5 - 80 위치로 이동하기 도장 찍기 1 초 동안 x: 150 y: 테이블 1일 평균 스마트폰 이용 횟수 ▼ 2 번째 행의 고등학생 ▼ 값 x 5 - 80 위치로 이동하기 도장 찍기 1 초 동안 x: 220 y: 테이블 1일 평균 스마트폰 이용 횟수 ▼ 2 번째 행의 대학생 ▼ 값 x 5 - 80 위치로 이동하기
얼굴(남)	장면이 시작되었을 때 모양 숨기기 27 초 기다리기 x: -95 y: 사용 횟수 ▼ 값 x 5 - 80 위치로 이동하기 모양 보이기 나의 측정기록은 여기! 을(를) 말하기 ▼

숨어있는 엔트리봇을 잡아라!

 학습주제   인공지능 사물 인식 기능을 이용해 엔트리봇 잡기 프로그램을 만들어보자.

 문제 상황

집 안 곳곳에 여러 모습의 엔트리봇이 숨겨져 있다. 물체를 인식시키면 엔트리봇이 잠깐 나타난다. 코로 엔트리봇을 조준하여 스위치를 누르면 엔트리봇을 잡을 수 있다. 엔트리봇을 찾아 잡는 프로그램을 만들어보자.

 소스 코드 http://naver.me/FlrODZy4

생각 열기

1. 알고 보자! 인공지능(AI)의 세계 : 읽어주기

- 2만 문장 정도를 사람 목소리로 녹음해 nVocie 엔진을 갖춰 놓은 후 단어별로 쪼개어 재조합하는 방법으로 읽어주기 기능을 가능하게 한다.
- nVocie는 TTS(Text to Speech)기술로 텍스트를 입력하면 사람의 목소리로 변화되어 나오는 시스템을 말한다.

2. 대장장이보드 준비

대장장이보드의 종류와 상관없이 D8핀에 버저(Buzzer), D9핀에 스위치센서(Switch)를 연결한다.

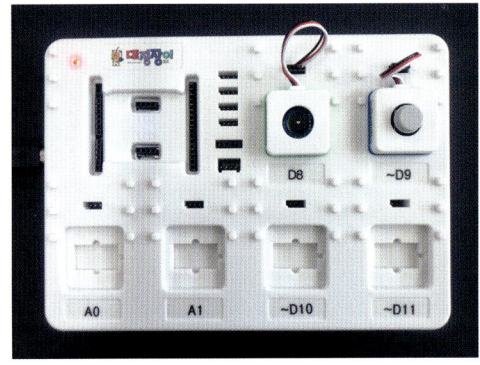
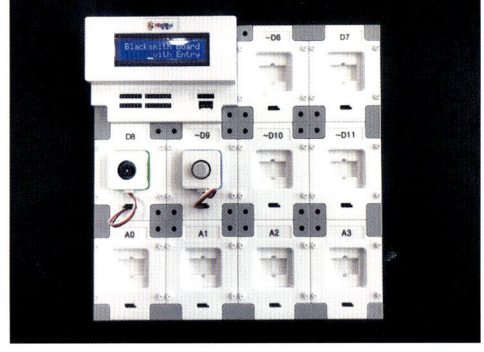

대장장이보드(스마트버전)   대장장이보드(빅버전)

3. 알고리즘 확인

1. 비디오 화면이 보이고 사물과 얼굴 인식이 시작된다.
2. 타이머는 50초부터 1초씩 줄어든다.
3. 라디오버튼은 인식된 코를 따라다니며 움직인다.
4. 책, 컵 등의 사물이 인식되면 엔트리봇이 나타난다.
5. 등장한 엔트리봇에 라디오버튼을 조준하고 스위치를 누른다.
6. 버저가 울리며 엔트리봇이 "잡혔다."라고 말하며 모양을 숨긴다.
7. 남은 시간이 0초가 되면 몇 개의 엔트리봇을 잡았는지 말해준다.

프로그램 도전하기

배경과 오브젝트 준비

배경(없음)

비디오 화면을 이용하므로 이번 강의에서는 배경을 따로 사용하지 않는다.

오브젝트
- 가 GAME OVER
- 라디오버튼
- 블록왕 엔트리봇
- 미끄러진 엔트리봇
- 해변에 간 엔트리봇
- 점프 엔트리봇(1)
- 공부하는 엔트리봇

1 오브젝트 준비하기

'글상자', '라디오버튼', '블록왕 엔트리봇', '미끄러진 엔트리봇', '해변에 간 엔트리봇', '점프 엔트리봇(1)', '공부하는 엔트리봇' 오브젝트를 추가한다.

오브젝트 목록창 위쪽에 있는 것이 화면에서도 위쪽에 위치하기 때문에 오브젝트를 추가할 때 순서에 유의해야 한다. 프로그램의 종료를 알리는 '글상자'가 맨 위에 위치해야 조건을 만족했을 때 제일 위에 드러날 수 있다. 다음으로 '라디오버튼'이 엔트리봇을 조준하는 효과를 내기 위해 엔트리봇 위에 위치하는 것이 자연스러우므로 오브젝트 목록의 두 번째에 있어야 한다. 다음으로 엔트리봇('블록왕 엔트리봇', '미끄러진 엔트리봇', '해변에 간 엔트리봇', '점프 엔트리봇(1)', '공부하는 엔트리봇')이 그 다음 순서에 오도록 오브젝트 목록을 정리한다.

'글상자'는 오브젝트를 추가한 후 상단에 [글상자] 탭을 클릭하여 작성할 수 있다. 이곳에서 글자와 관련한 글꼴, 진하게, 밑줄, 기울여 쓰기, 글자색, 배경색 등을 바꿀 수 있다. 'GAME OVER'라고 쓴 후 어울리는 글꼴, 글자색, 배경색으로 바꾼 후 적용하기를 누른다.

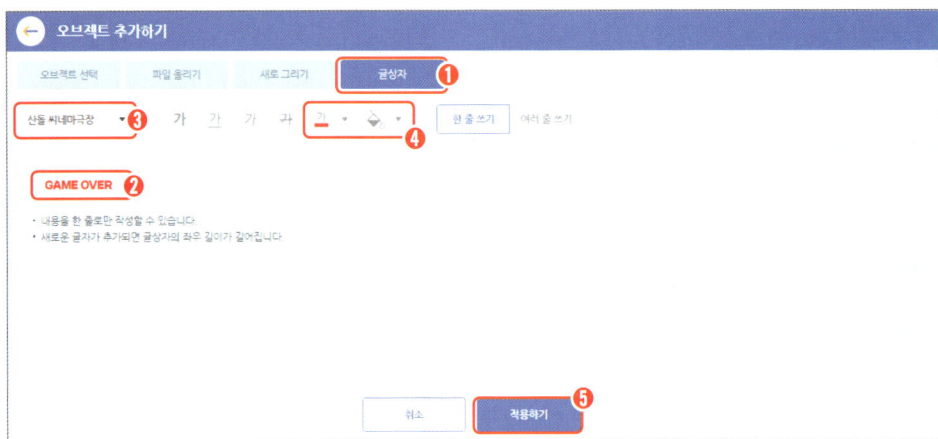

2 인공지능 준비하기

인공지능 블록 카테고리를 눌러 'AI블록 불러오기'을 선택하고 '비디오 감지'와 '읽어주기'를 추가한다.

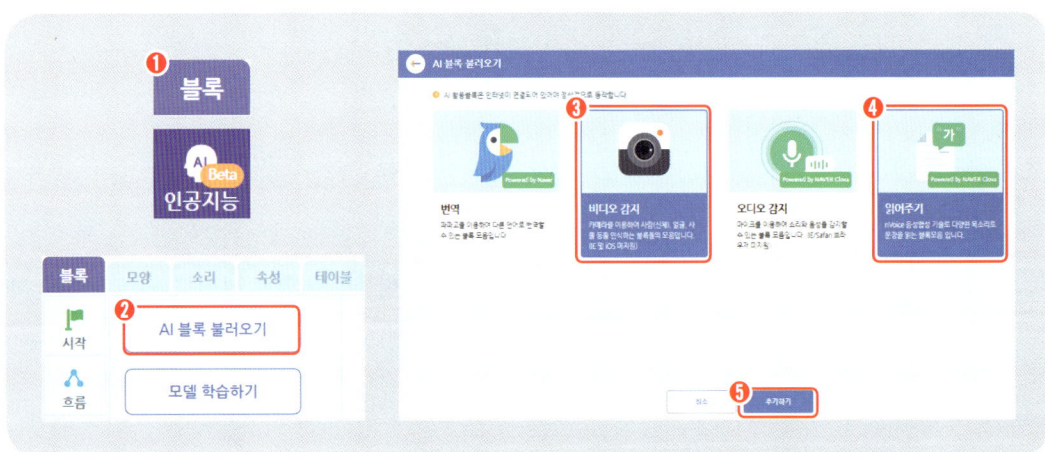

3 코딩하기

라디오버튼

'라디오버튼' 오브젝트는 비디오에 감지되는 얼굴의 코 부분을 따라다니며 엔트리봇을 조준하는 역할을 한다. 따라서 프로그램이 시작되면 사물인식과 얼굴인식을 시작하고 비디오에 감지되는 얼굴의 코 부분 위치로 이동한다.

프로그램이 시작되면 초시계가 시작되는데 남은 시간만 알려주기 위해 초시계는 숨긴다. 남은 시간을 정수로 알려주기 위해 '초시계값/1의 몫'을 활용하였으며 50에서 '초시계값/1의 몫'을 빼준다.

함수 만들기

여러 모양의 '엔트리봇' 오브젝트가 같은 방식으로 동작한다. 따라서 함수를 활용하면, 코드를 좀 더 단순화할 수 있으며 동작을 수정할 때도 오브젝트별로 수정하지 않고 한번에 수정이 가능하다.

'등장' 함수가 시작하면 x좌표 −200~200 사이, y좌표 −100~100사이의 무작위 위치로 이동해 모습을 보인다. 작아지고 커지기를 7번 반복한 후 모양을 숨긴다.

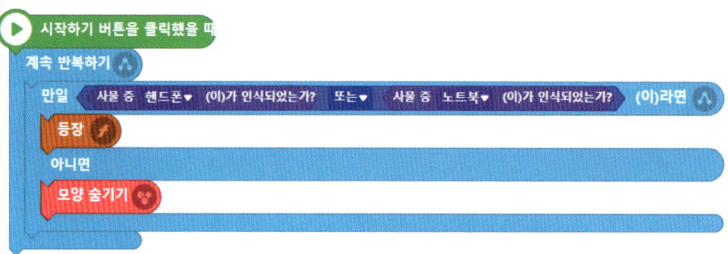

'잡혔다' 함수가 시작하면 D8핀에 연결된 버저가 0.1초간 소리를 낸다. '엔트리봇' 오브젝트는 "잡혔다!"라고 1초간 말한 뒤 모양을 숨긴다. 점수는 1점이 올라간다.

블록왕 엔트리봇

'블록왕 엔트리봇' 오브젝트는 핸드폰이나 노트북이 인식되면 '등장' 함수를 실행하고 인식되지 않으면 모양을 숨긴다.

'블럭왕 엔트리봇'이 라디오버튼에 닿았을 때 D9핀에 연결된 스위치를 누르면 '잡혔다' 함수가 실행된다.

미끄러진 엔트리봇

소파나 침대가 인식되면 '등장' 함수를 실행하고 인식되지 않으면 모양을 숨긴다.

	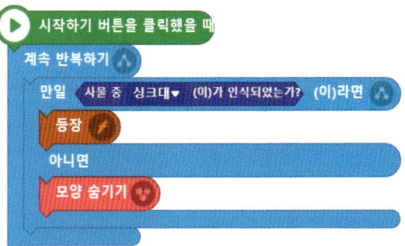	
	'미끄러진 엔트리봇'이 라디오버튼에 달았을 때 D9핀에 연결된 스위치를 누르면 '잡혔다' 함수가 실행된다.	
\n해변에 간\n엔트리봇		
	싱크대기 인식되면 '등장' 함수를 실행하고 인식되지 않으면 모양을 숨긴다.	
	'해변에 간 엔트리봇'이 라디오버튼에 달았을 때 D9핀에 연결된 스위치를 누르면 '잡혔다' 함수가 실행된다.	
\n점프 엔트리봇(1)		
	숟가락이나 포크, 컵이 인식되면 '등장' 함수를 실행하고 인식되지 않으면 모양을 숨긴다.	

LESSON 19 숨어있는 엔트리봇을 잡아라! 273

'점프 엔트리봇(1)'이 라디오버튼에 닿았을 때 D9핀에 연결된 스위치를 누르면 '잡혔다' 함수가 실행된다.

공부하는 엔트리봇

책이 인식되면 '등장' 함수를 실행하고 인식되지 않으면 모양을 숨긴다.

'공부하는 엔트리봇'이 라디오버튼에 닿았을 때 D9핀에 연결된 스위치를 누르면 '잡혔다' 함수가 실행된다.

GAME OVER
글상자

　게임 종료를 알리는 '글상자'는 게임이 종료되기 전까지는 모양을 숨기다가 초시계 값이 51초가 넘어가서 게임이 종료되면 모양이 보인다. 이후 비디오 화면을 숨기고 1초를 기다린 후 인공지능의 읽어주기 기능을 이용해 "ㅇ개의 엔트리봇을 잡았습니다."라고 읽어주고 모든 코드가 멈춘다.

메이커 더하기

1 블록 만들기

블록을 조립하여 엔트리봇 잡기 게임기를 만들어 보자.

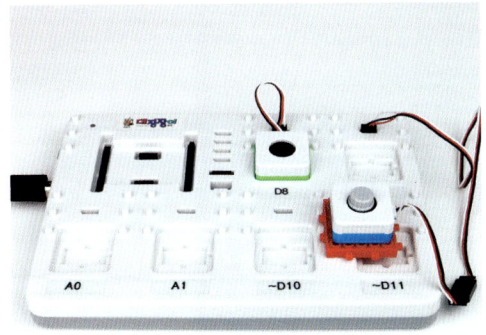
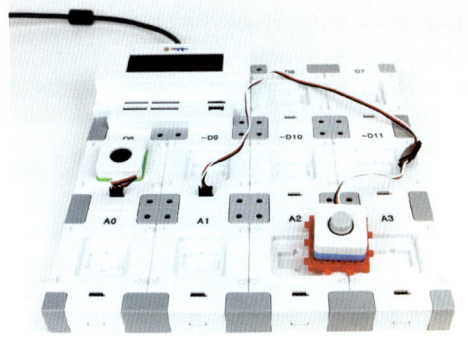

대장장이보드(스마트버전)   대장장이보드(빅버전)

2 작동은 이렇게!

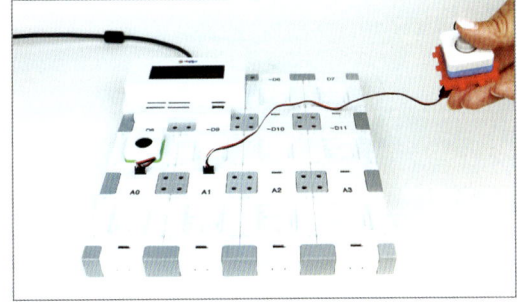

대장장이보드를 들고 사물을 인식시키며 엔트리봇을 찾아보자. 엔트리봇을 찾아서 조준한 후 대장장이보드 D9핀에 연결한 스위치를 눌러 점수가 변하는지 살펴본다.

생각 정리하기

① 더 나아가기

사물인식을 활용하여 물체를 인식하고 물체에 대해 설명해주는 프로그램을 만들어보자. 미취학생 아동이 사물에 대해 익히고 사용법을 배우는 데에 도움을 줄 수 있는 프로그램을 만들 수 있다. 만져서 위험한 물체의 경우 버저를 울려 경고하는 기능을 더할 수도 있다.

문제해결을 위한 알고리즘 설계

② 정리하고 평가하기

프로그램은 잘 실행되었는가?		
사용한 센서 이름을 적어봅시다.	핀 번호	센서 이름
이번 수업에서 알게 된 점을 정리해 봅시다.		

3 완성된 코드

라디오버튼	시작하기 버튼을 클릭했을 때 사물▼ 인식 시작하기▼ 얼굴▼ 인식 시작하기▼ 비디오 화면 보이기▼ 계속 반복하기 　x: 1▼ 번째 얼굴의 코▼ 의 x▼ 좌표 y: 1▼ 번째 얼굴의 코▼ 의 y▼ 좌표 위치로 이동하기 시작하기 버튼을 클릭했을 때 초시계 숨기기▼ 초시계 시작하기▼ 초시계 값 > 51 이 될 때까지▼ 반복하기 　남은시간▼ 를 50 - 초시계 값 / 1 의 몫▼ (으)로 정하기
블록왕 엔트리봇	시작하기 버튼을 클릭했을 때 계속 반복하기 　만일 사물 중 핸드폰▼ (이)가 인식되었는가? 또는▼ 사물 중 노트북▼ (이)가 인식되었는가? (이)라면 　　등장 　아니면 　　모양 숨기기 시작하기 버튼을 클릭했을 때 계속 반복하기 　만일 라디오버튼▼ 에 닿았는가? (이)라면 　　만일 디지털 9▼ 번 핀 센서 값 (이)라면 　　　잡혔다.
미끄러진 엔트리봇	시작하기 버튼을 클릭했을 때 계속 반복하기 　만일 사물 중 소파▼ (이)가 인식되었는가? 또는▼ 사물 중 침대▼ (이)가 인식되었는가? (이)라면 　　등장 　아니면 　　모양 숨기기

LESSON 19 숨어있는 엔트리봇을 잡아라!

	▶ 시작하기 버튼을 클릭했을 때 계속 반복하기 　만일 〈 라디오버튼▼ 에 닿았는가? 〉 (이)라면 　　만일 〈 디지털 9▼ 번 핀 센서값 〉 (이)라면 　　　잡혔다.
해변에 간 엔트리봇	▶ 시작하기 버튼을 클릭했을 때 계속 반복하기 　만일 〈 사물 중 싱크대▼ (이)가 인식되었는가? 〉 (이)라면 　　등장 　아니면 　　모양 숨기기 ▶ 시작하기 버튼을 클릭했을 때 계속 반복하기 　만일 〈 라디오버튼▼ 에 닿았는가? 〉 (이)라면 　　만일 〈 디지털 9▼ 번 핀 센서값 〉 (이)라면 　　　잡혔다.
점프 엔트리봇(1)	▶ 시작하기 버튼을 클릭했을 때 계속 반복하기 　만일 〈 사물 중 손가락▼ (이)가 인식되었는가? 또는▼ 사물 중 포크▼ (이)가 인식되었는가? 또는▼ 사물 중 컵▼ (이)가 인식되었는가? 〉 (이)라면 　　등장 　아니면 　　모양 숨기기 ▶ 시작하기 버튼을 클릭했을 때 계속 반복하기 　만일 〈 라디오버튼▼ 에 닿았는가? 〉 (이)라면 　　만일 〈 디지털 9▼ 번 핀 센서값 〉 (이)라면 　　　잡혔다.

공부하는 엔트리봇	시작하기 버튼을 클릭했을 때 계속 반복하기 　만일 〈사물 중 책▼ (이)가 인식되었는가?〉 (이)라면 　　등장 　아니면 　　모양 숨기기 시작하기 버튼을 클릭했을 때 계속 반복하기 　만일 〈라디오버튼▼ 에 닿았는가?〉 (이)라면 　　만일 〈디지털 9▼ 번 핀 센서 값 (이)라면〉 　　　잡혔다.
GAME OVER 글상자	시작하기 버튼을 클릭했을 때 〈초시계 값 > 51〉 이 될 때까지▼ 반복하기 　모양 숨기기 모양 보이기 비디오 화면 숨기기▼ 1 초 기다리기 (점수▼ 값) 과(와) 개의 엔트리봇을 잡았습니다. 를 합치기 읽어주기 모든▼ 코드 멈추기

LESSON 19 숨어있는 엔트리봇을 잡아라!

LESSON 20 내가 만드는 빅데이터!

 적외선센서(IR), 스위치센서(Switch), 기울기센서(Tilt)를 이용하여 내가 만든 데이터를 입력하면 그래프로 출력해주는 프로그램을 만들어보자.

문제 상황

　초고속 인터넷의 보급과 포털사이트 사용이 일상화 되면서 우리 인류는 말 그대로 '빅데이터'를 생성하고 있다. 일례로 1분 동안 구글에서는 200만 건의 검색이 이루어진다고 하니 데이터가 자원인 시대를 살아가고 있다고 해도 과언이 아닐 것이다. 이번 강의에서는 데이터를 유용하게 활용할 수 있는 능력을 배양할 수 있도록 데이터를 생산하고 처리하여 분석할 수 있는 프로그램을 만들고자 한다.

 소스 코드 http://naver.me/GUGQyN63

생각 열기

1 빅데이터 개념과 중요성

- 빅데이터란 방대한 양의 데이터이자 생성 주기가 짧고, 다양한 형태(수치, 문자, 영상 등)의 데이터로 기존의 방법으로는 수집, 저장, 분석 등이 불가능한 데이터를 말한다.
- 스마트 인프라가 구축되면서 교육, 의료, 교통, 공공분야 등 빅데이터의 활용 영역이 점점 더 넓어지고 있어 그 가치와 중요성은 더욱 커질 것으로 보고 있다.

2 대장장이보드 준비

대장장이보드의 종류와 상관없이 A1핀에 적외선센서(IR), D10핀에 스위치센서(Switch), D11핀에 기울기센서(Tilt)를 연결한다.

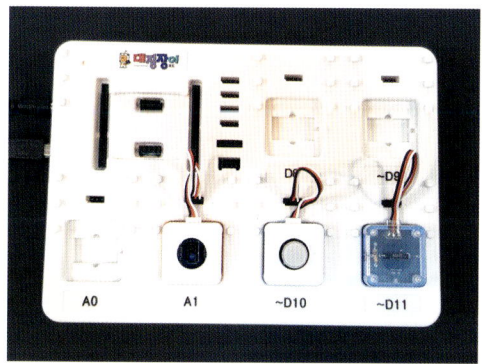
대장장이보드(스마트버전)

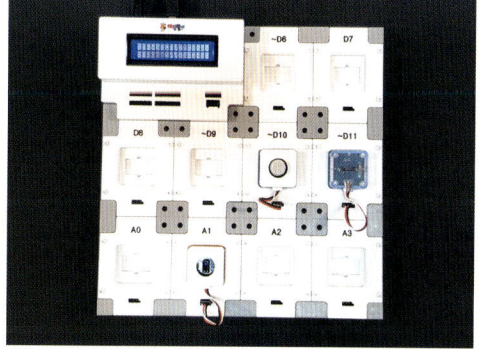
대장장이보드(빅버전)

3 알고리즘 확인

1. 사용하는 변수 초기값을 모두 '0'으로 설정하고 모두 숨긴다.
2. 말하기 블록과 인공지능의 읽어주기 기능을 활용하여 묻고 기다린다.
3. 3개의 질문에 모두 답을 하면 각 항목에 해당하는 센서가 작동되도록 신호를 보낸다.
4. 해당하는 센서에 입력 값이 들어오면 해당 변수 값을 증가시키고 테이블 항목에도 동일하게 변수 값이 저장된다.
5. 테이블 항목에 저장되는 변수 값이 숫자 버튼 오브젝트의 크기를 증가시킨다.
6. 생성된 빅데이터의 처리를 위해 차트를 생성하여 이를 분석 한다.

프로그램 도전하기

배경과 오브젝트 준비

1 오브젝트 준비하기

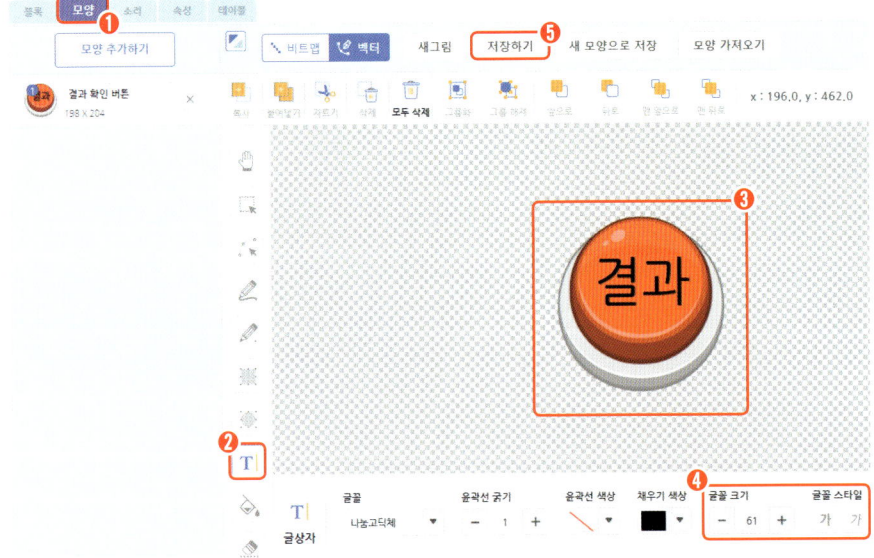

1. '오브젝트 추가하기'에서 검색을 통해 '결과 확인 버튼' 오브젝트를 추가한다.
2. '결과 확인 버튼' 오브젝트 위에 글씨를 추가하기 위해 [모양] 탭을 선택한 후, 모양 편집창에서 '글상자'를 선택 후 '결과 확인 버튼' 오브젝트 위에 '결과'라는 문구로 글씨를 입력해준다. '글상자'의 위치는 키보드 화살표를 통해 조정해주고, 하단 메뉴에 있는 '채우기 색상'과 '글꼴 크기'에서 값을 조정하여 글씨의 색과 크기를 설정해준다.
3. '저장하기'를 눌러 현재 오브젝트에 적용해준다.

2 테이블 및 차트 생성하기

1. 테이블-테이블 추가하기를 선택한다.

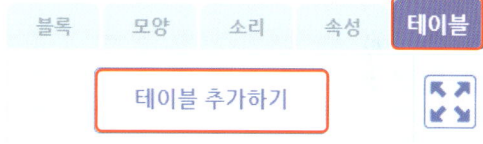

2. 새로 만들기로 이동한다.

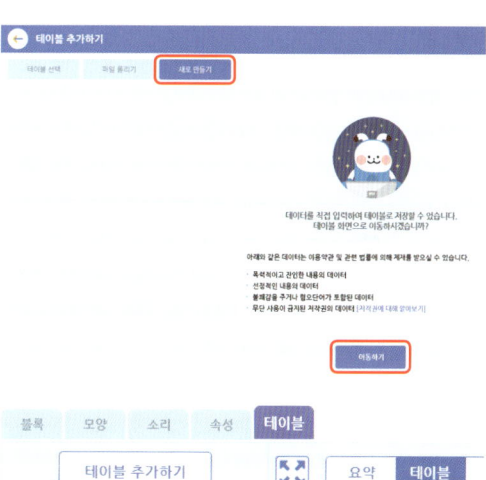

3. 테이블의 이름을 '빅데이터'라고 바꾼다.

4. 테이블 첫 줄을 선택한 후 오른쪽 마우스를 클릭한 후 '오른쪽에 열 추가하기'로 4개의 열을 만들고 '이름 바꾸기'로 '1번항목', '2번항목', '3번항목', '총합'으로 변경한다.

5. 차트를 만들기 위해 '차트 – ➕ – 막대'순으로 선택한다.

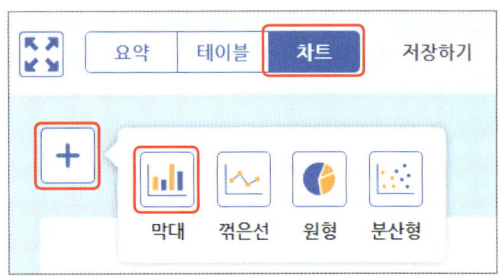

6. 차트의 가로축을 '총합'으로 설정한다.

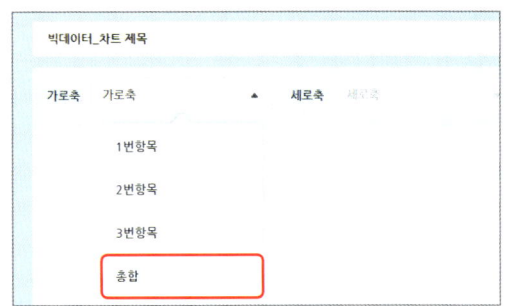

7. 차트의 표현값을 1, 2, 3번 항목이 모두 나오도록 '모두'를 체크한다.

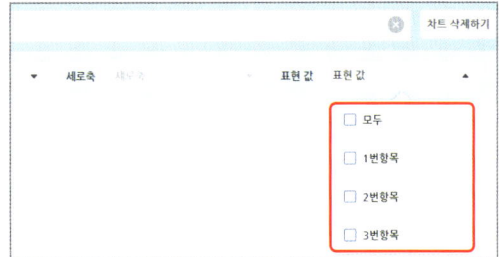

3 코딩하기

 책 배경	(블록 코드 이미지) 우선 '책 배경' 오브젝트에 변수 만들기와 초기값을 설정할 것이다. 변수는 [속성] 탭에서 '변수'를 선택하여 '변수 추가하기'를 한다. 이 오브젝트에서는 총 4개 (1번항목, 2번항목, 3번항목, 총합)의 변수가 필요하고 4개의 변수 모두 '0'으로 초기값을 정한다.
 결과 확인 버튼	(블록 코드 이미지) '결과 확인 버튼' 오브젝트를 클릭했을 때, 테이블에 입력한 1번항목, 2번항목, 3번항목, 총합으로 이루어지는 차트 창이 열리고 5초가 지나면 차트 창이 닫힌다.
 꼬마 로봇	(블록 코드 이미지)

LESSON 20 내가 만드는 빅데이터!

말하기 블록을 사용하여 빅데이터 프로그램 사용법과 조사할 빅데이터 항목 3개를 입력하라는 안내를 한다. 묻고 대답 기다리기 블록을 사용하여 3번 대답하게 하고 각 대답을 '대답1', '대답2', '대답3' 변수에 저장한다. "○번 항목을 입력하시오"라고 묻고 대답을 기다릴 때 대답○를 하고나면 대답○ 신호를 보낸다. ○는 1, 2, 3순으로 순차적으로 진행된다. 모든 항목이 입력되었으면 해당 항목에 연결된 센서를 통해서 데이터를 입력할 것을 안내한 후 '1번항목', '2번항목', '3번항목' 신호 3개를 보낸다.

인공지능의 읽어주기 기능을 활용하여 "안녕하세요 빅데이터를 조사하고 결과를 알아봅시다.", "빅데이터를 만들 3개의 항목을 입력해주세요." 음성으로 읽어주기를 한다. 시작하기 버튼을 2개를 동시에 사용하여 말하기를 통해 문자로 보이는 순간 음성으로도 함께 전달하도록 의도했다.

위 블록에서 '대답3' 신호를 받았을 때, 인공지능의 읽어주기 기능을 활용하여 "이제 각 항목에 해당되는 센서를 통해 값을 입력해 주세요. 그리고 결과 버튼을 눌러 빅데이터 결과를 차트로 확인해 봅시다." 문구를 읽어준다.

숫자 버튼1

시작하기 버튼을 누르면 '숫자 버튼1' 오브젝트 모양을 숨긴다. 1번항목 신호를 받았을 때 숨겨져 있던 '숫자 버튼1' 오브젝트가 보이고 A1핀의 적외선센서(IR)에 990 초과의 값이 들어오면 변수 '1번항목'과 '총합'에 1씩 증가되도록 한다. '빅데이터' 테이블의 '1번항목'과 '총합' 항목도 변수에 따라 바뀌도록 '1번항목 값', '총합 값'으로 설정한다. 빅데이터 테이블의 변화를 눈으로 볼 수 있도록 오브젝트의 크기를 '테이블 각 항목값에 5를 곱한 값'으로 정한다.

숫자 버튼2	
	'숫자 버튼1' 오브젝트를 복제하여 '숫자 버튼2' 오브젝트를 만들고 [모양]탭으로 가서 '숫자 버튼_2'의 모양으로 바꾼 후 [블록] 탭으로 돌아온다. '시작하기'를 눌렀을 때, '숫자 버튼2' 오브젝트의 모양을 숨긴다. 2번항목 신호를 받으면 숨겨져 있던 '숫자 버튼2' 오브젝트가 보이고 D10핀에 연결된 스위치센서(Switch)에 '1' 값이 들어오면 변수 '2번항목'과 '총합'이 1씩 증가하도록 한다. 작성한 '빅데이터' 테이블의 '2번항목'과 '총합' 항목도 변수가 바뀔 때 반영될 수 있도록 '2번항목 값', '총합 값'으로 변수를 설정한다. '빅데이터' 테이블 각 항목값에 '5'를 곱한 결과가 크기값이 되도록 정한다.

LESSON 20 내가 만드는 빅데이터! 287

'숫자 버튼2' 오브젝트를 복제하여 '숫자 버튼3'오브젝트를 만들고 [모양] 탭에서 '숫자 버튼_3'의 모양으로 바꾼다. '시작하기'를 눌렀을 때, '숫자 버튼3' 오브젝트의 모양을 숨긴다. 3번항목 신호를 받으면 숨겨져 있던 '숫자 버튼3' 오브젝트가 보이고 D11핀에 연결된 기울기센서(Tilt)에서 '1' 값이 들어오면 변수 '3번항목'과 '총합'이 1씩 증가되도록 한다. '빅데이터' 테이블에 '3번항목'과 '총합' 항목도 변수가 변하면 반영되도록 '3번항목 값', '총합 값'으로 변수를 설정한다. '빅데이터' 테이블 각 항목값에 '5'를 곱한 결과가 크기값이 되도록 정한다.

| 글상자1 | '오브젝트 추가하기'로 '글상자'를 추가한 후 오브젝트 이름을 '글상자1'로 변경한다. '시작하기' 버튼을 클릭하면 모양을 숨겼다가 '대답1' 신호를 받았을 때 모양이 보이고 변수 '대답1' 값을 글쓰기 한다. |

| 글상자2 | '오브젝트 추가하기'로 '글상자'를 추가한 후 오브젝트 이름을 '글상자2'로 변경한다. '시작하기' 버튼을 클릭하면 모양을 숨겼다가 '대답2'신호를 받았을 때 모양이 보이고 변수 '대답2' 값을 글쓰기 한다. |

| 글상자3 | '오브젝트 추가하기'로 '글상자'를 추가한 후 오브젝트 이름을 '글상자3'로 변경한다. '시작하기' 버튼을 클릭하면 모양을 숨겼다가 '대답3'신호를 받았을 때 모양이 보이고 변수 '대답3' 값을 글쓰기 한다. |

메이커 더하기

1 블록 만들기

블록을 조립하여 내가 만드는 빅데이터 수집기를 만들어보자.

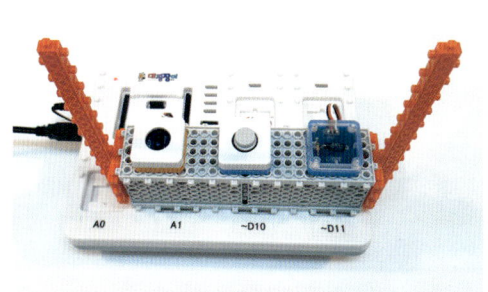
대장장이보드(스마트버전)

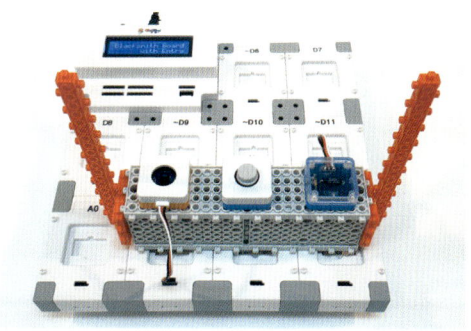
대장장이보드(빅버전)

2 작동은 이렇게!

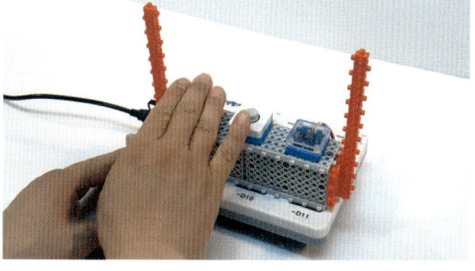

각 센서에 맞는 동작으로 입력신호를 주면 해당하는 오브젝트의 크기가 커지고 테이블의 차트값도 연동되어 변한다.

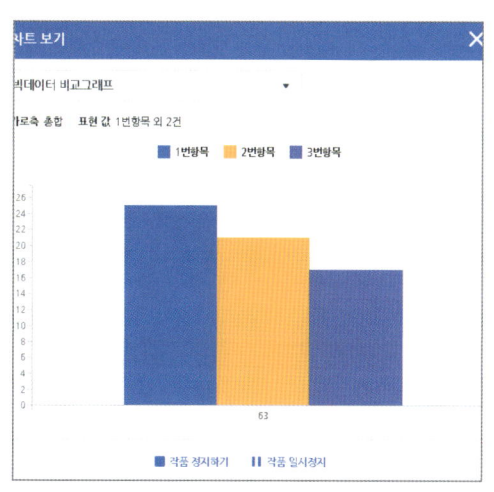

LESSON 20 내가 만드는 빅데이터!

생각 정리하기

더 나아가기

다른 종류의 센서를 사용해서 빅데이터 값을 입력해 보고 수집하는 빅데이터의 항목을 추가하여 분석해보자.

문제해결을 위한 알고리즘 설계

2 정리하고 평가하기

프로그램은 잘 실행되었는가?		
사용한 센서 이름을 적어봅시다.	핀 번호	센서 이름
이번 수업에서 알게 된 점을 정리해 봅시다.		

3 완성된 코드

꼬마 로봇

- 시작하기 버튼을 클릭했을 때
- 변수 대답1▼ 숨기기
- 변수 대답2▼ 숨기기
- 변수 대답3▼ 숨기기
- 안녕하세요 빅데이터를 조사하고 결과를 알아봅시다를(를) 4 초 동안 말하기
- 빅데이터를 만들 3개의 항목을 입력해주세요을(를) 4 초 동안 말하기
- 1번 항목을 입력하시오.을(를) 묻고 대답 기다리기
- 대답1▼ 를 대답 (으)로 정하기
- 대답1▼ 신호 보내기
- 2번 항목을 입력하시오.을(를) 묻고 대답 기다리기
- 대답2▼ 를 대답 (으)로 정하기
- 대답2▼ 신호 보내기
- 2번 항목을 입력하시오.을(를) 묻고 대답 기다리기
- 대답3▼ 를 대답 (으)로 정하기
- 대답3▼ 신호 보내기
- 이제 각 항목에 해당되는 센서를 통해 값을 입력해주세요. 그리고 결과 버튼을 눌러 빅데이터 결과를 차트로 확인을(를) 10 초 동안 말하기
- 모양 숨기기
- 1번항목▼ 신호 보내기
- 2번항목▼ 신호 보내기
- 3번항목▼ 신호 보내기

- 시작하기 버튼을 클릭했을 때
- 여성▼ 목소리를 보통▼ 속도 보통▼ 음높이로 설정하기
- 안녕하세요 빅데이터를 조사하고 결과를 알아봅시다 읽어주기
- 4 초 기다리기
- 빅데이터를 만들 3개의 항목을 입력해주세요 읽어주기

- 대답3▼ 신호를 받았을 때
- 이제 각 항목에 해당되는 센서를 통해 값을 입력해주세요. 그리고 결과 버튼을 눌러 빅데이터 결과를 차트로 확인해 읽어주기

결과 확인 버튼

- 오브젝트를 클릭했을 때
- 테이블 빅데이터▼ 의 차트 창 열기
- 5 초 기다리기
- 테이블 차트 창 닫기

LESSON 20 내가 만드는 빅데이터! 293

LESSON 21 주문을 받아주는 챗봇 만들기

 엔트리의 음성 모델 학습 기능을 이용하여 카페에서 손님의 음성을 자동으로 인식하여 처리하는 챗봇을 만들어 보자.

문제 상황

'챗봇'이란 채팅과 로봇의 합성어로 채팅하는 로봇을 의미한다. 인공지능 기술이 발전하면서 사회 다양한 분야에서 챗봇이 도입되기 시작했다. 챗봇은 방대한 데이터를 빠르게 처리하여 고객이 원하는 사항을 파악하고 고객의 질문에 적절히 대답할 수 있다. 실제로 챗봇이 서비스 안에서 자연스럽게 구현되려면 자연어 처리, 패턴 인식, 텍스트 마이닝 등의 기술이 필요하지만, 이번 강의에서는 엔트리의 음성 모델 학습 기능을 이용하여 간단히 카페에서 주문을 받을 수 있는 챗봇을 만들어보자.

 소스 코드 http://naver.me/xMxZozw4

생각 열기

1 알고 보자! 인공지능(AI)의 세계 : 음성 모델 학습

- 엔트리의 음성 모델 학습 기능은 직접 녹음하거나 업로드한 음성을 학습 데이터로 삼아 일정 기준에 따라 분류하고, 새롭게 입력되는 음성을 분류할 수 있는 모델을 만들 수 있다. 음성의 파형이 얼마나 유사한지를 기준으로 분류하는 모델인 것이다.
- 엔트리는 모델을 설정해놓은 아래의 학습 조건들에 맞추어 학습시킬 수 있다.

  ① 세대(Epoch)

  입력한 데이터를 모두 몇 번씩 학습할 것인지를 정한다. 1번 학습하는 것을 1세대라고 하며, 여러 번 학습하면 학습 시간이 오래 걸리지만 그만큼 모델의 분류 기능이 정확해질 수 있다.

  ② 배치 크기(Batch Size)

  몇 개의 데이터를 학습하고 모델에 반영할지 정한다. 모든 데이터를 학습하기 전에 중간중간 지금까지 학습한 내용을 모델에 반영시키는데 그때의 기준을 의미한다.

  ③ 학습률(Learning Rate)

  학습한 내용을 모델에 반영할 때, 예상되는 에러를 얼마나 고려할 것인지를 정한다.

  ④ 검증한 데이터 비율(Validation Rate)

  입력한 데이터 중 어느 정도 비율을 학습한 모델을 검증하는 데에 사용할지를 정한다.

2 대장장이보드 준비

대장장이보드의 종류와 상관없이 A1핀에 가변저항(Volume), D8핀에 버저(BUZZER), D10핀에 버튼(Switch)를 연결한다.

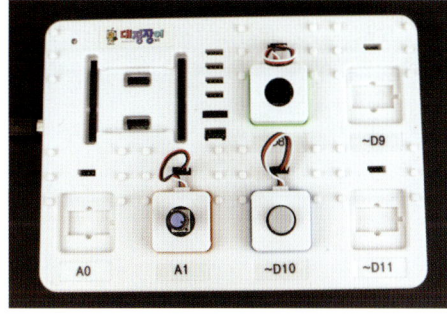
대장장이보드(스마트버전)

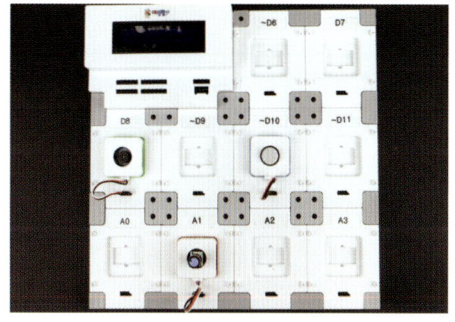
대장장이보드(빅버전)

3 알고리즘 확인

1. 챗봇의 음료 주문 안내말이 끝나면 사용자가 음료 세 가지 중(커피, 오렌지 주스, 탄산음료) 한 가지를 선택하여 음성을 녹음한다.
2. 챗봇이 음성을 인식하여 분류하면 선택된 음료가 탁자 위에 놓이고, 챗봇이 디저트 주문 안내를 한다.
3. 가변저항 값에 따라 선택할 수 있는 디저트 종류가 탁자 위에 놓이고 디저트가 보일 때 스위치를 누르면 버저가 울리며 디저트가 선택되고 주문이 완료된다.

프로그램 도전하기

배경과 오브젝트 준비

1 오브젝트 준비하기

창틀 오브젝트를 추가한다. 오브젝트 안에 메뉴를 적어 카페 메뉴판을 만들 것이다.

창틀 오브젝트는 안이 비어 있기 때문에 ❶ 사각형을 선택하여 초록색으로 채워진 사각형을 창틀 안에 그린다. ❷ 글상자를 클릭하여 상단에 '메뉴'와 양옆에 음료 및 디저트 종류를 입력하

여 보기 좋게 배치한다. 상단의 '모양 가져오기'를 클릭하여 '커피 버튼', '오렌지주스', '콜라', '조각 케이크', '치즈', '초코칩 쿠키' 모양을 가져와 메뉴 이름 옆에 배치한다. 상단의 '저장하기'를 클릭하면 창틀 오브젝트의 모양이 바뀐 것을 확인할 수 있다.

❷ 인공지능 모델학습 준비하기

사용자의 음성을 인식하여 음료의 종류를 분류하는 모델을 만들어보자.

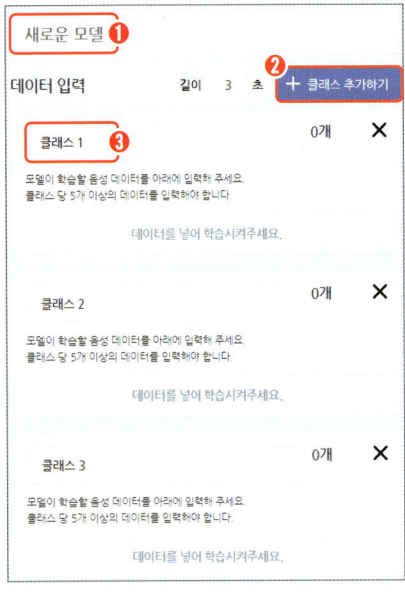

인공지능 블록 카테고리에서 '모델 학습하기'를 클릭한 후, 새로 만들기 메뉴의 '음성'을 선택한다.

❶ '새로운 모델'을 클릭하면 커서가 깜빡이는데 이곳에 새로운 모델의 이름을 지정할 수 있다. 주문 음료를 분류하는 모델이므로 '음료 주문'으로 입력한다.

클래스는 학습 데이터의 묶음으로, 새롭게 들어온 데이터를 분류하는 기준이 된다. 음료의 종류가 총 세 가지(커피, 오렌지주스, 탄산음료) 이므로 ❷ 클래스 추가하기를 클릭하여 클래스를 총 3개 만든다. ❸ '클래스 1'은 '커피', '클래스 2'는 '오렌지 주스', '클래스 3'은 '탄산음료'로 바꾸어 저장한다.

필요한 클래스가 다 만들어졌다면, 각 클래스에 음성 데이터를 입력해보자.

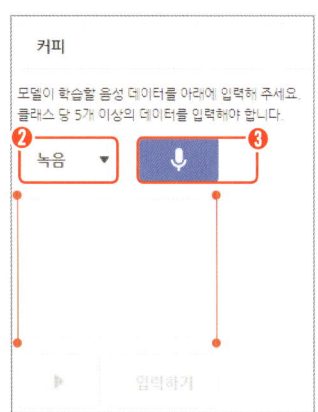

❶ 커피 클래스의 '데이터를 넣어 학습시켜주세요'를 클릭하면 오른쪽과 같은 창이 활성화된다. 모델이 학습할 음성은 직접 녹음하거나 wav, mp3 파일로 업로드할 수 있다. 이번 강의에서는 음료수 이름을 여러 번 녹음하여 모델을 학습시킬 것이므로 ❷ 녹음할 초 길이를 입력하고 '녹음'으로 바꾸어 ❸ 마이크 모양을 클릭한 후 "커피"라고 자신의 목소리를 녹음한다.

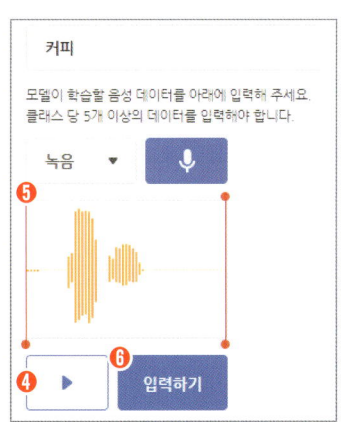
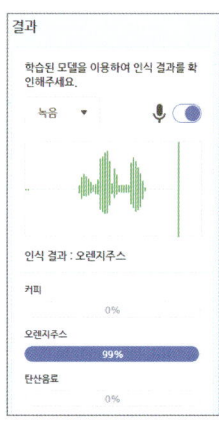

녹음이 다 되었으면 ❹ 재생버튼을 눌러 확인한다. ❺ 이때 녹음된 음성의 앞부분과 뒷부분은 양쪽의 빨간 막대를 움직여 원하는 부분만 잘라낼 수 있다. ❻ '입력하기'를 클릭하면 녹음된 소리가 입력된다. 각 클래스에 대해서 충분히 학습할 수 있도록 최소 5개 이상의 음성 데이터를 입력한다.

각 클래스당 5개 이상의 데이터가 입력되면 [모델 학습하기] 버튼이 활성화된다. 아래 '모델을 학습시킬 수 있습니다.'를 클릭하면 학습 조건(세대/배치 크기/학습률/검증 데이터 비율)을 설정할 수 있다. [모델 학습하기]를 클릭하여 모델을 학습시켜 보자. 학습이 완료되면 예제 음성을 업로드하거나 녹음하여 인식 결과를 확인할 수 있다. 세 가지 음료를 말해보며 제대로 인식 결과가 나타나는지 확인해보자.

3 코딩하기

'꼬마 로봇' 오브젝트는 주문 방법을 안내하고 사용자의 음성을 인식하여 처리한다. 우선 '꼬마 로봇'이 말을 할 수 있도록 인공지능 블록 카테고리에서 'AI블록 불러오기'를 클릭한 후 '읽어주기' 블록 모음을 추가한다. 화면에 사용자가 선택한 음료와 디저트를 표시할 수 있도록 [속성] 탭에서 '음료' 변수와 '디저트' 변수를 만든다. 음료 주문을 마치고 디저트 주문을 받을 수 있도록 '디저트 주문' 신호도 추가한다.

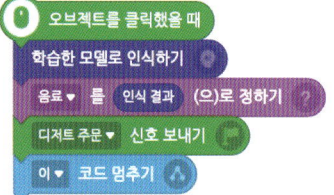

시작하기 버튼을 클릭하면 친절한 목소리의 '꼬마 로봇'이 "안녕하세요? 카페의 주문을 도와드리는 챗봇입니다. 음료 주문 먼저 도와드리겠습니다. 저를 클릭한 후 커피, 오렌지 주스, 탄산음료 중에 한 가지를 선택해 말씀해주세요."라고 안내한다.

꼬마 로봇

사용자가 안내에 따라 '꼬마 로봇' 오브젝트를 클릭하면 미리 만들어둔 '음료 주문' 모델에 따라 인식을 시작한다. 오른쪽과 같은 데이터 입력 창이 생기면 세 가지 음료 중 한 가지를 선택하여 녹음하고 '추가하기'를 클릭한다. 인식 결과가 '음료' 변수 값으로 정해져 화면에 표시될 것이다. '꼬마 로봇'의 모델 인식을 정지시키기 위해 '디저트 주문' 신호를 보내고 '꼬마 로봇'의 코드를 멈춘다.

	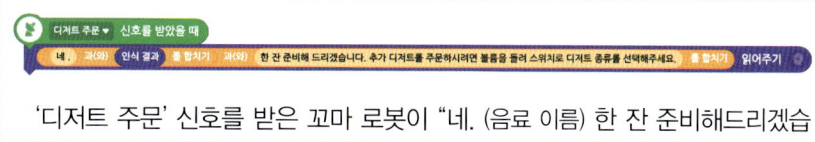
'디저트 주문' 신호를 받은 꼬마 로봇이 "네. (음료 이름) 한 잔 준비해드리겠습니다."라고 인식결과를 넣어 읽어줄 수 있도록 코드를 작성한다. 다음으로는 "추가 디저트를 주문하시려면 블록을 돌려 스위치로 디저트 종류를 선택해주세요."라는 안내로 음료 주문을 끝낸 사용자가 디저트를 주문할 수 있도록 안내한다.

교탁	'교탁'은 별도의 코드가 필요 없다. 선택된 음식들을 놓는 용도가 되도록 하단에 적절하게 배치한다. 예시에서는 크기를 252로 정하여 x좌표 0, y좌표 -122에 배치하였다.

커피 버튼 |
음료 오브젝트는 모양을 숨기고 있다가 사용자의 음성 분류 결과가 해당 음료로 인식되면 '음료' 변수 값에 이름이 정해지며 '교탁' 위에 모양을 보인다. 음료 값이 '커피'면 '커피 버튼' 오브젝트 모양이 보인다.

오렌지주스	음료 값이 '오렌지 주스'면 '오렌지주스' 오브젝트의 모양을 보이고 아닐 경우 모양을 숨긴다.

LESSON 21 주문을 받아주는 챗봇 만들기 301

| 콜라 | (블록 코드) |

음료 값 '탄산음료'면 '콜라' 오브젝트의 모양을 보이고 아닐 경우 모양을 숨긴다.

시작하기 버튼을 클릭했을 때 디저트 오브젝트 모두 모양을 숨기고 있다가 '디저트 주문' 신호를 받았을 때 가변저항 센서값에 따라 해당하는 오브젝트 모양을 보인다.

'조각 케이크'는 A1핀 센서값이 350미만일 때 모양이 나타난다. 모양이 보이면 D10핀의 스위치를 눌러 메뉴가 선택되도록 코드를 작성한다. 이때 D8핀에 연결된 버저가 울리며 '디저트' 변수가 '생크림 케이크'로 정해진다. "주문이 완료되었습니다. 감사합니다." 안내말과 함께 모든 코드는 멈춘다.

'치즈' 오브젝트는 A1핀 센서값이 350이상 700미만일 때 모양이 나타난다. '치즈' 오브젝트가 보이는 A1 센서값 외에는 '조각 케이크' 오브젝트와 코드가 동일하다.

'초코칩 쿠키' 오브젝트는 A1핀 센서값이 700이상일 때 모양이 나타나도록 한다. '초코칩 쿠키' 오브젝트가 보이는 A1 센서값 외에는 '조각 케이크' 오브젝트와 코드가 동일하다.

모든 디저트와 음료 오브젝트를 교탁 오브젝트에 보기 좋게 배치하면 다음과 같다.

WEEKLY CODING STUDY PLAN

1 2 3 4 5 6 7 8 9 10 11 12	MON	TUE	WED
	THU	FRI	SAT	SUN

메이커 더하기

블록 만들기

블록을 조립하여 카페에서 주문을 받아주는 챗봇을 만들어보자.

대장장이보드(스마트버전)

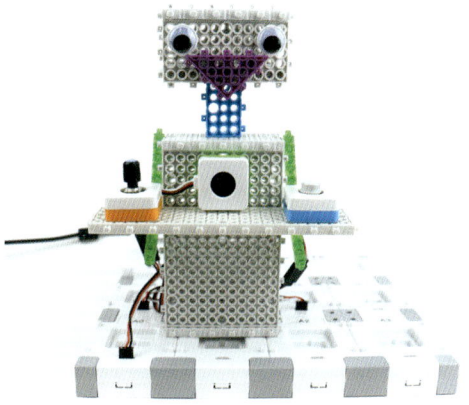

대장장이보드(빅버전)

2 작동은 이렇게!

가변저항을 돌려 디저트를 선택하고 스위치를 눌러 주문해보자. 버저가 울리며 디저트가 선택된 것을 확인할 수 있다.

LESSON 21 주문을 받아주는 챗봇 만들기

생각 정리하기

1 더 나아가기

우리 생활에서 인공지능을 활용한 음성 분류 기술을 도입하고 있는 다양한 예를 찾아보자. 그리고 음성 분류 기술을 이용하면 더욱 편리해질 수 있는 부분을 생각해보고 그 이유를 설명해보자.

인공지능을 활용한 음성 분류 기술이 도입된 분야

2 정리하고 평가하기

프로그램은 잘 실행되었는가?		
	핀 번호	센서 이름
사용한 센서 이름을 적어봅시다.		
이번 수업에서 알게 된 점을 정리해 봅시다.		

3 완성된 코드

꼬마 로봇

- 시작하기 버튼을 클릭했을 때
  - 친절한▼ 목소리를 보통▼ 속도 높은▼ 음높이로 설정하기
  - 안녕하세요? 카페의 주문을 도와드리는 챗봇입니다. 음료 주문 먼저 도와드리겠습니다. 저를 클릭한 후 커피, 오렌지 주스, 탄산음료 중에 한 가지를 선택해 말씀해주세요. 읽어주기

- 오브젝트를 클릭했을 때
  - 학습한 모델로 인식하기
  - 음료▼ 를 인식 결과 (으)로 정하기
  - 디저트 주문▼ 신호 보내기
  - 이▼ 코드 멈추기

- 디저트 주문▼ 신호를 받았을 때
  - 네, 과(와) 인식 결과 를 합치기 과(와) 한 잔 준비해 드리겠습니다. 추가 디저트 주문하시려면 볼륨을 돌려 스위치로 디저트 종류를 선택해주세요. 를 합치기 읽어주기

커피 버튼

- 시작하기 버튼을 클릭했을 때
  - 계속 반복하기
    - 만일 음료▼ 값 = 커피 (이)라면
      - 모양 보이기
    - 아니면
      - 모양 숨기기

오렌지주스

- 시작하기 버튼을 클릭했을 때
  - 계속 반복하기
    - 만일 음료▼ 값 = 오렌지 주스 (이)라면
      - 모양 보이기
    - 아니면
      - 모양 숨기기

콜라

- 시작하기 버튼을 클릭했을 때
  - 계속 반복하기
    - 만일 음료▼ 값 = 탄산음료 (이)라면
      - 모양 보이기
    - 아니면
      - 모양 숨기기

조각 케이크

- ▶ 시작하기 버튼을 클릭했을 때
  - 모양 숨기기

- 디저트 주문 ▼ 신호를 받았을 때
  - 계속 반복하기
    - 만일 아날로그 A1 ▼ 번 핀 센서 값 < 350 (이)라면
      - 모양 보이기
      - 만일 디지털 10 ▼ 번 핀 센서 값 (이)라면
        - 디지털 8 ▼ 번 핀의 버저를 도 ▼ 4 ▼ 음으로 0.3 초 연주하기
        - 디저트 를 생크림 케이크 (으)로 정하기
        - 친절한 목소리를 보통 ▼ 속도 높은 ▼ 음높이로 설정하기
        - 주문이 완료되었습니다. 감사합니다. 읽어주기
        - 모든 ▼ 코드 멈추기
    - 아니면
      - 모양 숨기기

치즈

- ▶ 시작하기 버튼을 클릭했을 때
  - 모양 숨기기

- 디저트 주문 ▼ 신호를 받았을 때
  - 계속 반복하기
    - 만일 350 ≤ 아날로그 A1 ▼ 번 핀 센서 값 그리고 아날로그 A1 ▼ 번 핀 센서 값 < 700 (이)라면
      - 모양 보이기
      - 만일 디지털 10 ▼ 번 핀 센서 값 (이)라면
        - 디지털 8 ▼ 번 핀의 버저를 도 ▼ 4 ▼ 음으로 0.3 초 연주하기
        - 디저트 를 치즈 케이크 (으)로 정하기
        - 친절한 목소리를 보통 ▼ 속도 높은 ▼ 음높이로 설정하기
        - 주문이 완료되었습니다. 감사합니다. 읽어주기
        - 이 ▼ 코드 멈추기
    - 아니면
      - 모양 숨기기

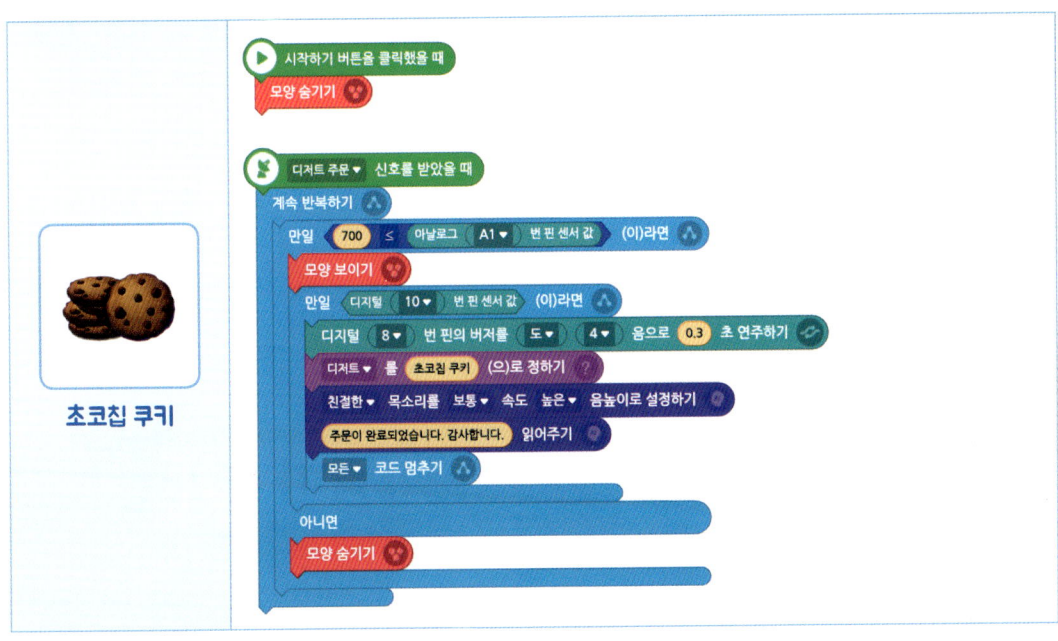

WEEKLY CODING STUDY PLAN

1 2 3 4 5 6 7 8 9 10 11 12	MON	TUE	WED
THU	FRI	SAT	SUN

LESSON 21 주문을 받아주는 챗봇 만들기   309

LESSON 22

도전! AI 텍스트 모델학습 프로그램 만들기

 **학습주제** 인공지능 텍스트 모델학습으로 밝기, 온도, 크리스마스와 관련된 단어를 파악하는 프로그램을 만들어보자.

 문제 상황

　크리스마스 전날 밤 산타의 특명을 받은 크리스마스 요정이 아이들의 선물을 트리 앞에 두고 나오려고 한다. 아이들에게 들키지 않도록 모두가 잠든 후 집에 들어가야 한다. 크리스마스 요정을 도울 방법이 없을까? 22강에서는 온도와 밝기, 크리스마스와 관련된 단어를 학습시킨 후 텍스트를 입력하여 크리스마스 전날 밤 아이들이 모두 잠들었는지, 따뜻한 밤을 보내고 있는지를 확인 후 무사히 크리스마스 인사를 하고 나올 수 있도록 프로그래밍 해보자.

 소스 코드 http://naver.me/FoA890vk

생각 열기

1 알고 보자! 인공지능(AI)의 세계 : 텍스트 모델 학습

- 직접 타이핑한 텍스트를 학습 데이터로 삼아 일정한 기준에 따라 분류한다.
- 분류한 기준에 맞춰 모델을 학습시키면 자신만의 모델을 만들 수 있다.

2 대장장이보드 준비

대장장이보드의 종류와 상관없이 A0핀에 빛센서(CdS), A1핀에 온도센서(N.T.C.T)를 연결한다.

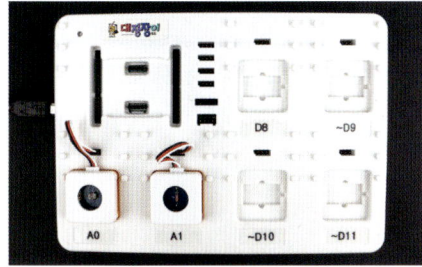
대장장이보드(스마트버전)

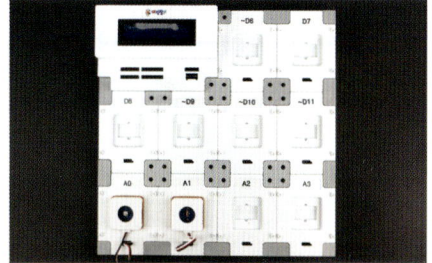
대장장이보드(빅버전)

3 알고리즘 확인

1. 난쟁이(3)이 난쟁이(2)에게 인사를 하며 다가간다.
2. 선물을 배달하는 난쟁이(2)는 아이들이 자는지, 성탄절을 따뜻하게 보내는지 난쟁이(3)에게 물어본다.
3. 난쟁이(3)이 확인하기 위해 집으로 들어간다.
4. 인공지능 텍스트 인식 기능으로 '밝기', '온도'와 관련된 질문을 받는다.
5. "춥지 않아?", "온도가 어때?" 등의 질문을 하면 A1센서값에 따라 대답을 한다.
6. A1센서값이 670보다 크면 "따뜻한 성탄절이구나!"라는 말을 하고 670보다 작으면 "장작을 더 넣어야겠어!"라고 말을 하는 동시에 벽난로 불길이 타오른다.
7. "밝기는 어때?", "집안이 어두워?" 등의 질문을 하면 A0센서값에 따라 대답을 한다.
8. A0센서값이 700보다 크면 "밝은 걸 보니 아이들이 안 자겠어!"라는 말을 하고 700보다 작으면 "어두운 걸 보니 다들 잠들었군!"이라는 말을 하며 크리스마스 요정을 찾는다.
9. 난쟁이(2)가 선물을 가지고 벽난로 위에서 등장하고 크리스마스 인사를 함께하자고 요청한다.
10. '크리스마스'와 관련된 텍스트를 입력하면 요정들이 "Merry Christmas"라고 인사한다.

프로그램 도전하기

배경과 오브젝트 준비

① 배경 준비하기

크리스마스 전날 벌어지는 스토리를 만들기 위해 2개의 장면을 사용하려고 한다. 장면 1은 눈 내린 바깥 풍경을 표현하기 위해 '크리스마스 마을 풍경' 배경을, 장면 2는 크리스마스 전날 집안 모습을 표현하기 위해 '크리스마스 집안' 배경을 준비해 보자. 장면 1 옆에 있는 장면 추가하기 (+)를 눌러 장면을 하나 더 추가해보자.

장면을 추가하면 시작 블록 카테고리에서 장면 2 시작하기가 추가된 것을 볼 수 있다. 다음은 장면 2를 시작하기 위해 필요한 블록이다.

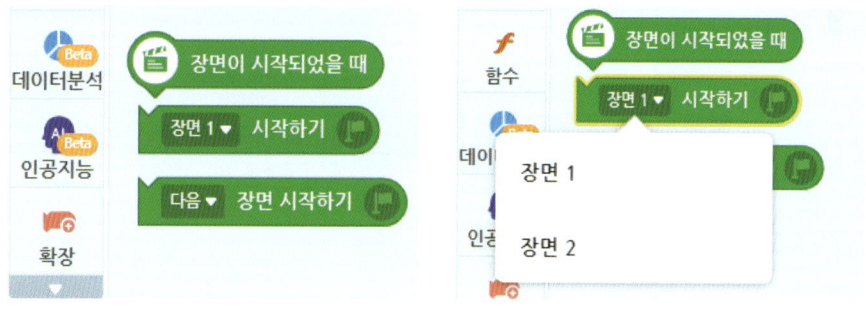

장면 2에서 '크리스마스 집안'이 밝기에 따라 밝고 어두움을 표현할 수 있도록 [모양] 탭에서 같은 모양을 하나 더 추가하여 '크리스마스 집안_밝다', '크리스마스 집안_어둡다' 2개의 모양을 만든다.

'크리스마스 집안_어둡다' 모양은 채우기를 선택한 후 어두운 색을 골라 마우스로 배경을 클릭한다. 클릭한 부분이 어둡게 바뀌는 것을 볼 수 있다. 전체적으로 어두워 보이도록 하기 위해 선물, 나무, 양말 각각의 색 중 명도가 낮은 색으로 선택하여 이미지를 클릭하여 바꾼 후 저장한다.

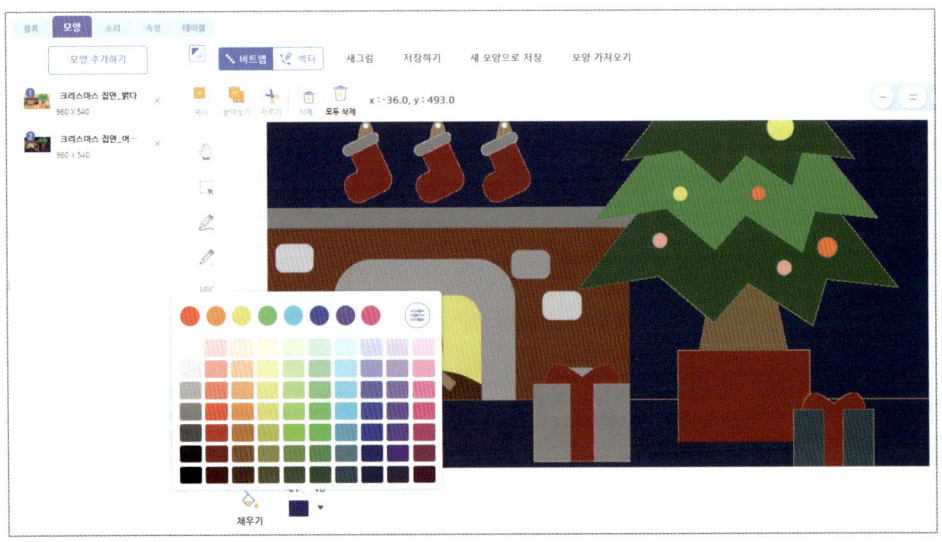

2 오브젝트 준비하기

장면 1은 '난쟁이(2)', '난쟁이(3)', '선물상자' 오브젝트, 장면 2는 '글상자', '난쟁이(1)', '선물상자', '난쟁이(2)', '빛나는 효과', '불(2)' 오브젝트를 추가한다. 장면 1과 장면 2는 스토리가 이어지기 때문에 장면 1에서 등장한 난쟁이(2)가 장면 2에서 한 번 더 등장한다. 장면 2에 오브젝트를 추가하게 되면 '난쟁이(2)1'이라고 오브젝트 이름이 정해진다. 이것은 '난쟁이(2)1'이라는 오브젝트가 있는 것이 아니라 같은 오브젝트가 하나 더 추가하여 자동으로 생성된 오브젝트 명이다.

'글상자'는 오브젝트 추가하기 버튼을 클릭한 후 상단에 [글상자] 탭을 클릭하여 작성할 수 있다. 이곳에서 글자와 관련한 글꼴, 진하기, 밑줄, 기울여 쓰기, 글자색, 글상자 배경 색 등을 바꿀 수 있다. 장면 2에서 빛센서(CdS) 값과 온도센서(N.T.C.T) 값을 보여주기 위해 글상자를 사용하려고 한다.

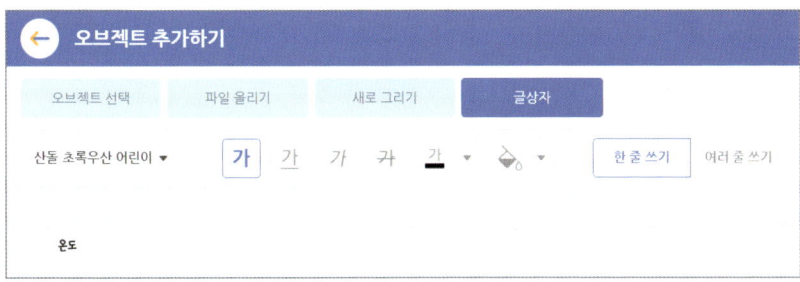

'온도' 글상자를 만든 후 같은 방법으로 '밝기' 글상자를 하나 더 만든다.

3 인공지능 모델학습 준비하기

인공지능 블록 카테고리에서 '모델 학습하기'의 '텍스트'를 선택한다.

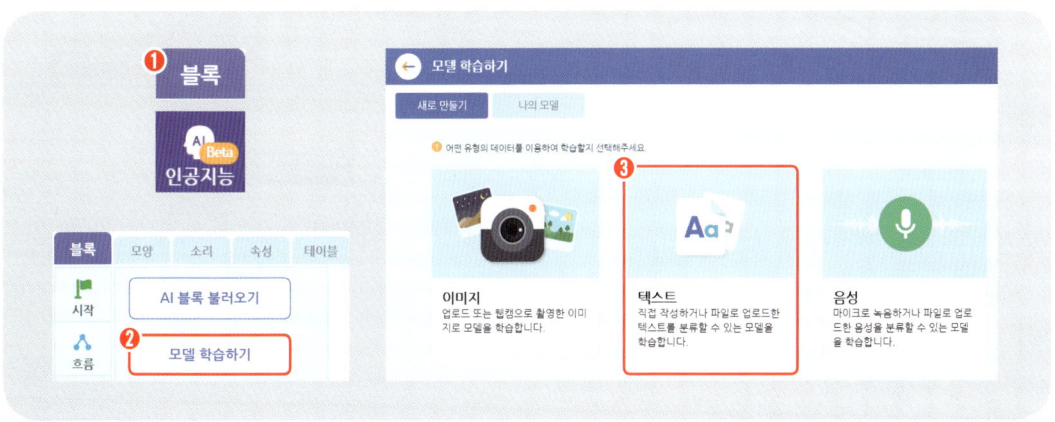

모델 학습은 인터넷이 연결되어 있고 로그인을 해야 정상적으로 동작을 한다. 텍스트 모델학습은 다음의 과정을 통해 추가할 수 있다.

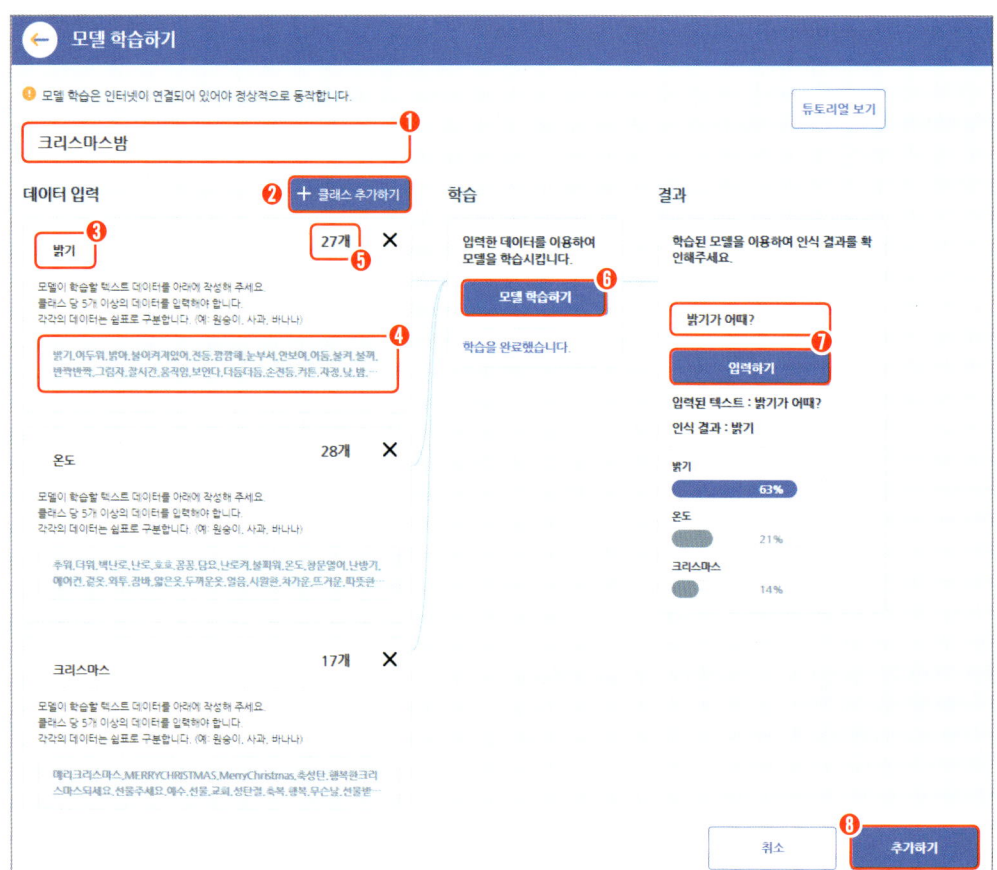

❶ 새로운 모델명을 입력하여 추가하면 동일한 모델학습을 이용할 경우 오른쪽과 같이 [나의 모델]탭에서 불러와 활용할 수 있다.

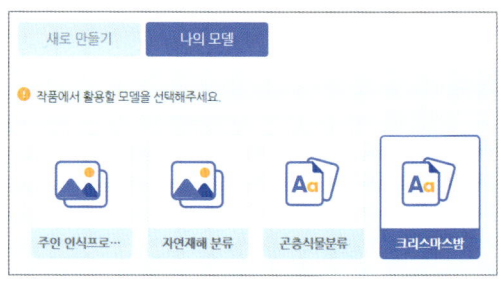

새로운 모델명을 입력하지 않더라도 [나의 모델] 탭에 추가된다. 이름 없이 저장되기 때문에 여러 개의 모델학습이 추가되어 있는 경우 구분하기 어려우므로 새로운 모델명을 입력해 두자.

❷ +클래스 추가하기를 클릭하면 데이터 입력 하위 그룹이 더 생긴다. 기본 2개의 클래스는 주어지고 클래스 추가하기를 눌러 1개 클래스를 더 추가하여 총 3개의 클래스를 사용하고자 한다. 위 그림에서 '밝기', '온도', '크리스마스' 3개의 클래스를 만든 것을 확인할 수 있다. ❸ 클래스1에 '밝기'라고 입력한다. 클래스2는 '온도', 클래스를 하나 추가하여 생성된 클래스3은 '크리스마스'라고 입력한다. ❹ '데이터를 넣어 학습시켜주세요'라고 적혀 있는 곳을 누르면 '텍스트 데

이터를 작성해주세요.'라고 적힌 부분이 나타난다. 그곳에 마우스로 클릭하여 '밝기'와 관련된 텍스트를 입력한다. 클래스당 5개 이상의 데이터를 입력해야 하며, 각각의 데이터는 쉼표로 구분하여 입력한다. ❺ 클래스 당 입력한 데이터 개수를 말해준다. '밝기'와 관련된 데이터를 27개 입력했다는 뜻이다. 이와 같이 '온도', '크리스마스' 클래스에도 데이터를 입력한 후 ❻ 모델 학습하기 버튼을 누르면 '학습을 완료했습니다.'라고 뜬다. ❼ 학습된 모델을 이용하여 인식 결과를 확인하는 창에 텍스트 기재한 후 '입력하기'를 클릭한다. 아래쪽에 인식결과를 확인한 후 만족하지 못한 결과가 나왔다면 ❹로 돌아가 관련된 텍스트 데이터를 더 입력하여 정확도를 높인다.

이 과정이 다 완료된 후 ❽ 추가하기를 누르면 인공지능 카테고리에 '학습한 텍스트 모델' 블록이 생성된 것을 볼 수 있다.

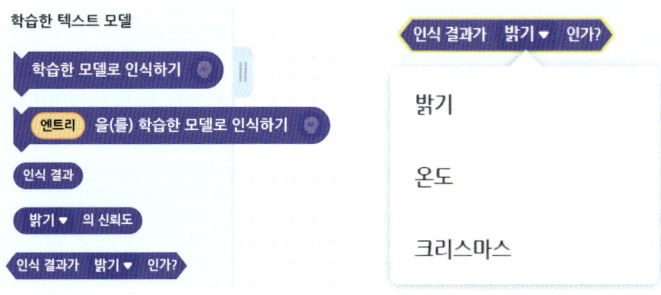

4 코딩하기

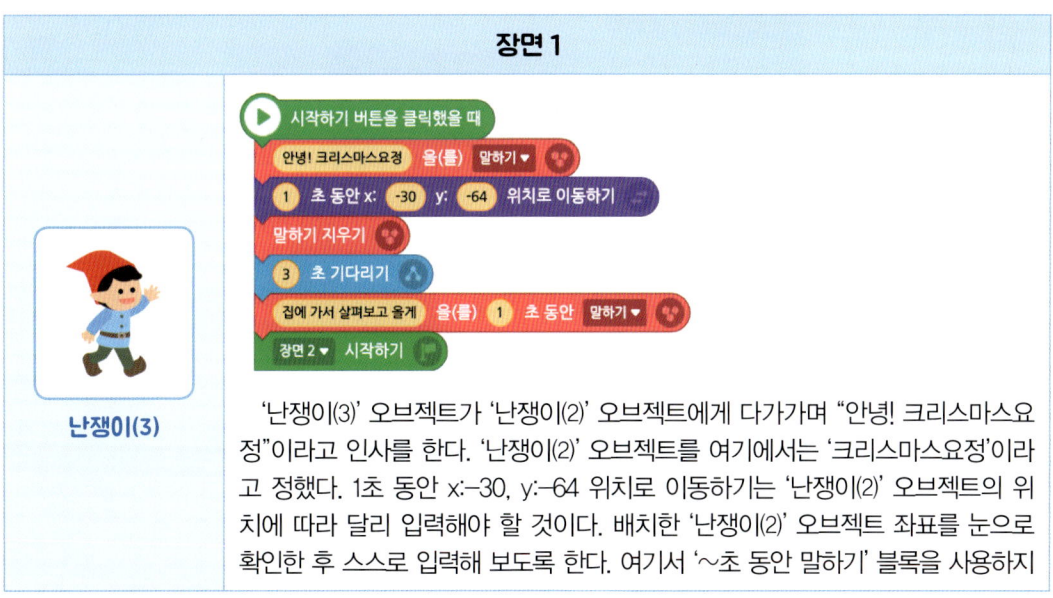

LESSON 22 도전! AI 텍스트 모델학습 프로그램 만들기

않고 '말하기' 블록을 쓴 후 '말하기 지우기'블록을 쓴 이유를 생각해 볼 필요가 있다. '난쟁이(3)' 오브젝트가 인사를 하면서 '난쟁이(2)' 오브젝트에게 다가가는 것을 표현하고자 했다. '~초 동안 말하기' 블록은 정해진 시간동안 말을 하고 말풍선이 없어진 후 1초 동안 x:-30, y:-64 좌표로 이동을 한다. 작은 차이지만 자신이 의도한대로 코딩을 하기 위해서는 순차 개념을 제대로 이해할 때 가능한 것임을 명심하자.

3초 기다리기 블록은 '난쟁이(2)' 오브젝트가 말하는 동안은 기다린 후 '난쟁이(2)' 오브젝트의 말이 끝나면 "집에 가서 살펴보고 올게"는 말을 1초 동안 한 후 장면 2로 전환된다.

난쟁이(2)

1.5초 기다리기 블록은 '난쟁이(3)' 오브젝트가 말을 하며 다가오는 1초를 기다린 후 자연스럽게 말을 이어가도록 하기 위해서다. "안녕! 아이들은 다 자고 있을까?", "크리스마스 따뜻하게 보내고 있겠지?"라는 말을 각각 1초 동안 한다.

장면 2

난쟁이(1)

'난쟁이(3)' 오브젝트와 옷차림이 동일하고 정면을 향하고 있는 '난쟁이(1)' 오브젝트를 추가하여 말하기 블록을 사용하여 "뭐가 궁금해?"라고 질문을 한다. '학습한 모델로 인식하기' 블록을 말하기 다음 순서로 배치하면 '데이터 입력' 창이 떠 질문하고 싶은 내용을 텍스트로 입력하면 학습된 텍스트 모델을 바탕으로 대답을 들을 수 있도록 배치했다.

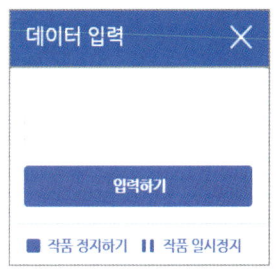

입력한 데이터 인식결과가 '밝기' 클래스에 해당된다면 '밝기' 신호를 '밝기' 글상자에게 보낸다. A0핀에 연결한 빛센서 값이 700보다 크면 "밝은 걸 보니 아이들이 안자겠어!"라는 말을 하고, 빛센서 값이 700보다 작으면 "어두운 걸 보니 다들 잠들었군!"라고 하고 "크리스마스 요정!"을 부른다. 이때 '요정호출' 신호를 보내어 크리스마스 요정인 '난쟁이(2)1'이 신호를 받고 나타나는 상황을 연출할 수 있다.

입력한 데이터 인식결과가 '온도' 클래스에 해당된다면 '온도' 신호를 '온도' 글상자에게 보낸다. A1핀에 연결한 온도센서 값이 700보다 크면 "따뜻한 성탄절이구나"라는 말을 하고, 온도센서 값이 700보다 작으면 "장작을 더 넣어야겠어"라는 말을 한다. 온도를 알고 나면 빛에 관한 질문도 할 수 있도록 장면 2 시작하기 블록을 추가한다.

메리크리스마스 신호를 받으면 1초를 기다린 후에 "Merry Christmas"라는 말을 한다.

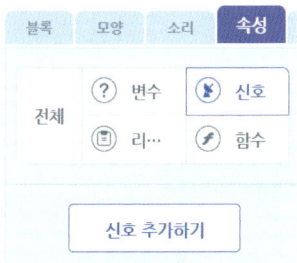

22강은 이야기 진행형식으로 인물이 등장하는 타이밍을 맞추기 위해 '신호'를 많이 사용한다. 신호를 만드는 방법을 간단히 살펴보자.

[속성] 탭 ➡ 신호 ➡ 신호 추가하기를 눌러 만들 신호이름을 입력한 후 확인버튼을 누르면 아래쪽에 신호가 만들어진 것을 볼 수 있다.

글상자

장면이 시작되었을 때 글상자는 보이지 않는다.

	![밝기▼ 신호를 받았을 때] 모양 보이기 계속 반복하기 밝기: 과(와) 아날로그 A0▼ 번 핀 센서 값 를 합치기 라고 글쓰기
	학습한 텍스트 모델의 인식 결과가 '밝기'라면 '난쟁이(1)'이 보낸 신호를 받아 모양이 보이고 A0핀 센서값을 보여준다.
온도 글상자	장면이 시작되었을 때 모양 숨기기
	장면이 시작되었을 때 글상자는 보이지 않는다.
	온도▼ 신호를 받았을 때 모양 보이기 계속 반복하기 온도: 과(와) 아날로그 A1▼ 번 핀 센서 값 를 합치기 라고 글쓰기
	학습한 텍스트 모델의 인식 결과가 '온도'라면 '난쟁이(1)'이 보낸 신호를 받아 모양이 보이고 A1핀 센서값을 보여준다.
난쟁이(2)1	장면이 시작되었을 때 모양 숨기기 x: -10 y: 100 위치로 이동하기
	장면이 시작되면 '난쟁이(2)1' 오브젝트가 모양을 숨긴 채 벽난로 위로 이동한다.
	요정호출▼ 신호를 받았을 때 모양 보이기 1 초 동안 x: -10 y: -75 위치로 이동하기 0.5 초 기다리기 다함께 성탄절 인사를 해볼까요? 을(를) 1 초 동안 말하기▼ 학습한 모델로 인식하기 만일 인식 결과가 크리스마스▼ 인가? (이)라면 메리크리스마스▼ 신호 보내기

'난쟁이(2)1' 오브젝트가 '난쟁이(1)'이 호출에 벽난로 위에서 모습을 보인 후 바닥으로 점프해서 내려온다. 1초 동안 x:-10, y:-75로 이동하게 했는데 x좌표는 변화가 없고 y좌표 위치만 변화시켜 높이만 달라지게 했다. 바닥으로 내려온 후 바로 말을 시작하면 자연스럽지 못하기 때문에 0.5초를 기다린 후 "다함께 성탄절 인사를 해볼까요?"라는 말을 한 후 데이터 입력창이 뜨게 한다. 대답의 인식 결과가 '크리스마스'와 관련이 있다면 '메리크리스마스' 신호를 자신과 '난쟁이(1)', '선물상자1'에게 보낸다.

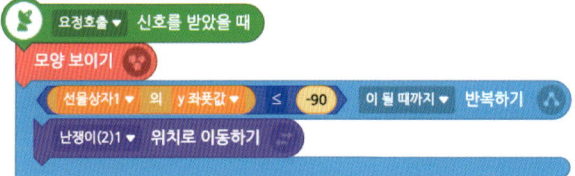

'메리크리스마스' 신호를 받으면 1초를 기다린 후 "Merry Christmas"라는 말을 한다.

장면이 시작되었을 때 '선물상자1'은 보이지 않는다.

'선물상자1'은 크리스마스 요정인 '난쟁이(2)1'이 벽난로에서 뛰어내릴 때 선물상자를 가지고 오는 느낌이 들도록 '난쟁이(2)1' 위치로 이동하여 따라다니도록 한다. '선물상자1'의 y좌표가 -90보다 더 작아질 때까지는 계속 난쟁이(2)1에 붙어 있게 한다.

텍스트 학습모델 인식 결과가 크리스마스라면 '메리크리스마스'라는 신호를 받아 0.5초 동안 x:80 y:-90 위치로 이동하게 된다. 크기는 80%까지 커지게 되어 '크리스마스 요정'에 의해 큰 선물을 받는 듯 한 느낌이 들게 한다.

 빛나는 효과	장면이 시작되면 크기가 50%로 변한 후 0.1초에서 0.5초 사이의 무작위 시간으로 기다린다. 그리고 다시 크기가 100%로 바뀐 후 0.1초에서 1초 사이의 무작위 수로 기다린다. 반짝이는 트리 장식을 표현하기 위해 나타낸 것으로 기다리기 블록을 사용해 급하게 모양이 바뀌지 않고 일정 시간 유지하며 깜빡거리는 모습을 연출한다.
 불(2)	장면이 시작되었을 때는 모양을 숨기고 있다가 A1핀에 연결된 온도센서값이 700보다 작으면 모양을 드러내고 다음 모양으로 바꾸기를 하여 불이 타오르는 느낌이 들도록 했다. 다음 모양으로 바꾸기 전에 0.2초 기다리기를 하여 급하게 모양이 바뀌지 않도록 한다. 700보다 클 경우는 온도가 높다는 뜻이므로 모양을 감춘다.
 크리스마스 집안	'크리스마스 집안' 오브젝트의 경우 빛센서값에 따라 밝기를 달리하기 위해서 [모양] 탭에서 크리스마스 집안을 하나 더 복제하여 '크리스마스 집안_밝다'와 '크리스마스 집안_어둡다'를 2개 만든다. '크리스마스 집안_밝다'는 모양은 수정하지 않고 그대로 사용하고 '크리스마스 집안_어둡다'는 채우기로 어두운 색상을 입혀 밤 배경처럼 만든 후 저장한다.

인식결과가 '밝기'를 묻는 경우이고 동시에 A0핀 값이 700보다 크다면 '크리스마스 집안 _밝다' 모양이 되고 A0핀 값이 700보다 작으면 '크리스마스 집안_어둡다'로 모양이 바뀐다.

WEEKLY CODING STUDY PLAN

1 2 3 4 5 6
7 8 9 10 11 12

MON	TUE	WED

THU	FRI	SAT	SUN

메이커 더하기

블록 만들기

블록을 조립하여 온도와 밝기를 측정하여 크리스마스 요정이 방문할 집을 만들어보자.

대장장이보드(스마트버전)

대장장이보드(빅버전)

2 작동은 이렇게!

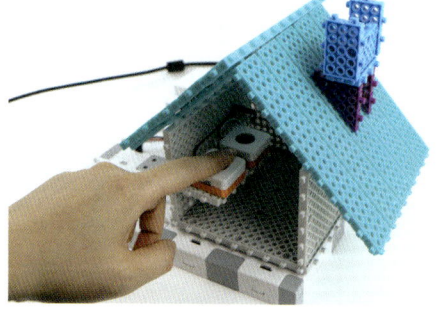

 대장장이보드 A0핀에 연결한 빛센서를 가린 후 인공지능 데이터 입력창에 "밝기가 어때?"라고 입력한다. 빛센서값과 배경색을 비교해보고 크리스마스 요정이 선물을 들고 등장해도 되는 조건인지 확인해 본다.

생각 정리하기

 더 나아가기

 인공지능 텍스트 모델 학습하기를 이용하여 '식물백과사전'을 만들어보자. 예를 들어 "가시가 많은 꽃 이름이 뭐야?"라고 물었을 때 인식결과로 장미에 대한 정보를 보여주도록 하는 프로그램을 구성해 보자. '식물백과사전'이 될 수 있도록 식물의 종류를 다양하게 추가하여 인식결과가 제대로 나오는지 확인해 보도록 하자.

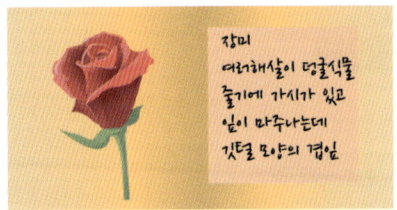

문제해결을 위한 알고리즘 설계

 정리하고 평가하기

프로그램은 잘 실행되었는가?		
사용한 센서 이름을 적어봅시다.	핀 번호	센서 이름
이번 수업에서 알게 된 점을 정리해 봅시다.		

3 완성된 코드

장면 1

난쟁이(3)
- 시작하기 버튼을 클릭했을 때
- 안녕! 크리스마스요정 을(를) 말하기
- 1 초 동안 x: -30 y: -64 위치로 이동하기
- 말하기 지우기
- 3 초 기다리기
- 집에 가서 살펴보고 올게 을(를) 1 초 동안 말하기
- 장면 2 시작하기

난쟁이(2)
- 시작하기 버튼을 클릭했을 때
- 1.5 초 기다리기
- 안녕! 아이들은 다 자고 있을까? 을(를) 1 초 동안 말하기
- 크리스마스 따뜻하게 보내고 있겠지? 을(를) 1 초 동안 말하기

장면 2

난쟁이(1)
- 장면이 시작되었을 때
- 뭐가 궁금해? 을(를) 1 초 동안 말하기
- 학습한 모델로 인식하기
- 만일 인식 결과가 밝기 인가? (이)라면
  - 밝기 신호 보내기
  - 만일 아날로그 A0 번 핀 센서 값 > 700 (이)라면
    - 밝은걸 보니 아이들이 안자겠어! 을(를) 1 초 동안 말하기
  - 아니면
    - 어두운 걸 보니 다들 잠들었군! 을(를) 2 초 동안 말하기
    - 크리스마스 요정! 을(를) 2 초 동안 말하기
    - 요정호출 신호 보내기
- 만일 인식 결과가 온도 인가? (이)라면
  - 온도 신호 보내기
  - 만일 아날로그 A1 번 핀 센서 값 > 700 (이)라면
    - 따뜻한 성탄절이구나 을(를) 말하기
  - 아니면
    - 장작을 더 넣어야겠어 을(를) 1 초 동안 말하기
- 장면 2 시작하기

- 메리크리스마스 신호를 받았을 때
- 1 초 기다리기
- Merry Christmas 을(를) 말하기

LESSON 22 도전! AI 텍스트 모델학습 프로그램 만들기

불(2)	장면이 시작되었을 때 모양 숨기기 계속 반복하기 　만일 〈 아날로그 A1▼ 번 핀 센서 값 〈 700 〉 (이)라면 　　모양 보이기 　　다음▼ 모양으로 바꾸기 　　0.2 초 기다리기 　아니면 　　모양 숨기기
크리스마스 집안	장면이 시작되었을 때 계속 반복하기 　만일 〈 인식 결과가 밝기▼ 인가? 〉 (이)라면 　　만일 〈 아날로그 A0▼ 번 핀 센서 값 > 700 〉 (이)라면 　　　크리스마스 집안_밝다▼ 모양으로 바꾸기 　　아니면 　　　크리스마스 집안_어둡다▼ 모양으로 바꾸기

앱인벤터와 대장장이보드의 만남

 앱인벤터로 대장장이보드 제어용 앱을 만들어보자.

앞에서 살펴 본 '16강 화재감지 원격 제어장치 만들기'에서는 '블루투스 터미널'이라는 블루투스용 앱을 이용하여 송신(TX)과 수신(RX)을 하였다. 이는 블루투스 모듈을 통하여 시리얼통신을 함으로써 문자 형태의 신호를 전송한 것이다. 이번 강의에서는 대장장이보드를 제어하기 위한 전용 앱을 직접 만들어보고자 한다.

'16강 화재감지 원격 제어장치 만들기'에서는 온도센서에서 측정된 값이 30을 넘으면 대장장이보드에서 스마트폰 '블루투스 터미널'이라는 앱으로 메시지를 전달하고, 메시지 확인 후 사용자가 1이라는 신호를 전송하면 대장장이보드에서는 전자레인지의 화재위험을 알리고, 2를 전송하면 핸드폰의 화재위험, 3을 전송하면 TV의 화재위험을 알리도록 되어 있다. 따라서 만들고자 하는 앱에서는 대장장이보드에서 수신되는 메시지를 확인하는 기능과 화재위험을 알리는 신호(1, 2, 3)를 대장장이보드로 전송하는 기능이 필요하다.

사이트 접속하기

크롬(Chrome)에서 https://appinventor.mit.edu를 검색한다(앱인벤터는 크롬에 최적화되어 있다. 따라서 크롬으로 실행하는 것을 권장한다).

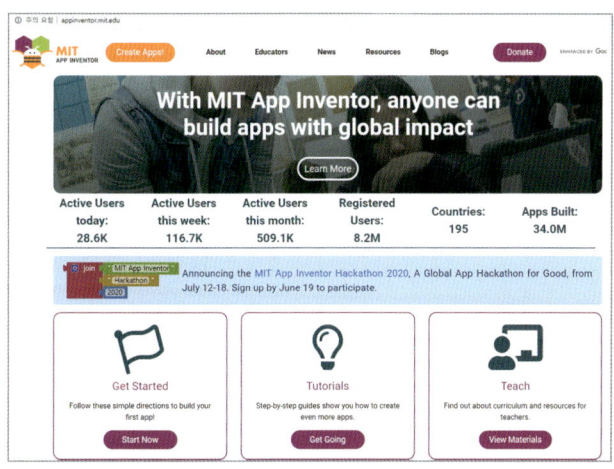

앱인벤터 시작하기

앱인벤터 열기

앱인벤터 사이트에 접속하면 주소창에 그림처럼 '주의 요함'이라는 메시지가 나타나기도 하는데 이는 http://appinventor.mit.edu로 접속한 경우이다. 사용상 차이는 없지만 https://appinventor.mit.edu로 접속하는 것이 좋다. 인터넷을 사용할 때 사용하는 통신프로토콜을 http을 사용하느냐 https를 사용하느냐의 차이이며 이는 보안기능이 강화된 https를 사용하기를 권장하는 메시지이다.

앱인벤터에서 접속하면 상단의 'Create Apps!'를 클릭하여 앱 만들기를 시작하여 보자.

앱 만들기를 클릭하면 로그인 화면이 나타난다. 로그인 또는 사용자 등록은 자신이 원하는 메일주소로 하면 되지만, 구글 Gmail에 등록된 정보를 활용하면 로그인하는 절차가 편해진다. 일반적인 사이트처럼 로그인하면 되므로 설명은 생략한다.

처음 사용할 때에는 영문으로 모든 표기가 나올 수 있다. 이때에는 앱인벤터 메뉴에서 언어를 한국어로 변경하여 사용하여도 된다. 여기에서 선택한 언어는 실제로 스마트폰 앱에서 나타나는 언어와는 상관이 없다. 앱인벤터를 이용하기 위한 언어 선택일 뿐이다.

앱인벤터에서 새프로젝트 시작하기를 선택하여 새로운 앱을 만들 준비를 한다.

이번 강의에서는 '16강 화재감지 원격제어장치 만들기'를 위한 앱이므로 'fire_alarm'이라고 프로젝트명으로 입력해 본다(프로젝트명은 한글 입력이 되지 않으므로 영어로 원하는 이름으로 정하면 된다).

2 디자이너모드에서의 컴포넌트 배치하기

앱인벤터에서는 2가지 모드가 있다. ❶ 디자이너모드와 블록모드가 그것이다.

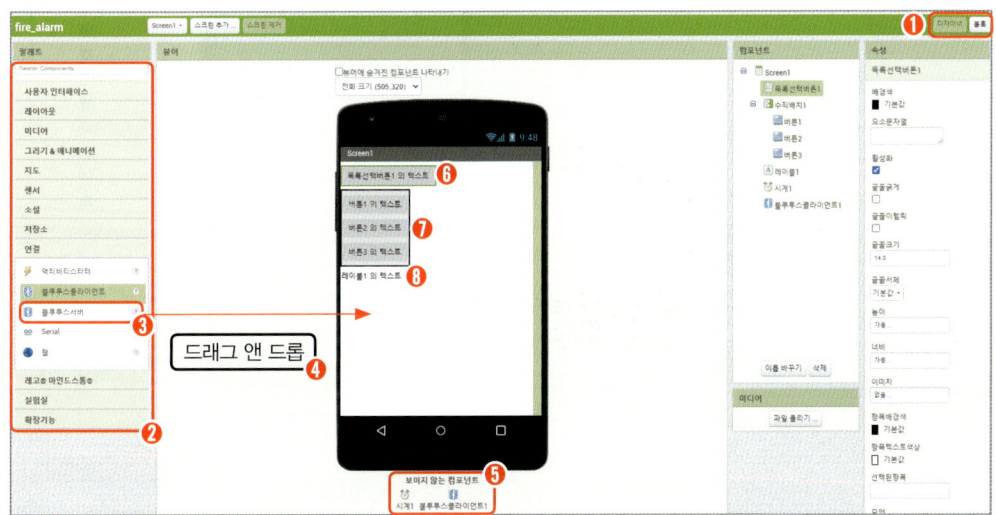

부록 앱인벤터와 대장장이보드의 만남 **331**

스마트폰 이미지에 무언가를 배치할 수 있는 상태를 '디자이너모드'라고 한다. 블록모드는 다음에 설명하겠지만 각각의 컴포넌트가 할 일을 블록 코딩할 수 있는 상태를 의미한다.

앱인벤터에서는 사용할 각각의 기능을 컴포넌트라고 한다. 그림의 ❷ 팔레트에서 배치된 것들이 컴포넌트이다. 우리가 사용할 컴포넌트는 6개이다. 사용자 인터페이스에 포함된 '목록선택버튼', '버튼', '레이블'과 레이아웃에 포함된 '수직배치', 센서에 포함되어있는 '시계', 연결에 포함되어있는 '블루투스클라이언트'이다. ❸ 컴포넌트를 화면 중앙의 뷰어(스마트폰 화면)에 ❹ 마우스로 끌어다 위 그림처럼 늘어놓는다. 이때 버튼 3개를 사용하는데 수직배치 레이아웃 안에 끌어다 놓는다. 컴포턴트들 중에서 화면에 나타나야 하는 컴포넌트들은 화면에 배치되지만, ❺ 스마트폰 화면 아래쪽에 배치되는 컴포넌트들도 있다. 화면 하단에 배치된 컴포넌트들은 무언가 기능은 있지만 화면에 나타낼 필요가 없는 컴포넌트들이다.

먼저 ❻ '목록선택버튼'은 스마트폰에서 연결할 수 있는 블루투스의 목록을 나타내기 위한 목적으로 사용한다. 다음으로 수직배치 레이아웃 내부의 ❼ '버튼' 3개는 각각 1, 2, 3의 신호를 대장장이보드에 전송하는 기능을 한다. ❽ '레이블'은 대장장이보드에서 전송된 메시지를 수신하여 텍스트로 나타나게 할 목적으로 사용한다. ❺ '시계' 컴포넌트는 스마트폰에서 앱이 실행되면 1초에 한 번씩 블루투스 연결을 확인하기 위한 컴포넌트이다. 마지막으로 ❺ '블루투스클라이언트'는 실제 스마트폰의 블루투스 기능을 사용하여 대장장이보드의 블루투스로 신호를 송신하거나 대장장이보드 블루투스에서 보내오는 메시지를 수신하는 기능을 한다.

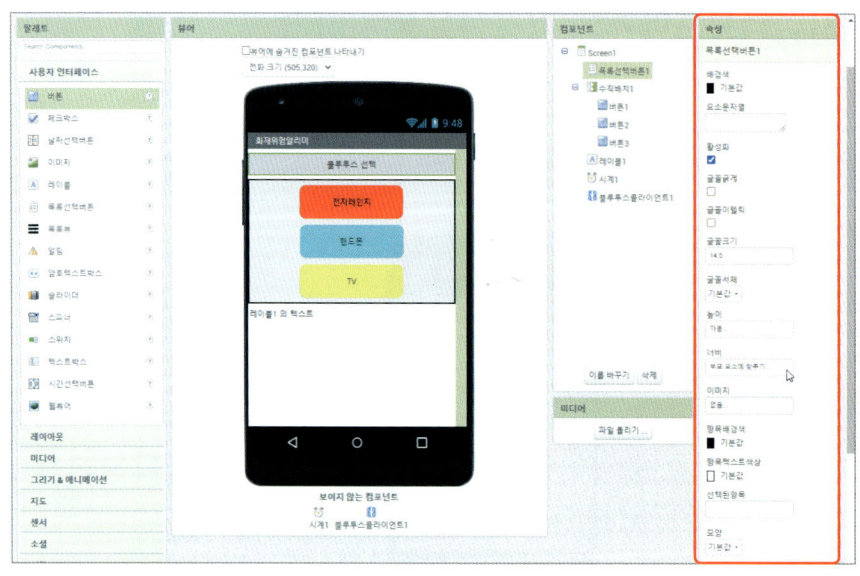

위 그림은 컴포넌트의 속성을 수정하여 좀 더 깔끔하게 배치한 그림이다.

'Screen1'은 스마트폰에서 나타날 첫번째 화면을 의미하는 컴포넌트이며 이 컴포넌트는 프로젝트를 시작하면 기본으로 나타난다. 'Screen1'을 선택해서 제목 속성을 '화재위험 알리미'로 변경한다.

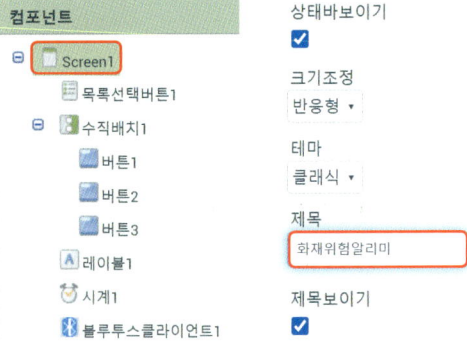

화면에 배치한 '목록선택버튼1'의 속성 중 너비항목을 부모요소에 맞추기로 설정하고 텍스트 속성을 '블루투스 선택'으로 변경한다.

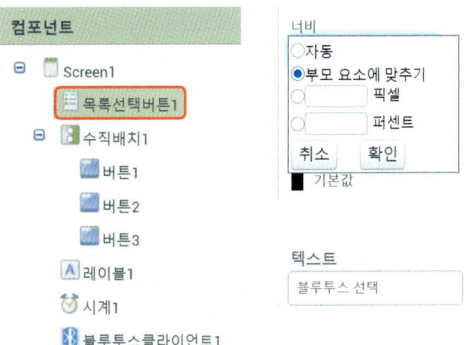

'수직배치1'의 너비항목도 부모요소에 맞추기로 설정하여 좌우로 꽉 차게 설정하고 수평정렬 항목을 가운데로 설정한다. 이렇게 되면 '수직배치1'의 내부에 배치된 버튼들이 가운데로 정렬되어 배치된다.

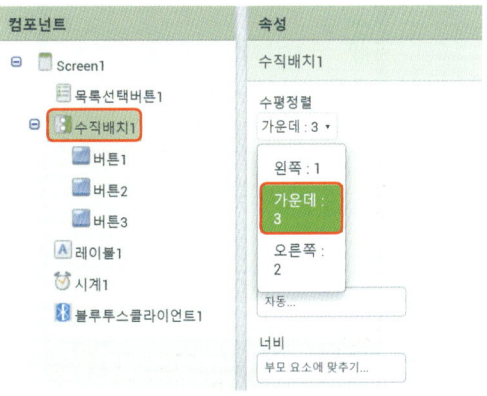

부록 앱인벤터와 대장장이보드의 만남

'버튼1'의 배경색은 빨간색, '버튼2'의 배경색은 청록색, '버튼3'의 배경색은 노랑으로 바꾸었다.

텍스트도 전자레인지, 핸드폰, TV로 변경한다. 3개의 버튼은 높이 50픽셀, 너비 50퍼센트로 설정하였다. 모양은 둥근모서리형태로 설정하였지만 자신의 기호대로 설정하기 바란다. '레이블 1'은 스마트폰 하단에 배치한다.

2 블록모드에서 코드작성하기

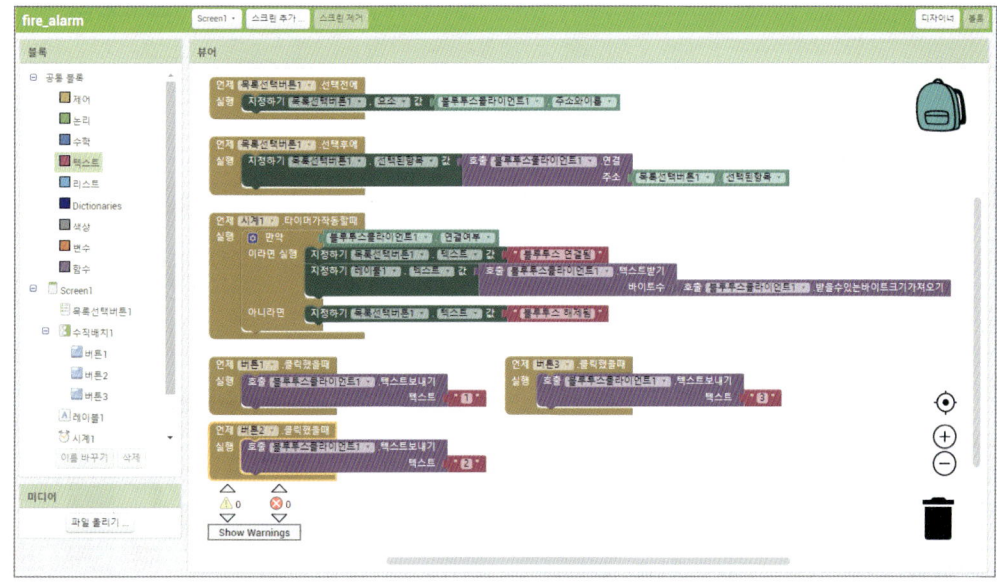

'목록선택버튼1'은 크게 2개의 기능이 필요하다. 첫 번째는 목록선택버튼을 클릭했을 때 주변에 검색되는 블루투스의 목록을 스마트폰에 리스트로 보여주는 기능이다.

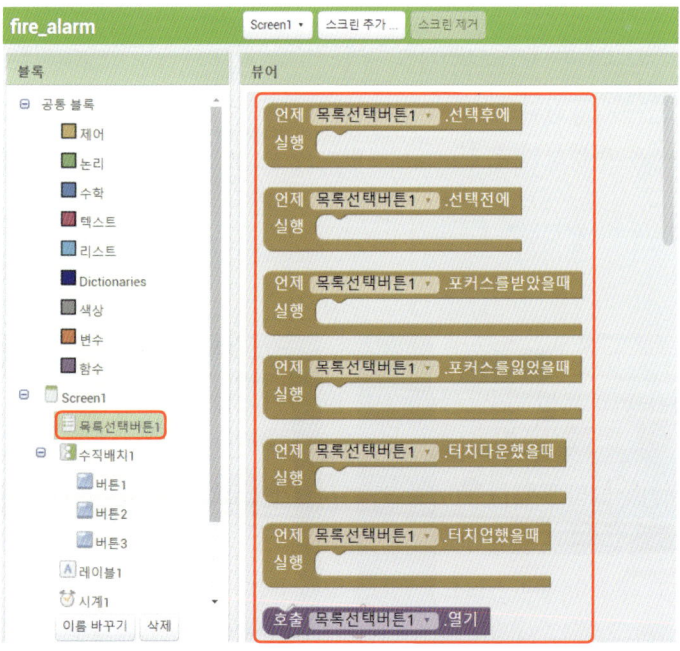

목록선택버튼1에 대한 명령어를 작성하기 위한 것이므로 블록모드를 선택하여 블록 카테고리에서 '목록선택버튼1'을 선택하면 그와 관련 블록들이 오른쪽에 나타난다. 드래그 앤 드롭하여 필요한 블록을 뷰어창으로 가지고 온다. 같은 방법으로 '버튼', '블루투스클라이언트1'에 대한 블록도 추가할 수 있다.

목록선택버튼1을 클릭하면 주변의 블루투스 주소와 이름을 리스트형태로 나타나게 하는 코딩이다. 이 그림에서 '선택전에'라고 표기되는 것은 리스트에서 연결할 블루투스를 선택하기 전이라는 의미이다.

스마트폰에 나타난 리스트에서 연결할 블루투스를 선택한 후에는 목록선택버튼1에 해당 블루투스의 주소와 이름이 선택되며 블루투스가 연결된다.

시계 컴포넌트는 기본적으로 1000으로 되어 있다. 이는 시계가 작동하면 1초(1000밀리초)에 1회씩 시계관련 코드가 작동한다는 뜻이다. 디자이너 모드에서 속성을 변경하면 측정 시간을 변경할 수 있다.

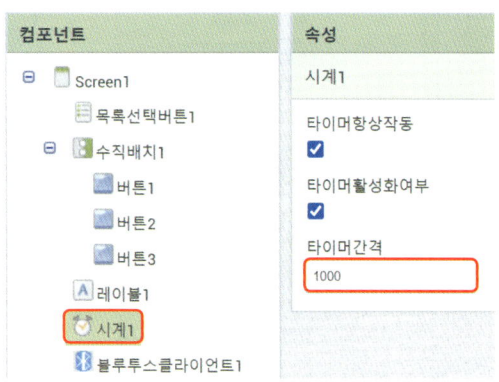

위 그림에서는 블루투스가 연결된 상태에서는 '목록선택버튼1'의 텍스트를 '블루투스 연결됨'

으로 변경하고 대장장이보드에서 전송된 신호를 수신하게 된다. 수신된 텍스트는 '레이블1'에 나타나도록 한다.

'버튼1'은 전자레인지, '버튼2'는 핸드폰, '버튼3'은 TV이다. 즉 각 버튼을 클릭하면 대장장이보드에 1, 2, 3이라는 신호가 전송된다. '1'이 전송되면 대장장이보드에서는 1에 해당하는 코드(전자레인지 화재정보)가 작동되고 다른 버튼도 동일하다.

현재 위 코드는 최대한 간단하게 구성하기 위하여 에러 부분에 대한 코드를 작성하지 않았다. 예를 들어 블루투스 연결 실패의 경우와 블루투스가 연결되지 않은 상태에서 신호를 전송하면 (블루투스가 연결되지 않은 상태에서 전자레인지와 같은 버튼을 클릭하면) 에러가 발생한다. 더 많은 경우의 수를 계산하여 코드를 작성해야 완벽한 앱을 구성할 수 있음을 알아두길 바란다.

앱인벤터로 음성인식 명령하는 앱 만들기

앞에서 제작한 앱을 이용하여 '음성인식'으로 명령을 내리는 기능을 추가하고자 한다. 앞의 예제와 동일한 컴포넌트를 사용하여 음성인식을 시작할 버튼을 하나 더 추가해 볼 것이다. 음성인식 버튼은 음성인식기능을 호출하는 기능만 한다. 실제 음성인식은 미디어의 음성인식이라는 컴포턴트가 처리하므로 음성인식 컴포넌트를 화면 중앙의 뷰어로 끌어다 놓으면 보이지 않는 컴포넌트에 추가된다.

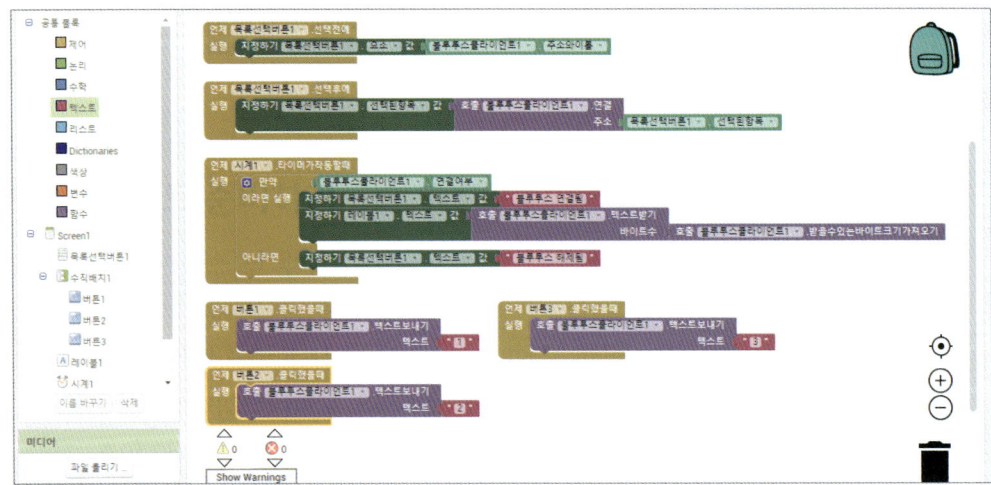

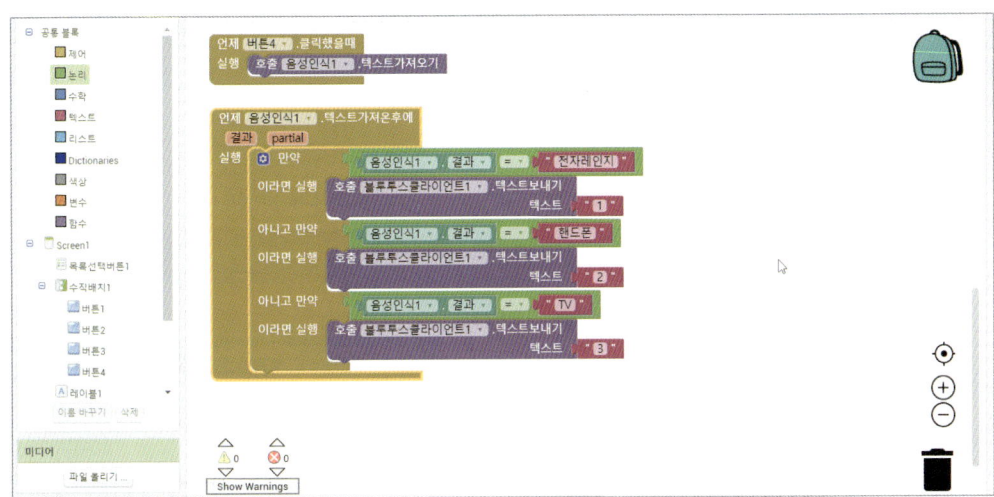

앞의 코드는 앞의 예제와 동일하다. 이 예제에 다음의 그림처럼 코드를 추가한다.

'버튼4'는 음성인식기능을 호출하는 역할을 한다. 이 버튼을 클릭하면 스마트폰 화면에 우리가 자주 보는 구글 음성인식기능이 활성화되어 음성이 입력되기를 기다린다.

음성이 입력되면 위의 코드가 실행되는데 입력된 음성이 '전자레인지'인지 '핸드폰'인지 'TV'인지 구분하여 각각의 신호를 대장장이보드에 전송한다.

앱인벤터로 작성한 앱 설치 및 작동

1 앱인벤터 앱 확인

앱인벤터로 작성중인 프로그램을 실제 스마트폰에서 정상적으로 작동하는지 확인하면서 작성할 수도 있다. 다음은 앱인벤터 사이트에 게시되어 있는 내용으로 3가지 방법이 있음을 알 수 있다.

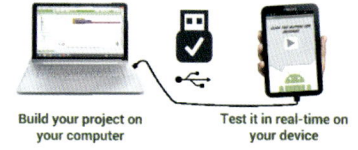

첫 번째는 컴퓨터와 자신의 스마트폰이 같은 와이파이 공유기에 연결되어 있을 때 사용하는 방법이다. 이 경우에는 구글 플레이에서 MIT AI2 Companion이라는 어플을 이용하여 앱인벤터와 자신의 스마트폰을 연결한다. 두 번째는 컴퓨터에 안드로이드 환경을 설치하고 컴퓨터에 가상의 스마트폰 환경을 만든 후 테스트하는 방법이다. 세 번째는 컴퓨터와 자신의 스마트폰을 USB 케이블로 연결하여 사용하는 방법이다. 가장 편하게 사용할 수 있는 방법이 첫 번째 MIT AI2 Companion을 이용하는 방법이므로 여기에 간단히 설명하고자 한다.

2 앱인벤터 앱 설치

먼저 PLAY스토어에서 MIT AI2 Companion을 검색하여 설치한다.

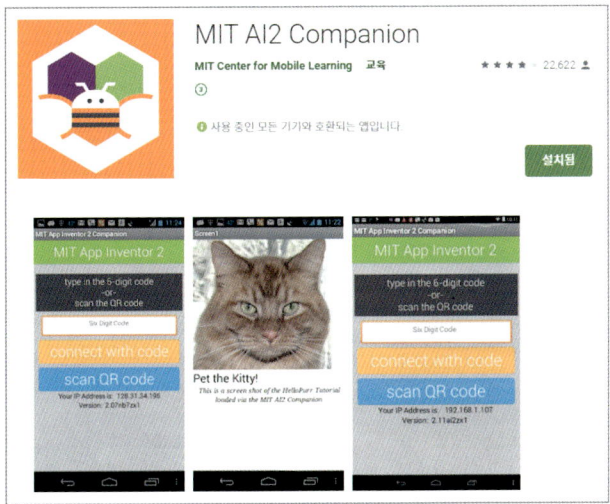

스마트폰에 MIT AI2 Companion을 설치한 다음 작성중인 앱인벤터에서 다음과 같이 따라한다.

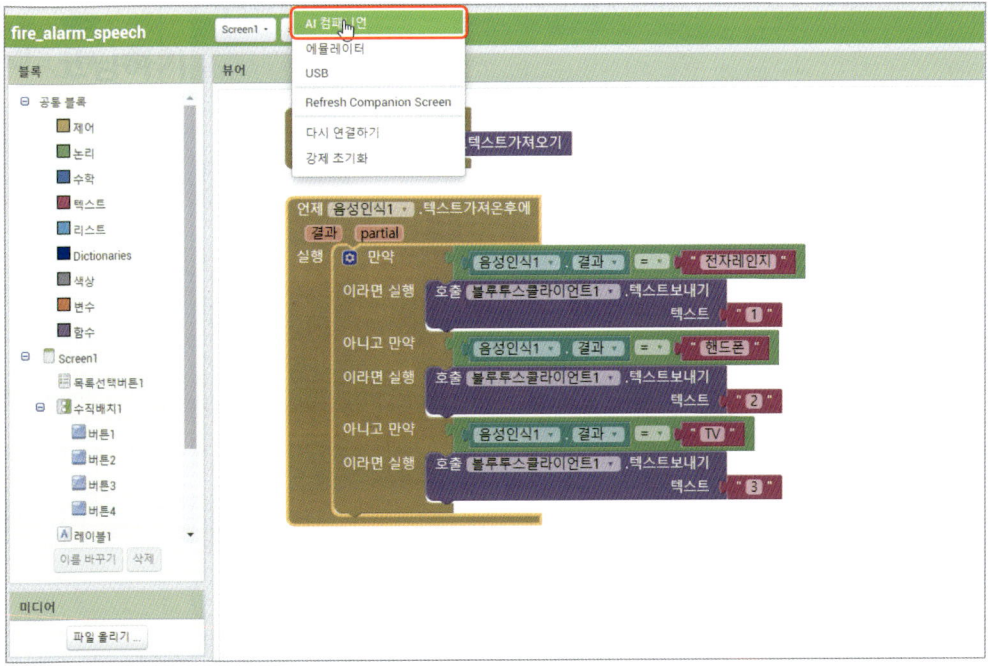

작성 중인 앱인벤터 화면의 연결메뉴서 AI 컴패니언을 선택한다.

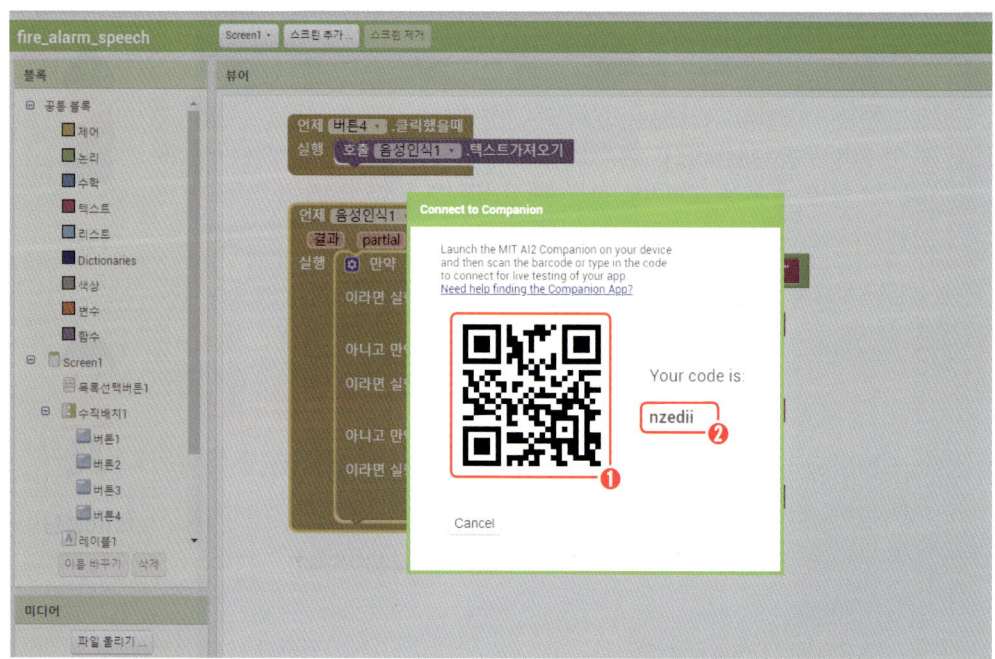

위와 같이 QR코드가 만들어지는데 이 QR코드를 오른쪽과 같이 MIT AI2 Companion 앱을 실행한 후 scan QR code를 이용하여 ❶ QR코드를 스캔하거나 또는 ❷ 6자리 코드를 입력하면 자신의 스마트폰과 앱인벤터가 연동된다. 연동되면 앱인벤터에서 작업하는 모든 것들이 실시간으로 자신의 스마트폰에 반영되면서 작업을 보다 쉽게 할 수 있게 된다.

앱인벤터에서 모든 작업이 끝나고 프로그램이 완성되면 완성된 앱을 자신의 스마트폰에 설치할 수도 있고, 앱을 하나의 실행파일(*.APK)로 다운로드 받을 수도 있다.

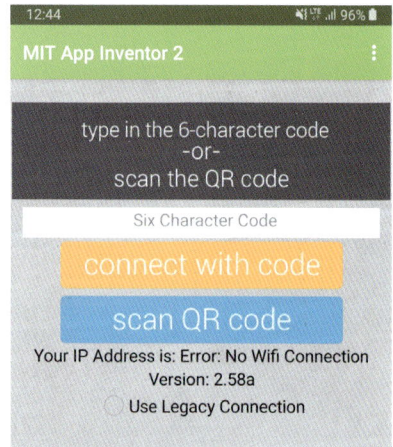

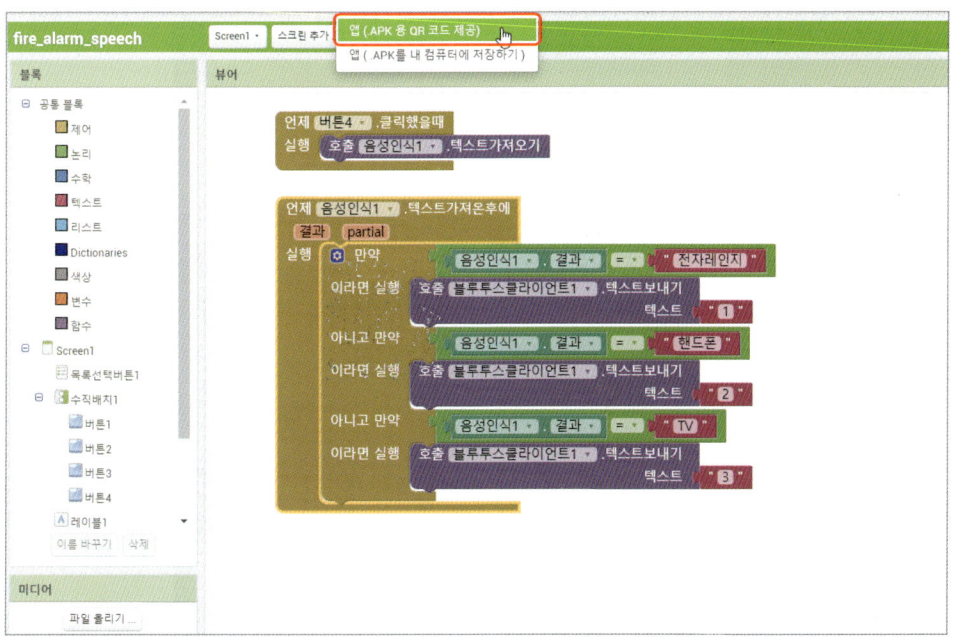

　메뉴의 '빌드'에는 2가지 하위 메뉴가 있는데 앱(.APK용 QR코드 제공)과 앱(.APK를 내 컴퓨터에 저장하기)이다. 앱(.APK용 QR코드 제공)은 스마트폰에 QR코드를 이용하여 직접 설치하고자 할 때 사용한다.

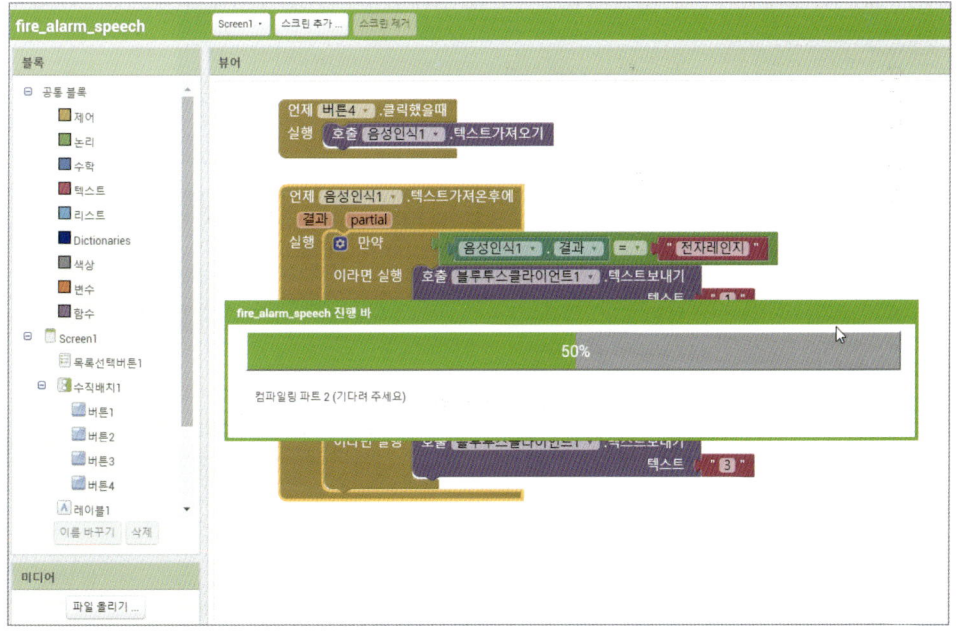

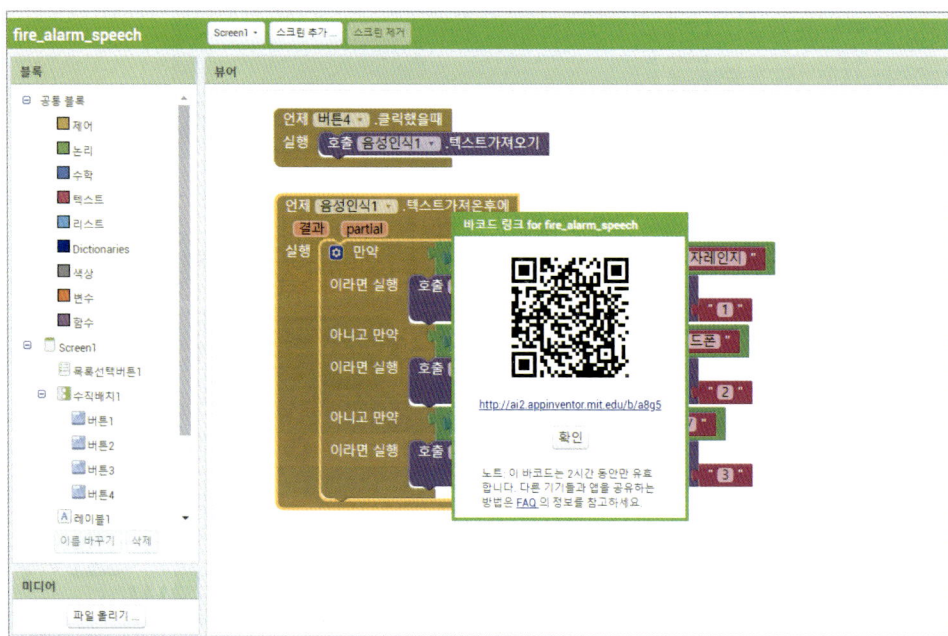

앱(.APK를 내 컴퓨터에 저장하기)는 컴퓨터에 *.APK 설치파일 형태로 다운받기 위한 과정이다. 파일로 다운로드 받으면 스마트폰으로 옮겨 설치파일을 클릭하면 자동 설치된다.

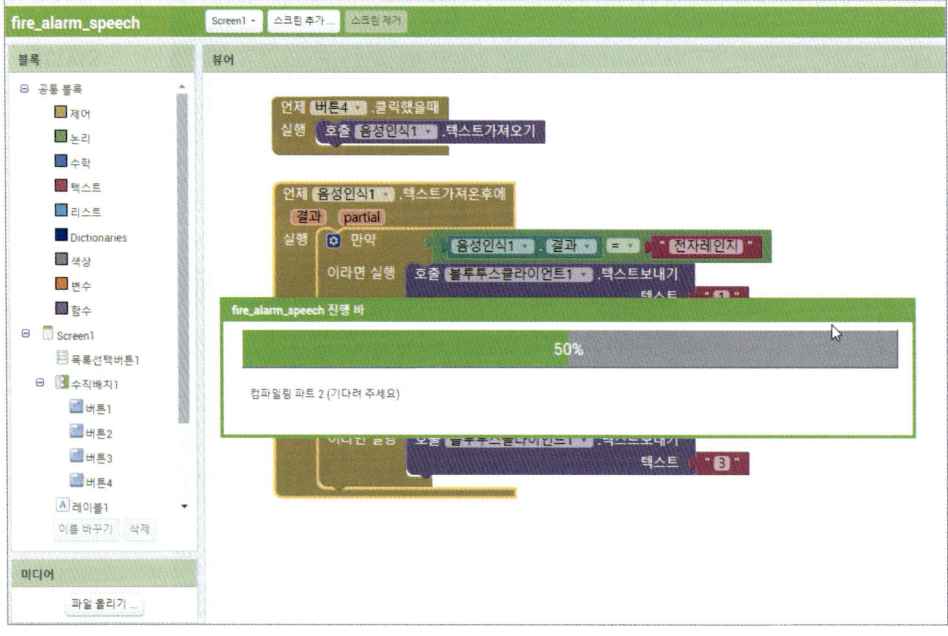

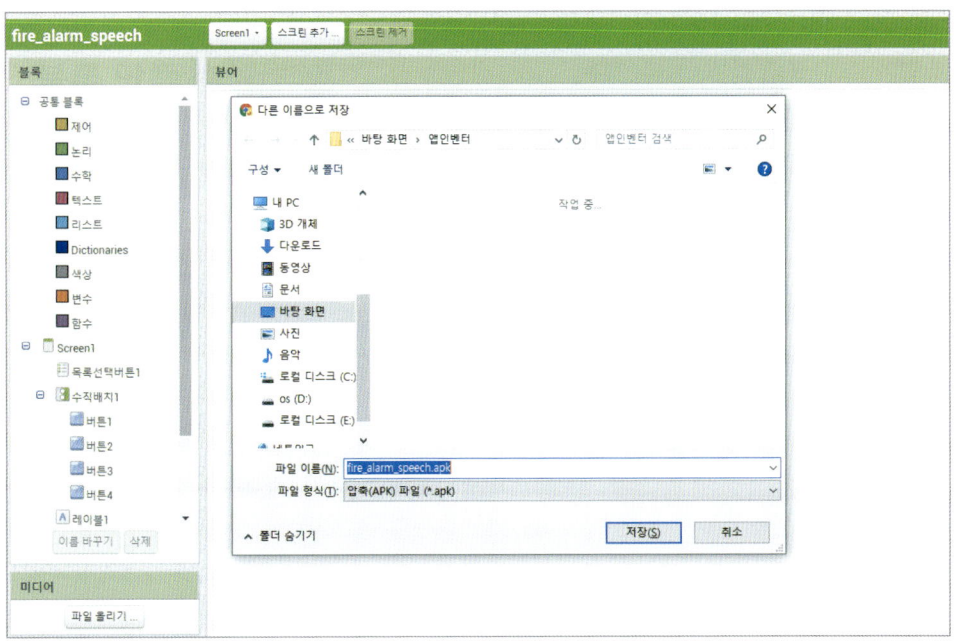

3 앱인벤터 앱으로 대장장이보드 작동하기

완성한 앱으로 대장장이보드를 작동시켜 본다. 화재의 원인을 '1', '2', '3' 숫자로 신호를 보내어 16강과 같이 대장장이보드와 엔트리화면에 변화가 나타나는 것을 확인할 수 있다. 이처럼 대장장이보드는 엔트리 외에도 '아두이노'를 제어할 수 있는 다양한 언어로 코딩이 가능하다. 새로운 프로그램 언어에 도전하는 학습자가 대장장이보드로 즐겁게 학습할 수 있기를 바라본다.

저자소개

하주원 춘천교육대학교 졸업. 인천송현초등학교 교사. 소프트웨어(SW)교육 선도학교 업무를 맡게 되면서 코딩교육에 관심을 가지기 시작했다. 6살 아들인 시후에게 재밌게 체험하며 오개념 없이 코딩을 가르치고 싶다는 생각에 퇴근 후에도 매달린 공부가 저자가 될 수 있는 기회도 선사했다. 그동안 〈IYRC 국제청소년로봇대회 심사위원〉, 〈인천 SW교육지원센터 SW교육 콘텐츠 개발위원〉, 〈인천광역시교육청 소프트웨어교육 강사〉, 〈소프트웨어교육 선도학교 컨설팅지원단〉, 〈APEC국제교류협력원 SW교육 공통모듈교재 개발위원〉 등으로 활동 중이다.

김은협 경인교육대학교 졸업. 인천마전초등학교 교사. 평소에 컴퓨터 분야에 관심을 갖고 있던 중, 이세돌과 인공지능 알파고의 바둑 대결에 큰 감명을 받고 SW교육 및 AI 교육 분야 공부에 본격적으로 뛰어들게 되었다. 그동안 〈SW교육 선도교원〉, 〈인천 SW교육지원센터 SW교육 콘텐츠 개발위원〉, 〈인천광역시교육청 소프트웨어교육 강사〉 등으로 활동 중이다.

정기민 경인교육대학교 졸업. 인천완정초등학교 교사. 오리지널 아두이노로 힘겹게 코딩교육을 배우던 중 대장장이보드 개발과정을 지켜보게 되었다. 대장장이보드가 획기적으로 피지컬 컴퓨팅의 장벽을 낮추었듯 학생들에게 재미있고 쉽게 SW교육을 가르치기 위해 콘텐츠 개발에 참여하게 되었다. 〈IYRC 국제청소년로봇대회 심사위원〉, 〈인천 SW교육지원센터 SW교육 콘텐츠 개발위원〉, 〈인천광역시교육청 소프트웨어교육 강사〉, 〈소프트웨어교육 선도학교 컨설팅지원단〉, 〈인천광역시교육청 인공지능교육 교사연수 강사〉 등으로 활동 중이다.

김현아 춘천교육대학교 졸업. 인천송현초등학교 교사. 메이커교육에 관심을 갖고 초등학교 현장에서 학생들과 아이디어를 실물로 구현할 수 있는 방법을 연구하던 중 피지컬컴퓨팅을 접하게 되었다. 〈인천광역시교육청 소프트웨어교육 강사〉, 〈소프트웨어교육 선도학교 운영교사〉로 활동 중이다.

한규정 중앙대 컴퓨터공학과 공학박사(소프트웨어 엔지니어링 전공). 1992년부터 현재 공주교육대학교 컴퓨터교육과 교수로 재직중. 미국 플로리다 주립대 교수설계과 연구교수, 샌버나디노 캘리포니아 주립대 수학및 과학과 교환교수, (사)한국정보교육학회 회장 역임. 현재 국제 청소년로봇연맹 회장. 관심분야는 동기기반 SW교육, 피지컬 컴퓨팅 교육, 인공지능융합교육이며 저서로는 「인공지능교육개론(공저)」, 「코딩 대장장이 보드(공저)」, 「C언어로 구성한 자료구조(단독)」 등이 있다.

인공지능 메이커 길라잡이 entry
대장장이 스마트보드

2020년 8월 25일 초판 인쇄
2020년 8월 28일 초판 발행

지 은 이	하주원, 김은협, 정기민, 김현아, 한규정
발 행 인	배영환
발 행 처	도서출판 현우사
등록번호	제10-929호
주　　소	서울시 영등포구 영중로 138-1(영등포동 8가 80-2) 드림프라자 B 901호
	Tel 02) 2637-4806, 4863　Fax 02) 2637-4807
홈 페 이 지	www.hyunwoosa.co.kr
E-mail	okpress1208@naver.com
정　　가	21,000 원
I S B N	978-89-8081-573-9 93000

※ 대장장이 스마트보드에 관련된 정보는 hanibot.com을 참고하세요.

불법복사는 지적재산을 훔치는 범죄행위입니다.

저작권법에 의하여 무단전재와 무단복제를 금합니다.
이를 위반할 시에는 처벌을 받게 됩니다.